齐鲁文化名家项目和泰山学者专项资助项目
"推动我国文化产业高质量发展的路径研究"

U0723324

数智时代我国文化产业
结构升级的机制和路径研究

潘爱玲　邱金龙◎著

Research on the Mechanism and Path
of China's Cultural Industry Structure Upgrading
in the Digital Intelligence Era

中国财经出版传媒集团
经济科学出版社
Economic Science Press
北京

图书在版编目（CIP）数据

数智时代我国文化产业结构升级的机制和路径研究/
潘爱玲，邱金龙著 . -- 北京：经济科学出版社，
2023.10
ISBN 978 - 7 - 5218 - 5342 - 1

Ⅰ.①数…　Ⅱ.①潘…②邱…　Ⅲ.①文化产业 - 产
业结构升级 - 研究 - 中国　Ⅳ.①G124

中国国家版本馆 CIP 数据核字（2023）第 210247 号

责任编辑：于　源　郑诗南
责任校对：隗立娜　郑淑艳
责任印制：范　艳

数智时代我国文化产业结构升级的机制和路径研究
潘爱玲　邱金龙　著
经济科学出版社出版、发行　新华书店经销
社址：北京市海淀区阜成路甲 28 号　邮编：100142
总编部电话：010 - 88191217　发行部电话：010 - 88191522
网址：www. esp. com. cn
电子邮箱：esp@ esp. com. cn
天猫网店：经济科学出版社旗舰店
网址：http：//jjkxcbs. tmall. com
北京季蜂印刷有限公司印装
710 × 1000　16 开　20.5 印张　296000 字
2023 年 10 月第 1 版　2023 年 10 月第 1 次印刷
ISBN 978 - 7 - 5218 - 5342 - 1　定价：82.00 元
（图书出现印装问题，本社负责调换。电话：010 - 88191545）
（版权所有　侵权必究　打击盗版　举报热线：010 - 88191661
QQ：2242791300　营销中心电话：010 - 88191537
电子邮箱：dbts@ esp. com. cn）

序　言

党的二十大报告指出"以中国式现代化全面推进中华民族伟大复兴"，中国式现代化是基于中国国情的物质文明和精神文明相协调的现代化。大力发展文化产业既是实现精神文明建设的关键抓手，又是增加物质财富的重要力量。与西方发达国家相比，中国的文化产业虽然起步较晚，近年来却表现出发展势头迅猛、科技含量日趋增加、特色化产品逐渐丰富等特征。尤其是现阶段，数智技术的蓬勃发展为中国文化产业的持续大力发展提供了重要支撑。

文化产业结构是研究文化产业发展水平的重要视角，健康的文化产业结构能够有效配置文化资源，提高整个产业的经济效率。基于数智技术迅猛发展的时代背景，探索文化产业结构升级的路径和机制对推动文化产业高质量发展具有重要的现实意义。

生产要素的有序流动和合理配置能够激发创造力和市场活力，本书创新性地提出文化产业结构升级的新思路，从技术、资本和人力三种生产要素出发剖析文化产业结构升级的路径。当前关于文化产业的书籍种类繁多，本书具有以下特色。

第一，在数智时代背景下探究文化产业结构升级优化的机制与路径，为文化产业高质量发展相关研究提供新的视角，也为完善现代文化市场体系提供有益借鉴。发展迅猛的数智技术给传统文化产业结构带来了极大的挑战，也为文化产业结构升级和优化提供了新的机遇。本书通过动态梳理文化产业结构的演进历程，结合数智时代的特征，分别探讨了人工智能、大数据、5G、区块链等技术以及金融资本、人力资本对文化产业结构升级的作用路径，为数智时代文化产业结构变革提供了理论依据。

第二，基于数智时代和现代文化产业结构的契合点，构建了二者协同发展的研究框架，丰富和发展了文化产业结构升级的相关理论研究。本书在解析数智时代文化产业发展现状的基础上，提出了以数智技术为驱动核心、金融资本为资源支持、人力资本为生产保障的三条文化产业升级发展路径，同时探讨了文化产业结构升级中社会效益与经济效益相统一的思路和机制，构建了一套完整的文化产业结构升级优化的理论体系，为数智时代文化产业结构升级优化提供了新的研究思路。

本书由山东大学管理学院博士生导师潘爱玲教授和硕士生导师邱金龙助理教授共同策划完成。全书共有 11 章，除了第 1 章导论外，其余 10 章可以分为七个主题。

第一个主题：我国文化产业结构升级的困境与思路，内容见第 2 章。

第二个主题：数智技术（包括人工智能、大数据、5G、区块链等技术）促进文化产业结构升级的机制与路径，该主题在书中的篇幅较大，内容见第 3 章、第 4 章、第 5 章和第 6 章。

第三个主题：金融资本推动文化产业升级的机制与保障，内容见第 7 章。

第四个主题：人力资本与文化产业结构升级关系探讨与路径解析，内容见第 8 章。

第五个主题：文化产业结构升级中社会效益与经济效益相

统一的机制探索，内容见第 9 章。

第六个主题：文化产业结构升级中的国际经验借鉴，内容见第 10 章。

第七个主题：政策建议，内容见第 11 章。

感谢出版社为本书出版付出的心血和努力。

书中若有不妥之处，恳请广大专家和读者指正！

潘爱玲

2023 年 5 月 29 日

目　录
CONTENTS

1

导　论

1.1　问题提出

近年来，党和国家高度重视文化产业发展，提出要将文化产业打造为国民经济支柱型产业。党的十七届六中全会指出要"加快发展文化产业，必须构建结构合理、门类齐全、科技含量高、富有创意、竞争力强的现代文化产业体系"。我国文化产业的高质量发展离不开现代文化产业结构的调整，这是建立文化产业新秩序、优化文化产业新格局的本质。

当前，我国文化产业有着高质量发展的内在需求，在文化与科技融合趋势凸显、文化消费需求和模式发生重要变化的数智时代，现代文化产业结构面临着升级重塑的挑战。现阶段，我国文化产业结构失衡，存在着传统文化产业与新兴文化产业融合不足、产业无体系、链条不通畅、文化产品有效供给不足、文化需求层次较低的难题，这些问题的出现，制约了我国文化产业结构的升级优化与文化产业竞争力的提升，不利于我国文化强国的构建。

在数智时代下，文化产业结构向着更高层次发展为必然规律。"升级导向""多元导向"和"融合导向"成为我国文化产业结构发展的长期目标。基于此，本书选择在数智技术驱动下文化产业结构升级问题进行深入的创新研究，把握文化产业结构升级的大方向。本书动态梳理了我国文化产业结构的发展现状和演进规律，提出文化产业结构升级的创新思路，从科技、金融资本与人力资本三种文化要素出发，探究文化产业结构升级的机制与路径。首先，科技是文化产业结构升级的核心驱动力，科技赋能文化产业，文化产品科技含量提升是文化产业升级的重要标志。随着人工智能、大数据、5G、区块链等高新技术应用于文化产业，文化产业实现了新业态培育与生态再造，文化产业结构升级优化进程被极大地推进。其次，金融资本是文化产业结构升级的资源中枢。我国文化企业普遍面临着融资约束的问题，"融资难、融资贵、融资慢"成为阻碍文化产业结构升级的一大痛点。企业通过文化金融政策与自行开拓融资渠道，从而注入金融资本，破解了文化企业的资金需求难题，为文化产业结构升级提供了全面保障。最后，人力资本是文化产业结构升级的有生力量，合理的人力资本配置助推文化产业结构升级。本书向前后延伸研究链条，一方面向后探究文化产业结构升级中的社会效益与经济效益双效统一的保障机制；另一方面向前借鉴发达国家文化产业结构升级的相关经验，提出参考建议。本书借鉴国内外相关领域研究的最新成果和方法，结合数智化时代的特定背景，引入融合、协同等理念，探索我国文化企业结构升级的机制和路径，丰富和发展文化产业升级优化的理论和成果，为文化产业结构优化升级实践提供借鉴和参考。

1.2　研究目的和方法

1.2.1　研究目的

改革开放以来，我国文化产业经过长足发展，已经成为我国的经济支柱产业之一。合理完善的文化产业结构是文化产业发展的基石与内在驱动力。目前我国经济正处在转变发展方式、优化经济结构的攻关期，必须坚持以供给侧结构性改革为主线，推动互联网、大数据、人工智能、金融资本、人力资本和实体经济深度融合，加快传统产业结构优化升级，促进我国文化产业迈向全球价值链的高端。本书主要基于数智时代背景，提出实现文化产业结构优化升级的关键路径。主要研究目的如下。

（1）构建数智时代背景下，文化产业结构升级优化框架。本书聚焦以人工智能、大数据、5G、区块链为代表的技术、金融资本、人力资本三大要素，系统性地归纳总结了相应要素在当前文化产业中的应用现状以及突出问题，在此基础上提出数智时代的文化产业结构升级的路径，并结合典型案例提出长效保障机制，构建科学完整的文化产业结构升级优化框架，丰富了文化产业相关研究的理论与成果。

（2）为文化产业结构升级优化提供切实可行的参考意见，为我国文化强国建设事业添砖加瓦。党的十九届五中全会明确提出要建立社会主义文化强国，发展和建设文化产业是推动文化繁荣兴盛、满足人民精神文化需求的重要途径。因而本书借鉴国内外相关领域的最新研究成果和方法，结合我国特定的数智化时代背景与企业特征，提出了我国文化产业结构升级的机制与保障建议，为我国文化企业的结构性改革提供借鉴和参考，进一步为我国文化强国的建设打下坚实的基础。

1.2.2　研究方法

本书采取的具体研究方法包括文献研究法、比较研究法、理论建模法、大数据爬虫技术、实证分析法、案例研究法等多学科交叉研究方法，实现定性与定量相结合、理论分析与模型构建相结合的综合研究。

1. 文献研究法

文献研究法主要指收集、鉴别、整理文献，并通过对文献的研究形成对事实科学认识的方法。首先，本书使用 Citespace 分析工具和 Meta - Analysis 工具对国内外产业体系、数智技术、企业、政策等研究文献进行搜集和整理，通过大致阅读文献内容，对所搜集的文献进行筛选，最终确定与文化产业结构、数智技术、文化企业、文化经济政策等研究相关的文献资料；其次，根据筛选结果总结出目前与课题研究内容相关的理论基础与研究成果，提炼出相关的研究范式和研究方法，从而确定本书研究的起点与大致研究方向；最后，通过对总结出的理论基础、研究成果、研究方法与范式分析，选择相关研究视角、研究思路以及研究方法等。

2. 比较研究法

比较研究法是对物与物之间和人与人之间的相似性或相异程度的研究与判断的方法。本书通过对国内外文献梳理，比较美国、日本、英国等国家的文化产业体系发展过程中形成的"美国模式""英国模式""日本模式"等模式，比较"演化机制"国家和"构建机制"国家的文化产业结构的异同点，以期为我国数智化时代背景下推动文化产业结构升级优化，进而建立具有中国特色的"中国模式"提供借鉴经验。

3. 多学科交叉的理论建模法

本书引入制度经济学、产业经济学以及创新理论、价值链理论、耦合理论等多学科理论，探讨文化产业结构升级的驱动因素、实现路径和效果评价，并构建数智技术驱动下我国文化产业结构升级优化的关键路径。

4. 大数据挖掘技术

大数据挖掘（Data Mining）是指从大量的数据中通过算法搜索隐藏于其中信息的过程，并通过统计、在线分析、情报检索、机器学习和模式识别等诸多方法来实现目标。爬虫技术与大数据等方法的有机结合可以弥补传统数据获取方式存在的抽样非随机、不具备普遍意义的弊端。本书利用爬虫技术对文化企业的网站、新闻报道和年报等进行了数据获取，整理了文化企业是否运用人工智能、大数据、区块链和5G等技术的数据，使统计数据更为全面和具体。

5. 案例研究法

案例研究方法也称为个案分析方法或典型分析方法，是对有代表性的事物（现象）深入地进行周密而仔细的研究从而获得总体认识的一种科学分析方法，从特殊现象抽象出一般规律。本书选取影谱科技、号百控股、纸贵科技等典型案例，探究数智技术驱动文化产业结构升级的机制；选取完美世界、"投贷奖"政策等案例剖析金融资本促进文化产业结构升级的现实路径；选取新华书店、芒果TV等案例分析人力资本助推文化产业结构升级的路径，强化本书的实践意义。

6. 实证分析法

实证分析是一种综合分析方法，能够在多个对象和多个指标互相关联的情况下分析统计规律，主要内容包括多元正态分布及其抽样分布、多元正态总体的均值向量和协方差矩阵的假设检验、多元方差分析、多元线性回归、主成分分析与因子分析、判别分析与聚类分析等。本书利用前期收集的数据库数据、开展研究后获得的调研数据以及利用爬虫技术获得的相关数据，使用面板模型等实证研究方法对相关资本促进文化产业结构优化综合效应等进行计量检验。

1.3 研究内容和思路

1.3.1 研究内容

本书的研究内容主要分为以下六个部分。

1. 文化产业演进历程、发展现状与升级困境

首先，从文化产业结构的概念界定出发，基于文化产业结构的发展脉络进行总结，提出我国文化产业结构变迁的升级导向、多元导向和融合导向的演进规律。其次，结合当前数智时代发展趋势，选取影响我国文化产业结构升级的关键驱动技术因素、金融资本和人力资本，提出文化产业结构升级路径。在此基础上，本书梳理了文化产业结构现状与文化产业整体发展态势。具体而言，我国文化产业结构存在供需失衡的问题，但整体态势向好。最后，本书从供给端、需求端与政策制度层面系统概括了我国文化产业结构升级中存在的问题。在供给层面，我国文化产业存在供给质量低、产业链不健全及人才资本落后等问题；从需求层面来看文化产业结构存在文化需求引导滞后、文化环境有待提升等问题；政策制度层面上存在文化管理模式发展落后、扶持政策支持撬动能力弱、文化立法基础薄弱等问题，由此形成了文化产业结构研究的整体背景。

2. 数智技术赋能文化产业，助推文化产业结构升级机制及路径探索

（1）基于产业链角度的人工智能推动文化产业结构升级思路及机制。首先对人工智能的概念进行界定，并切入文化产业生产、传播、消费的全价值链环节和价值链创新的角度，剖析人工智能与文化产业融合的可能性。其次阐述了人工智能的应用现状及目前存在的问题，目前人工智能应用到文化产业存在着消减文化产品创意、侵蚀产品价值导向以及形成信息茧房等难点。最后结合案例及我国企业的具体特征，提出了数智技术推动文化产业结构升级的路径与机制保障。具体而言，人工智能从文化内容生产、文化产品流通与传播、文化产品消费整个全价值链环节提高文化产业的生产与流动传播效率等，这些功能的实现离不开政策与法律层面的保障。

（2）大数据与文化产业融合的文化产业结构升级路径与保障机制探究。首先文化产业的大数据资源划分为文化内容数据与文化行为数据两大类别，具有数据体量巨大、数据类别多样、价值密度低、商业价值高、真实动态性的特点。目前我国文化产业大数据运用呈现增长态势，但仍存在着大数据技术应用薄弱、应用环境不完善的情况。其次通过构建生产融合、传播融合、消费融合三个方面的大数据与文化产业融合的互动机制，可以实现大数据推动文化产业结构升级优化。最后本书提出了相应的保障机制，以提升文化大数据应用能力、构建良好的大数据应用环境和建构产学研协同创新机制。

（3）耦合理论下5G助推文化产业结构升级框架与路径搭建。本书

明确了 5G 的相关概念，并系统梳理了 5G 在文化产业应用现状及问题。在此基础上，对两者的关系进行解析。首先根据耦合理论，5G 技术和文化产业结构升级存在双向互动的良性关系。一方面 5G 与其他技术融合提高文化产业要素配置效率和推动新产品、新技术的出现促使文化产业结构升级；另一方面产业结构升级通过优化要素配置和刺激需求促进技术创新。其次在耦合理论的指导下，从要素和市场两个方面搭建了 5G 推动产业结构升级的框架和路径，并探讨了融合模式和催生模式两种升级模式。最后本书从政策和企业两个层面提出了相应的对策建议。

（4）文化产业链视角下区块链技术促进文化产业结构升级路径与机制探究。本书从区块链技术与文化产业融合发展的现状和问题出发，首先基于文化产业发展痛点剖析区块链促进文化产业结构升级的重要性，区块链技术可以突破传统文化产业发展的固有局限性和解决文化产业发展的痛点。其次依据产业链理论构建区块链推进文化产业结构升级的逻辑框架并分析具体的推进路径。区块链技术可以在文化产业链上游形成以创意者为核心的优质内容，在文化产业链中游形成以创意者为核心的价值分配机制，在文化产业链下游形成以创意者为核心的内容回报机制，在文化产业链整体实现规范管理，并助力数字版权保护。最后提出相应的对策建议。

3. 金融资本推动文化产业升级实证检验与机制构建

首先本书系统地阐述了文化产业融资约束现状及问题，指出严重的融资约束和资金短缺一直是困扰文化产业结构升级发展的主要问题之一。其次通过实证检验，表明文化企业融资约束通过抑制文化企业互联网等新科技的开发与应用，从而阻碍文化产业结构升级。基于此，本书从政府文化金融和企业金融两个方面提出推动文化产业结构升级的现实路径。政府文化金融通过拓宽融资渠道、创新金融产品，搭建金融与文化产业的平台、建立文化金融创新载体，设立各项基金、发挥财务杠杆的作用，培养文化金融领域人才等方式支持文化产业发展。企业金融资本通过提升创新能力、提高创新意愿、加强创新资源配置来推动文化产业结构升级。最后结合典型案例进行深入分析，并提出保障机制。

4. 人力资本与文化产业结构升级关系解析及路径构建

文化产业作为一种知识密集型产业，人力资本是文化产业结构升级的内在驱动力。首先本书界定了管理人才和创意人才两种人力资本，并对其特征进行了分析。在此基础上解析了人力资本与文化产业结构升级的关系，剖析了管理人才和创意人才驱动文化产业升级的迫切性和重要性。其次提出了人力资本推动文化产业结构升级实现路径，管理人才通过思维、能力、精神情怀、权力四个方面的特征对文化产业结构产生影响；创意人才通过创造性、集中性、流动性、开放性特征对文化产业结构产生影响。最后本书总结归纳出人力资本助力文化产业结构升级的保障机制。

5. 文化产业结构升级中的社会效益与经济效益的统一机制探究

本书归纳梳理了文化产业社会责任履行现状和重要性，文化产品提供精神产品，孕育着丰厚的精神文化特质，承担着传播优秀传统文化、塑造个人优秀品格的重大责任，文化产业在创意策划、产品生产、产品传播整个生产链条上都应承担相应的社会责任。因此，在文化产业的发展过程中必须坚持社会效益和经济效益相统一、社会效益放首位的基本原则。但是，在文化产业结构升级的过程中，很多文化企业出现了片面追求经济效益，忽视社会效益的问题。由此引发了数智时代文化产业结构升级中的社会责任与伦理思考。随后本书借鉴典型案例，深入探讨了有关文化产业结构升级中社会责任的履行以及双效统一的保障机制，从政府、市场、社会三个方面提出了促进文化产业积极承担社会责任的参考建议。

6. 文化产业结构升级中国际经验学习

本书梳理了日本、美国、英国等发达国家的文化产业发展经验，厘清文化产业结构发展的推动因素，结合数智化时代特征与我国文化企业特点，选择性地借鉴相关经验，推动我国文化产业结构升级优化。

具体章节安排及其拟解决的关键问题如图 1 - 1 所示。

主要章节安排	拟解决的关键问题
第1章导论	明确研究背景，提出研究问题，总结研究目的、方法、内容与思路，阐述研究贡献
第2章我国文化产业结构的现实困境和升级思路	梳理文化产业结构演进历程及现状，剖析我国文化产业结构升级中的现实问题
第3章人工智能驱动下的文化产业结构升级与产品创新	明确人工智能概念，剖析人工智能在文化产业中的应用现状及现存问题，结合经典案例与价值链理论，探究人工智能推动文化产业结构升级的路径及保障机制
第4章大数据与文化产业结构升级	明确大数据概念，剖析大数据在文化产业中的应用现状及现存问题，结合经典案例，探究大数据与文化产业结构升级的融合与升级路径及保障机制
第5章5G与文化产业结构升级	界定5G概念，剖析区块链在文化产业中的应用现状及现存问题，解析5G与文化产业结构升级关系，结合经典案例，提出5G促进文化产业升级的路径与机制
第6章区块链与文化产业结构升级	界定区块链概念，剖析区块链在文化产业中的应用现状及现存问题，明确区块链对文化产业结构升级重要性，结合经典案例，提出区块链促进文化产业升级的路径与机制
第7章金融资本与文化产业结构升级	剖析文化产业中的融资约束现状及问题，探究政府文化金融政策与企业金融资本推动文化产业结构升级的实现路径，结合经典案例，提出保障机制
第8章人力资本与文化产业结构升级	界定文化产业中的人力资本概念，解析人力资本与文化产业结构升级的关系，探究人力资本推动文化产业结构升级的实现路径及保障机制
第9章文化产业结构升级中社会效益与经济效益博弈	思考数智时代文化产业结构升级中的社会责任与伦理责任履行，结合典型案例，提出文化产业结构升级中双效统一的保障机制
第10章文化产业结构升级的国际经验	梳理日本、美国、英国等发达国家的文化产业结构升级经验，总结不同国家文化产业结构升级模式对我国的借鉴意义
第11章研究结论与政策建议	总结研究结论并提出对策建议，分析未来研究方向

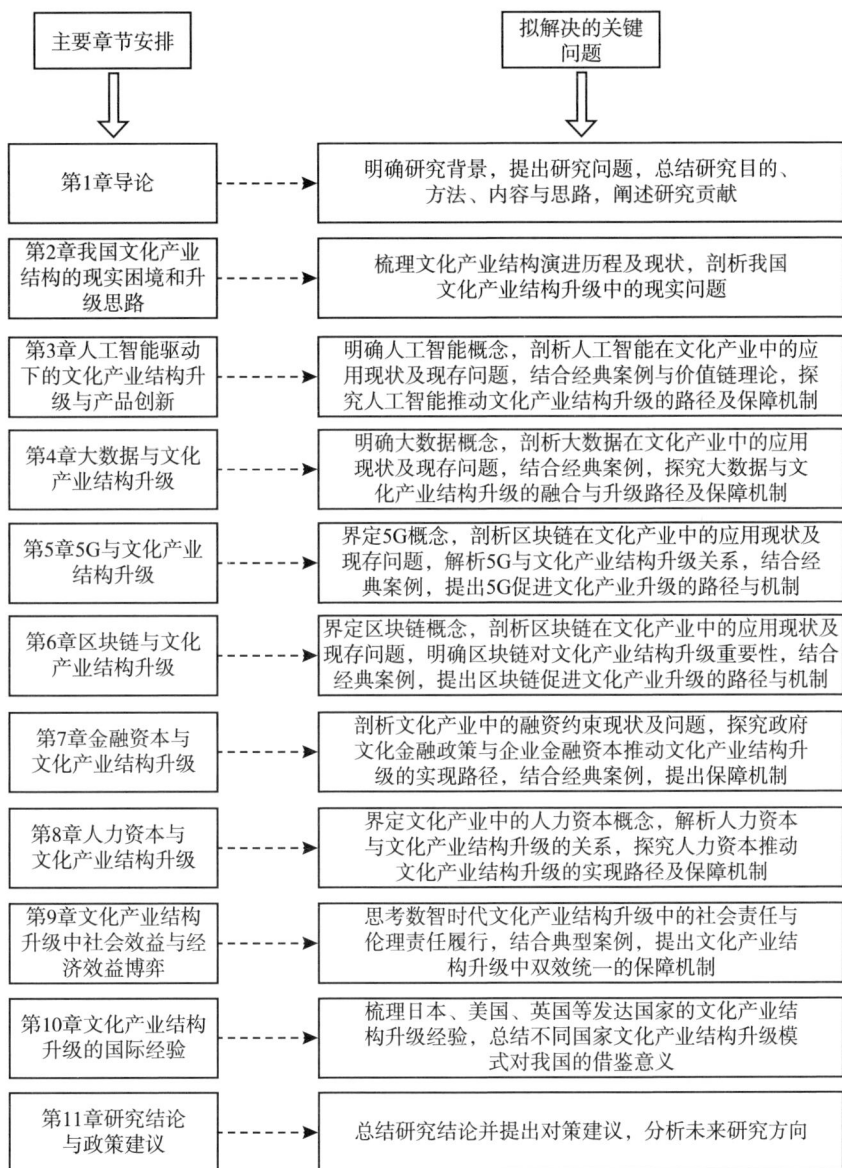

图 1-1　研究框架

资料来源：由笔者绘制。

1.3.2　研究思路

本书创新性地选择"数智时代"下"文化产业结构"升级的视角，研究文化产业在特定时代背景下结构升级优化的发展现状、驱动因素、实现路径与保障机制。在此研究视角下，本书的研究思路如下。

第一，把握文化产业发展前进的方向，基于数智时代特征，对我国文化产业结构发展脉络进行动态跟踪，系统梳理我国文化结构发展历程，并解析我国文化产业结构升级困境，分析阻碍现代文化产业结构升级优化的关键因素。通过总结我国文化产业结构演进规律，构建科技、金融资本、人力资本三要素推动文化产业结构升级框架，探索各要素与文化产业结构升级的协同发展路径，为后续研究奠定充分的文献、经验与理论支撑。

第二，科技、金融资本和人力资本是实现文化产业结构升级优化的关键推力，其中科技是核心驱动力，金融资本是资源支撑，人力资本是生产保障。因此，本书采用理论分析与实证研究相结合、模型构建与案例分析相结合的多种研究方法，分别通过三大部分对文化产业结构升级路径进行探索。首先剖析现阶段各要素在文化产业中的应用现状及存在的问题，并就三大要素与文化产业结构升级之间的关系进行解析；其次探究各项要素推动文化产业结构升级和产品市场创新的实现路径，结合案例进行深层次分析；最后提出三大要素推动文化产业结构升级的保障机制。

第三，文化产品承担着传递思想价值观、弘扬优秀文化、引导人们精神文明发展方向的任务，文化产品的特殊属性使其同时承担社会效益与经济效益，且社会效益优先。我国文化产业结构升级应遵循这一原则，将社会效益始终放在首位。因而本书梳理了我国文化产业社会责任履行现状，并对文化产业结构升级中履行社会效益重要性进行剖析，结合经典案例，提出文化产业结构升级中双效统一保障机制。

第四，综合来看，文化产业结构升级优化不仅要做到技术的引入与资本的保障，经验的学习同样发挥了重要作用。本书研究了日本、美国、英国等发达国家文化产业结构发展的经验，因地制宜，提出符合我国国情与文化企业特征的参考意见。本书研究思路如图1-2所示。

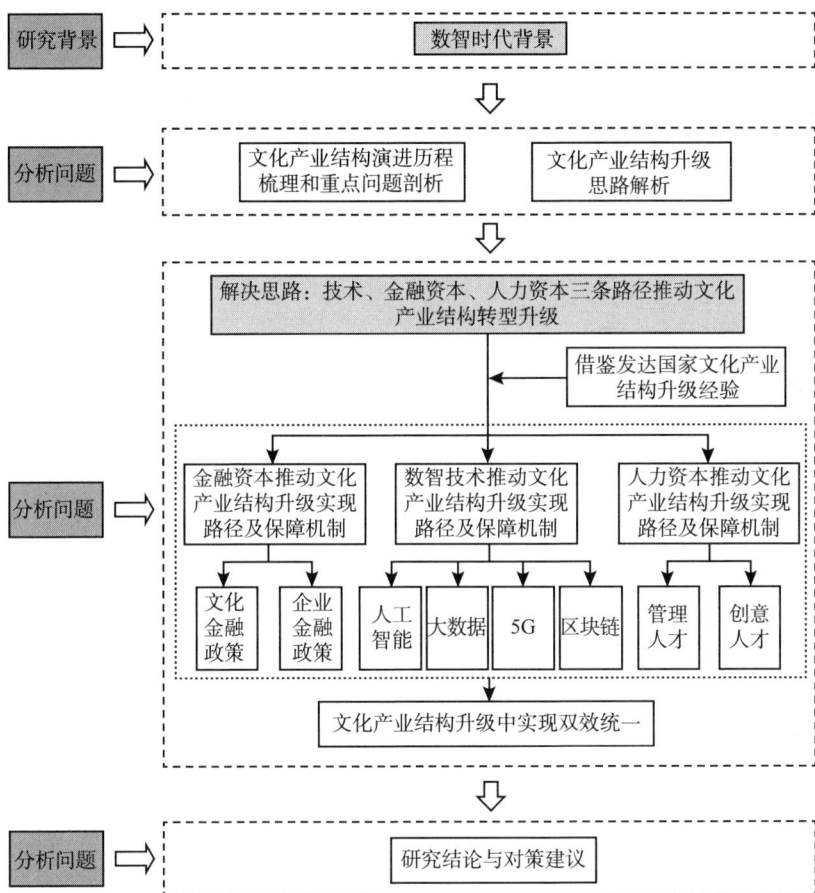

图1-2 研究思路

资料来源：由笔者绘制。

1.4 研 究 贡 献

本书研究数智时代文化产业结构升级问题，搭建了技术、金融资本、人力资本三要素为主体的文化产业结构升级框架，深入剖析了三种要素与文化产业结构升级的关系机理，提出要素与文化产业协同发展，助力文化产业结构升级的路径和机制，为数智时代下新型文化产业结构升级优化提供了新的思路。具体来看本书的研究贡献如下。

1. 理论意义

（1）在数智时代背景下探究文化产业结构升级优化的机制与路径，为文化产业结构转型升级相关研究提供新的视角。虽然产业结构升级是学界研究的热点，但是专门针对文化产业结构升级的研究相对较少，研究思路和方法也未能完整呈现文化产业的特殊属性，尤其是对于数智技术与文化产业结构升级的协同路径研究仍然略显单薄。文化产业结构的优化升级是健全现代文化市场体系、提高现代文化市场供给质量的关键路径，数智时代的到来给予文化产业传统结构极大的冲击力，为文化产业升级优化提供了新的机遇与挑战。基于此，本书通过动态梳理文化产业结构的演进历程，结合数智时代特征，对文化产业结构升级路径及机制进行了系统性的研究。

（2）本研究依据经济学、管理学等多学科理论，基于数智时代和现代文化产业结构的契合点，在理论思辨的基础上，构建了两者协同发展的全面研究框架，丰富和发展了文化产业结构的相关理论研究。本书打破以往研究局限，不拘泥于数智技术，在解析数智时代文化产业发展现状的基础上，提出了以数智技术为驱动核心、金融资本为资源支持、人力资本为生产保障的三条文化产业升级发展路径，同时剖析了文化产业结构升级中需要履行的社会责任，形成双效统一、社会效益放首位的评价标准，构建了一套完整的文化产业结构升级优化的理论体系，为数智时代文化产业结构升级优化提供了新的理论框架与研究思路。

（3）本书科学有效的研究方法能够强化研究结论的科学性和可靠性，拓展和丰富了现代文化产业结构升级优化的研究内容。本书通过运用多指标综合评价法、机器学习、文本分析等方法，对我国文化产业的结构升级的新理论、新模式、新路径展开深入研究，是对经济学、管理学和传播学等理论和方法的创新。

2. 实践意义

（1）为数智时代文化产业结构升级优化探索可行路径提供了经验证据。文化产业结构是文化产业发展水平的重要影响因素，健康的文化产业结构有利于提升文化产业活力，促进文化产业高质量发展。我国已进入数智时代，新技术的出现引起了产业结构的变革。文化产业结构也顺应时代发展的潮流进行升级优化。本书通过识别文化产业结构升级优化的关键影响因素，指出文化产业结构升级的有效路径，为数智时代文化产业结构变革提供了微观基础。

（2）本书为促进现代文化产业结构升级优化、深化文化体制改革、提升我国文化产业竞争力提供了前瞻性的建议。立足于促进现代文化产业高质量发展的现实背景，针对中国数智化背景下的文化产业发展困境，本书在借鉴国际经验的基础上通过理论分析和调研访谈，动态梳理我国文化产业结构的发展现状和演进规律，提出基于数智技术驱动的文化产业结构升级的创新思路。然后分别从人工智能、大数据、5G 和区块链等数智技术并结合金融资本和人力资本出发，剖析现阶段各项技术、金融资本与人力资本在文化产业中的应用现状及存在的问题，并就技术、金融资本和人力资本与文化产业结构升级之间的关系进行解析；探究各项数智技术与资本推动文化产业结构升级的实现路径，结合案例进行深层次分析；提出技术与资本推动文化产业结构升级的保障机制，为未来文化产业结构体系的构建提供了依据。因此，本书的研究具有重要的实践意义。

第2章

我国文化产业结构的现实困境和升级思路

2.1 我国文化产业结构的演进历程及规律

改革开放以来，我国文化产业实现了跨越式发展，在国民经济中发挥着重要作用。文化产业结构是研究文化产业发展水平的重要视角，健康的文化产业结构能够有效地配置文化资源，提高整个产业的经济效率。同时，文化产业结构的变迁具有一定惯性，是预测文化产业未来发展方向的前瞻依据。本章以统计数据与既有研究文献为支撑，总结了我国文化产业结构的演化规律和演化方向。从整体来看，我国文化产业结构变迁呈现出明显的升级导向、多元导向和融合导向。

2.1.1 文化产业结构的定义

文化产业结构包括文化产业宏观结构和文化产业内部结构。文化产业宏观结构指文化产业在国民产业结构中的地位和文化产业增加值在GDP 增加值中的比重（杨吉华，2007）。改革开放以来，我国文化产业发展步伐加快,对经济增长的贡献不断增加①,文化产业宏观结构发展路径也较为清晰单一。文化产业内部结构指文化产业内部各行业所占的比重和相互联系。与文化产业宏观结构相比,文化产业内部结构演进路程更为曲折,体现了文化资源在各行业间的流动方向和分配比例。本书后面所讨论的"文化产业结构"主要聚焦"文化产业内部结构"。

文化产业内部构成复杂,因此在描述特定时期的文化产业结构时,需要首先对文化产业内各细分行业进行重分类,将其划分为特点鲜明、经济意义明确的若干部分。本书对文化产业的重分类以国家统计局发布的《文化及相关产业分类(2018)》为基础。根据国家统计局发布的《文化及相关产业分类(2018)》,文化产业可划分为两个领域、9 个大类、146 个详细分类,涵盖范围广阔。根据该标准,本书在探讨文化产业内部结构时进一步将文化产业划分为文化相关领域和文化核心领域。文化相关领域是为实现文化产品的生产活动所需的文化辅助生产和中介服务、文化装备生产和文化消费终端生产(包括制造和销售)等活动,即文化制造业。文化制造业的特点是产成品不含文化创意,是文化产业边缘向制造业的延伸。文化核心领域以内容创造为核心,产成品价值集中凝结在文化创意中,产成品实物只是文化创意的载体。随着科技的不断进步,文化创意的表现形式和载体也在不断变化,为文化创意提供多元的搭载和传播方式。据此,可以将文化核心领域划分为两大类:以手工和机械化复制为主要传播方式的传统文化内容创造产业,如图书出版业、报刊业、音像行业、广播电视行业、艺术表演业等;以互联网技术及其他新技术为主要传播方式的新兴文化内容创造产业,如网络游戏、动漫、电竞、数字音乐等。文化产业具体分类如表 2 - 1 所示。在此基础上,本书展开对文化产业结构演进历程的研究。

---

① 根据国家统计局的数据,2018 年全国文化及相关产业增加值为 38737 亿元,占 GDP 的比重为 4.48%,比上年提高 0.22 个百分点。2018 年文化产业增加值比 2004 年增长 10.3 倍;2005 ~ 2018 年年均增长 18.9%(未扣除价格因素影响),比同期 GDP 现价年均增速高出 6.9 个百分点,文化产业增加值占 GDP 比重由 2004 年的 2.15%、2012 年的 3.36% 提高到 2018 年的 4.30%,在国民经济中的占比不断增加。从对经济增长的贡献看,2004 ~ 2012 年,文化产业对 GDP 增量的年平均贡献率为 3.9%,2013 ~ 2018 年上升至 5.5%。

表 2 –1 文化产业分类

领域	文化产业类别	特点	所涵盖文化产业
文化相关领域	文化制造产业	产成品不含文化创意，是文化产业边缘向制造业的延伸	文化辅助和媒介生产、文化终端生产等
文化核心领域	传统文化内容创造产业	以手工和机械化复制为载体搭载文化创意	图书出版业、报刊业、音像行业、广播电视行业、艺术表演业等
	新兴文化内容创造产业	以互联网技术及其他新技术为载体搭载文化创意	网络游戏、动漫、电竞、数字音乐等

资料来源：由笔者整理。

2.1.2 文化产业结构演进规律

特定时期的文化产业结构不仅反映了当期文化产业各组成部分的现状，而且能折射出文化产业未来的发展方向。按已有演进结果，后续时期发展势头强劲的文化产业往往在前一阶段就已经展现出了蓬勃的初生之力，所以总结我国文化产业结构的演进规律对高质量发展文化产业大有裨益。

首先，"升级导向"和"多元导向"是我国文化产业结构长期发展过程中的固有趋势。纵向来看，我国文化产业结构沿着由低到高、产业多元化路径不断发展。一方面，文化产品价值密度增加，高科技含量的文化产品在整个产业中所占的比重加大，文化产业整体经济效率提高，呈螺旋上升态势；另一方面，文化产业各领域在实践中探索出了独有的发展路径，既互相促进又各有特色，丰富了文化产业整体布局。

其次，"融合导向"是我国文化产业结构在新时代表现出的新特点。近年来，大量资本和创意人才涌入文化产业，推动文化产业实现多层次的融合。在产业内部，各细分行业打破界限、相互补足，文化产品不断创新；在产业外部，以科技产业为代表的其他产业向文化产业赋能，为文化创意提供了丰富多样的载体，催生出许多新的文化服务和文化消费业态。但现阶段文化产业的内部融合、文化和其他产业的融合都还不够深入，尤其是文化产业的外部融合还局限于文化载体创新，文化产业利用科技增加产品价值、开发新模式的力度还有待加强。

最后，可以预见未来我国文化产业结构将继续向高级形态演化，产业布局将进一步丰富，文化产业的融合将向产业核心延伸。在文化产业极大丰富的情境之下，能够于我国未来文化产业结构变动之局势中占据主动地位的文化细分行业则是那些能够把握文化产业结构演进规律、结合自身特点与其他产业实现有效融合的创新型行业。

2.2　我国文化产业结构的现状分析

随着经济建设的大力发展，我国文化产业逐渐转型迈入新阶段。在数字经济时代，我国的文化产业与互联网技术、数字技术等进行融合创新，文化产业结构不断升级。本节侧重于对文化产业整体发展态势与文化产业结构现状的梳理，针对文化产业的整体现状主要从供给与需求两个角度展开分析，而对于文化产业内部结构的分析则从更为细致的行业划分角度入手。具体而言，从供给端来看，随着文化产业结构逐渐优化，文化产业总体发展较好，产权结构多元化发展，区域发展的差异逐渐缩小。从消费端来看，一方面，消费需求不断增加，教育及娱乐消费占比较大，区域消费结构差异明显；另一方面，国家针对文化产业结构升级出台了众多政策，致力于文化与科技相融合，推动文化产业高质量地发展，以满足国家对于文化产业的美好愿景。

2.2.1　我国文化产业的供需现状

近年来，文化产业繁荣发展离不开人民多样化的精神需求，供给与需求的高效匹配能够为文化产业发展提速。针对供给端进行分析发现，文化产业总体规模明显扩大；文化企业公有制与非公有制共同发展；文化产业东西部差距依然明显。对需求端进行分析发现，随着国民生活水平的提高，文化消费需求增速较快；居民偏好能力提升与休闲放松型消费；东西部、城乡消费支出存在差异；城镇居民侧重新兴文化消费。同时，国家对于文化产业提出了诸多期许，对内希望文化产业成为国民支柱产业，对外希望我国文化走出去，更好地发扬中国文化。

1. 文化产业供给端现状

从供给端的角度来看，我国文化产业在总体产业结构中的占比逐年增长，但其中存在由于历史经济发展不平衡造成的供给不均衡现象。本节从文化产业的宏观结构、产权结构、区域结构三个方面，对于现阶段文化产业供给端现状进行分析，从而了解文化产业体系的发展状况。

（1）文化产业总体规模扩大，占 GDP 比重仍有较大上升空间。

从全国第四次经济普查的公告来看，我国文化产业的资产规模明显扩大，截至 2018 年末，文化产业法人单位拥有资产 22.6 万亿元，全年实现营业收入 13.0 万亿元，分别比 2013 年末增长 118.3% 和 55.5%。随着经济的发展以及人民生活水平的日益提高，我国第三产业发展较快，逐渐成为支柱产业。第三产业中的文化产业在近年来也得到了一定的发展。但文化产业发展较晚，在产业结构中所占的比例较低，目前在 GDP 中的贡献也较小。如图 2-1 所示，我国文化产业增加值在 2008～2018 年呈稳定的上涨趋势，从文化产业占 GDP 的比重来看，2012 年占比增长较快，其余年份增幅保持稳定。根据《中国文化及相关产业统计年鉴 2019》，美国在 2016 年文化产业增加值的数据约为 18.6 万亿美元，美国文化产业增加值占 GDP 的 28.97%。2016 年人民币兑美元平均汇率为 6.6423，我国文化产业增加值约合 4634.69 亿美元，只占到 GDP 的 4.14%。与发达国家相比，在文化产业的发展上我国仍有较大的进步空间。

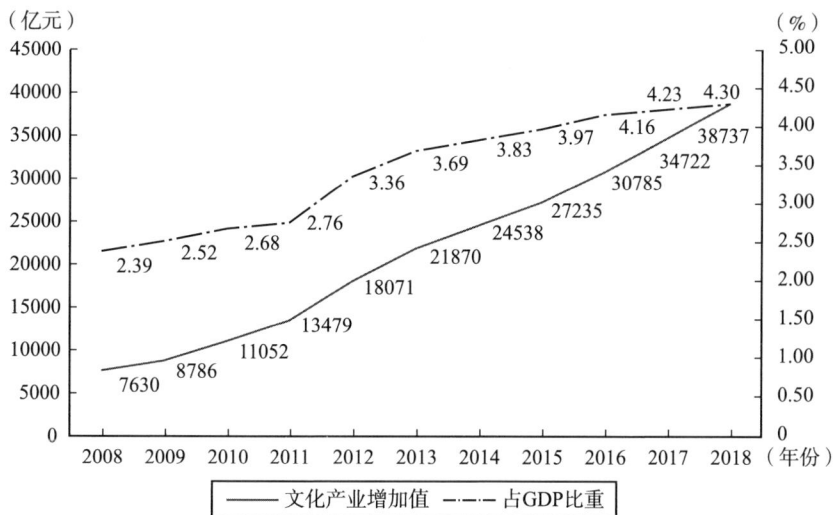

图 2-1　文化及相关产业增加值及占 GDP 比重

资料来源：《中国文化及相关产业统计年鉴2019》，中国统计出版社2019年版。

（2）文化企业以公有制为主体，公有制、非公有制企业共同发展。

党的十七届六中全会明确提出要"加快发展文化产业，必须毫不动摇地支持和壮大国有或国有控股文化企业，毫不动摇地鼓励和引导各种非公有制文化企业健康发展"。胡惠林和沈继松（2014）提出我国国有文化企业控制和经营着文化产业核心层的产业形态，民营企业侧重于经营其他文化意识形态较弱的产业形态，如文化旅游、文化产品器具等，所以整体上形成了层次分明的文化产业格局。从市场主体结构看，我国文化产业企业已经逐步过渡到以公有制为主体、民营文化企业活力竞相迸发的阶段。民营文化企业近年来的发展较为迅猛，文化产业的市场竞争力在一定程度上因为民营文化企业崛起得到了提升。

作为我国文化产业发展的中坚力量，国有控股文化企业的总体实力不断增强。《光明日报》与《经济日报》联合发布的"全国文化企业30强"名单显示，中国出版集团、中国教育出版传媒集团等国有或国有控股文化企业连续几年都占据榜单。同时，《中国文化及相关产业统计年鉴2019》显示（见表2-2），国有企业法人单位数占比为3.12%，资产占比为 7.81%，普遍规模较大，但其营业收入只占文化企业总量的 1.49%，营收能力不强。

随着资本市场的发展和国家政策的鼓励支持，社会各界对于文化企业的投资热情高涨，涌现了一大批优秀且实力强劲的民营文化企业。"大众创业、万众创新"在文化产业领域的应用也推动了众多中小微文化企业的发展。民营企业具有机制灵活、发展潜力大的特点，因此成为文化产业发展的活跃力量。由表 2-2 计算可知，文化企业中私营公司的数量最多，占比 79.04%，其吸纳的就业人员占据 58.20%，吸收了大量的就业人员。私营公司资产占比 29.29%，规模较小，营收占比44.52%，是我国文化产业发展中的重要力量。

表 2-2　　　　　　　　文化及相关产业法人单位基本情况

分组	法人单位数（个）	年末从业人员（人）	资产总计（万元）	营业收入（万元）
合计	2103126	20558325	2257857697	1301856789
按登记注册类型				
内资企业	2086634	18543608	1972382727	1032972789
国有企业	65587	1320785	176426039	19416132
集体企业	12334	113527	5371451	2402684
股份合作企业	2685	28167	1305979	1045146
联营企业	1432	10030	577243	118380
有限责任公司	228532	3758139	898338021	354116381
股份有限公司	17104	847849	216244522	74020550
私营公司	1662277	11964743	661408717	579649177
其他企业	96683	500368	12710756	2204340
港澳台商投资企业	10073	1233057	175491122	132226573
外商投资企业	6419	781660	109983847	136657427

资料来源：《中国文化及相关产业统计年鉴 2019》，中国统计出版社 2019 年版。

（3）东部地区优势明显，区域差距逐渐缩小。

目前我国区域文化市场发展不平衡的问题依然突出，东部地区发展较好，中部地区次之，西部地区发展则相对处于弱势①。这与我国目前不同地区的经济发展水平趋势较为接近。也就是说，经济发展水平越高，文化产业发展整体水平越强，反之则越弱。如表2-3所示，从2018年各地区文化产业的发展情况来看，东部地区文化产业创造营业收入的能力最强，占据76.00%，与中部地区、西部地区和东北地区相比有较大的优势。我国文化产业发展也主要集中于东部地区，较高的经济发展水平不仅为文化产业的发展创造了良好的条件，同时也为文化产业的发展提供了有力保障。

表2-3　　　　　**2018年各地区文化产业发展情况**　　　　单位：%

地区	企业单位数占比	年末从业人员占比	资产总计占比	营业收入占比
东部地区	62.77	67.07	72.95	76.00
中部地区	22.68	20.51	13.47	14.18
西部地区	12.29	10.35	11.90	8.72
东北地区	2.25	2.07	1.68	1.10

资料来源：《中国文化及相关产业统计年鉴2019》，中国统计出版社2019年版。

根据表2-4，从文化产业营业收入指标来看，2016～2019年西部地区的增速最快，年均增速达12%以上，中部地区次之，东部地区文化产业营收增速较为平稳，中西部地区文化产业差距与东部地区逐渐缩小。2019年，东北地区文化产业营业收入增长率由负转正，文化产业发展开始提速。

① 东部地区包括北京、天津、河北、上海、江苏、浙江、福建、山东、广东、海南10个省（市）；中部地区包括山西、安徽、江西、河南、湖北、湖南6个省；西部地区包括内蒙古、广西、重庆、四川、贵州、云南、西藏、陕西、甘肃、青海、宁夏、新疆12个省（市、自治区）；东北地区包括辽宁、吉林、黑龙江3个省。

表 2 - 4　　　　　　　　文化产业营业收入增长率　　　　　　单位：%

地区	2016 年	2017 年	2018 年	2019 年
东部地区	7.00	10.70	7.70	6.10
中部地区	9.40	11.10	9.70	8.40
西部地区	12.50	12.30	12.20	11.80
东北地区	-13.00	-0.90	-1.30	1.50

资料来源：国家统计局官网。

2. 文化产业需求端现状

在现阶段的发展中，文化消费需求在一定程度上决定了文化产业的生产结构，进而指引了文化产业结构转型升级的方向。本小节主要从消费者层面与国家层面对文化产业需求端现状进行分析。一方面，消费者层面具有多样化文化消费差异，文化消费结构的升级促进了文化产业的繁荣发展；另一方面，国家层面也对文化产业的发展抱有美好愿景，并相继出台鼓励文化产业发展的政策，力求文化产业发展成为我国的支柱性产业。

（1）消费者层面需求分析。

本部分通过"问卷星"采取网络匿名的方式进行问卷调查，对全国各地消费者的文化消费情况进行调查，共回收 748 份问卷，其中有效问卷为 538 份。在回收数据之后，通过数据分类统计与分析对比，本部分得出下述统计结果。

第一，整体文化消费需求增速较快，人均文化消费支出占比增加。

近年来，随着经济的不断发展和人民物质生活的极大丰富，消费者层出不穷的精神需求也亟须满足，文化消费保持了强劲增长势头。由表 2 - 5 中数据可知，我国 2018 年人均文化娱乐支出较 2014 年增长23.22%。从问卷结果来看，如图 2 - 2 所示，文化消费比例处于5% ~ 10%占比最高为 35.13%，10% ~ 30% 的比例为 29.00%。有 13.01% 的居民文化消费比例超过了 30%，文化消费水平较高。

表 2-5　　　　　居民人均可支配收入与文化娱乐消费支出　　　　　单位：元

指标	2014 年	2015 年	2016 年	2017 年	2018 年
人均可支配收入	20167.1	21966.2	23821.0	25973.8	28228.0
人均消费支出	14491.4	157124	17110.7	183221.0	19853.1
文化娱乐支出	671.5	760.1	800.0	849.6	827.4

资料来源：《中国文化及相关产业统计年鉴 2019》，中国统计出版社 2019 年版。

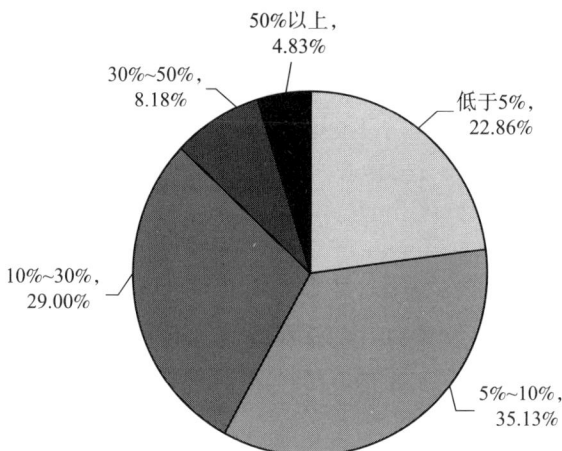

图 2-2　个人文化消费占个人月消费比

资料来源：由笔者绘制。

同时，问卷结果显示（见图 2-3），有 31.78% 的人认为个人文化消费支出在逐渐增加，45.72% 的人处于稳定的状态，处于减少趋势的人只占了 9.85%。随着经济的发展，人们的消费能力不断提高，在精神层面的消费欲望也相应增强，所以对文化产品的需求也水涨船高。

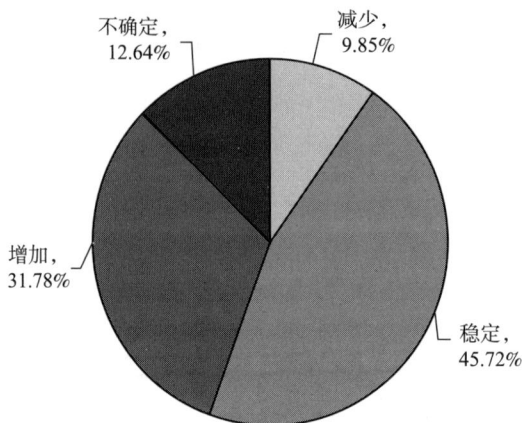

不确定，12.64%
减少，9.85%
增加，31.78%
稳定，45.72%

图 2-3　个人文化消费支出变动趋势比重

注：由于数位保留只到小数点后两位，所以加总不一定为 100%。
资料来源：由笔者绘制。

第二，教育及娱乐型消费较多，侧重能力提升与自我放松。

我国居民在文化消费产品的选择方面，更多地倾向于摄取知识、放松心情、缓解压力。从 538 份有效问卷结果来看，并由图 2-4 所示数据计算可知，有 382 人选择了教育与自我提升类的文化消费，占比 71.00%。剔除结果中的学生样本，仍有 62.73% 的人选择将文化消费投入教育与自我提升中。通过进一步交叉分析，本部分发现在学历为高中及以下的受调查者中，有 61.02% 的人选择教育及自我提升类，这表明我国目前的文化消费类型以教育及自我提升为主，各层次学历的居民都对学识、能力提升有较强的意识。另外，人社部发布的《新职业在线学习平台发展报告》显示，90 后比 80 后更担心失业，所以会通过学习走出职业危机。因此，较大的就业压力也是我国绝大多数居民选择进行自我提升的一大原因。

由图 2-4 计算可知，根据受调查者选择的文化消费类型，排在第二位的娱乐类的消费者占据了 54.46%，排在第三位的休闲类的消费者占比为 36.06%。不难理解，当下生活压力较大，人们在提升自我的同时，对于自我放松也具有较大的需求。参与休闲娱乐活动可以使人们陶冶情操，享受愉悦的心情，调节紧张情绪，从而更从容地面对如今高效率、快节奏的生活。

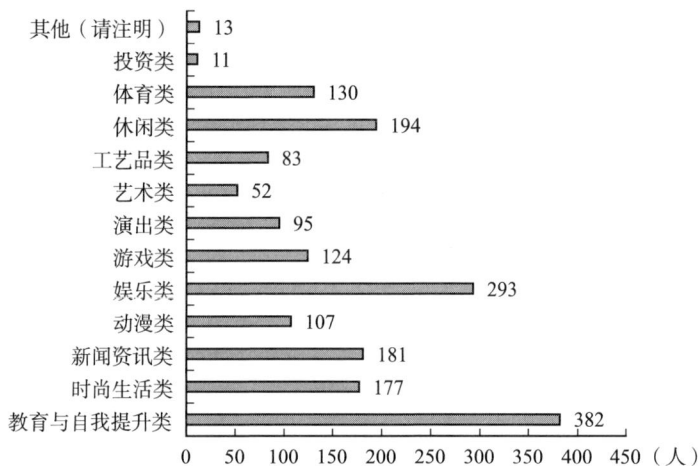

图 2－4　文化消费类型

资料来源：由笔者绘制。

从文化产品的性质来看，如表 2－6 所示，消费者普遍认为目前的文化产品定价偏高，与此同时，文化产品的科技性及创意度仍然需要进一步加强。问卷结果如图 2－5 所示，分别有 321 人、305 人和 284 人认为实用性、价格、文化含量是其选择文化产品最重要的因素。这也就意味着，我国居民目前的文化消费需求仍然以实用为主，资金有限成为居民文化消费的最大限制。

表 2－6　　　　　　　　　　文化消费产品满意度打分

产品性质	平均得分
多样性	3.15
体验性	3.29
科技性	3.09
创意度	3.11

续表

产品性质	平均得分
价格	3.48
文化内涵	3.15

资料来源：由笔者整理。

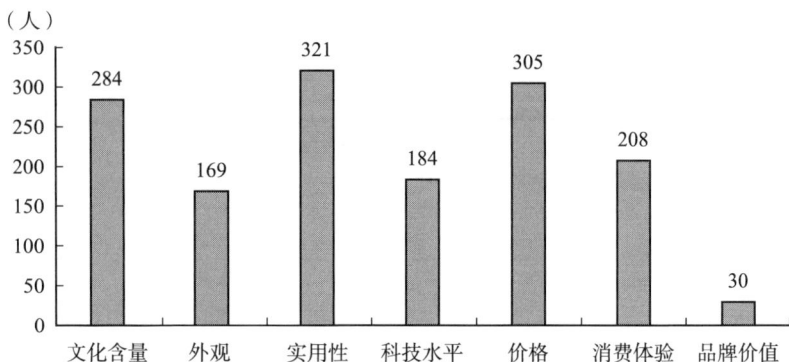

图 2 – 5　文化产品影响因素重要性水平

资料来源：由笔者绘制。

　　第三，区域消费支出存在差异，消费意愿差距较小。

　　由于地理位置分布问题，我国东部、中部、西部地区的经济发展水平长期存在固有差异，地区之间文化消费水平产生了明显的差距。由图 2 – 6 所示数据计算可得，从地区分布来看，我国东部地区文化产业消费水平较高，2014 ~ 2018 年，东部地区人均文化消费支出均为西部的两倍多；2014 ~ 2016 年东部地区人均文化消费支出也是中部地区的两倍以上，尤其是 2014 年，达到中部地区的 2.18 倍。而近几年东部地区人均文化消费支出增速较为缓慢，2018 年的人均文化消费支出仅为中部地区的 1.83 倍。进一步分析发现，中西部地区与东部地区的文化消费支出差距有缩小的趋势，2017 年中部地区文化消费支出增长率为12.46%，东部地区仅为 5.75%。东北地区的文化消费支出稳步增长，在 2016 年出现增长率峰值，达 10.12%。

（元）

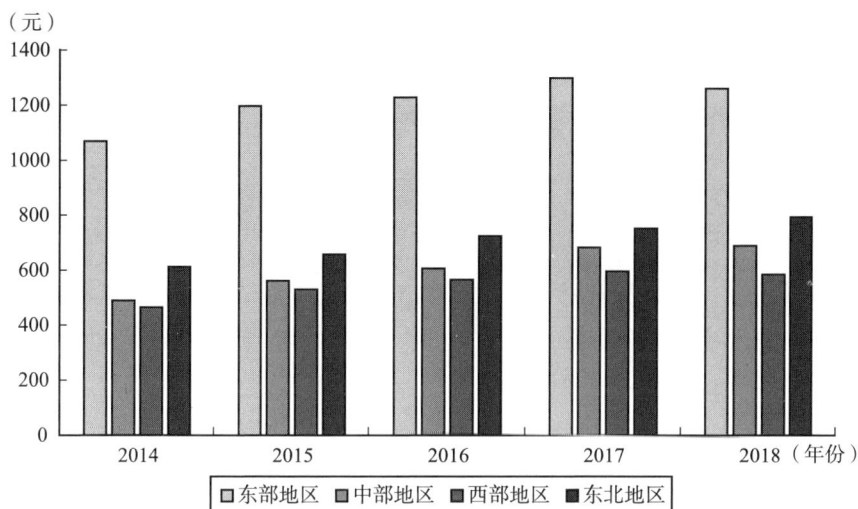

图 2 - 6　分地区文化娱乐支出对比

资料来源：由笔者绘制。

虽然我国东西部文化消费支出差异较大，但根据图 2 - 7 所示的问卷结果，各地区居民文化消费意愿的差异较小。有超过 50％ 的人对于

（％）

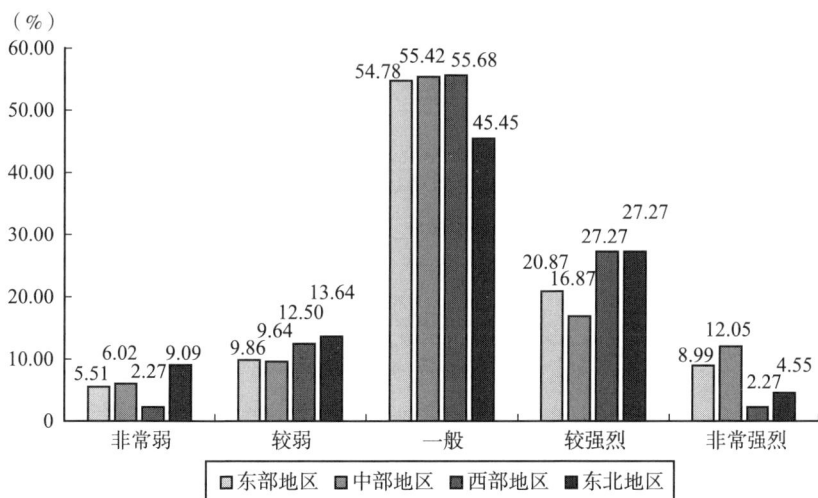

图 2 - 7　分地区居民文化消费意愿

资料来源：由笔者绘制。

进行文化消费的意愿处于一般水平，西部与东北地区文化消费意愿较为强烈的人占比最大，而中部地区选择非常强烈的比例最高，达到12.05%。整体来看，东部地区并没有表现出较中西部地区更为强烈的消费意愿。

第四，城乡消费水平差距明显，消费结构存在差异。

由于城乡之间的经济发展水平存在较大的差距，我国城镇居民文化娱乐支出比例较高，农村文化娱乐支出明显低于城镇居民，文化消费支出从城市到农村呈阶梯形递减的趋势。如表2-7所示，城乡居民人均文化娱乐支出水平存在着明显的差距，城镇居民人均文化娱乐支出占比达到农村居民的2倍以上。但是，从2018年的数据来看，城乡居民之间的文化消费差距正处于逐步缩小的过程中。

同样地，根据问卷调查结果表2-8数据计算可知，在文化消费支出占总支出10%以上的人群中，城镇居民占比相比农村居民占比多了10.5%，这说明城镇居民总体文化消费支出占比相对较高。

表2-7　　　　　　　居民人均可支配收入与文化娱乐消费支出

项目	2014 年	2015 年	2016 年	2017 年	2018 年
城镇居民					
人均可支配收入（元）	28843.9	31194.8	33616.2	36396.2	39250.8
人均消费支出（元）	19968.1	21392.4	23078.9	24445.0	26112.3
文化娱乐消费支出（元）	1087.9	1216.1	1268.7	1338.7	1270.7
文化娱乐占比（%）	5.4	5.7	5.5	5.5	4.9
农村居民					
人均可支配收入（元）	10488.9	11421.7	12363.4	13432.4	14617.0
人均消费支出（元）	8382.6	9222.6	10129.8	10954.5	12124.3
文化娱乐消费支出（元）	207.0	239.0	251.8	261.0	280.0
文化娱乐占比（%）	2.5	2.6	2.5	2.4	2.3

资料来源：《中国文化及相关产业统计年鉴2019》，中国统计出版社2019年版。

表 2 - 8　　　　　城乡居民文化消费占总消费比例　　　　　单位：%

项目	低于 5%	5% ~ 10%	10% ~ 30%	30% ~ 50%	50% 以上
城镇居民	22.09	31.94	31.64	9.25	5.07
农村居民	24.14	40.39	24.63	6.40	4.43

资料来源：调查问卷。

　　根据文化消费倾向类型的调查数据，我国城乡居民在文化消费倾向方面仍存在一定差距。本部分针对传统文化产业与新兴文化产业的倾向性选择结果进行了分析，如图 2 - 8 所示，城镇居民对于新兴文化产业的倾向性为 48.96%，远高于农村居民。而在传统文化产业的倾向上，计算可知农村居民的占比高于城市居民 3.48 个百分点。

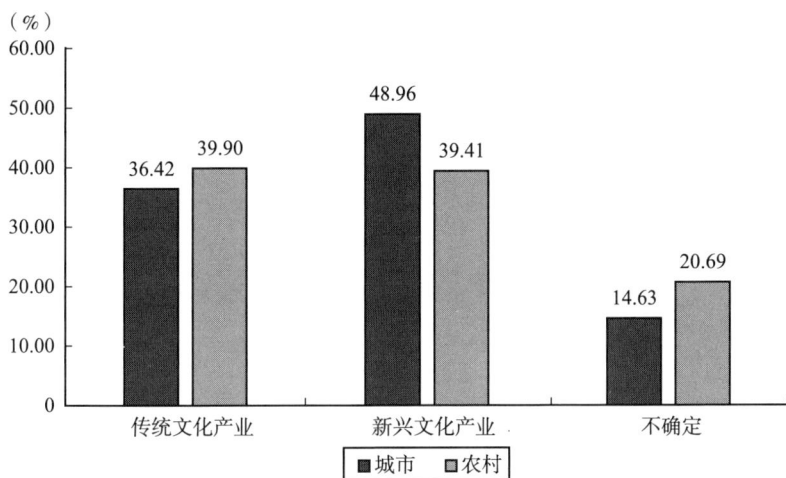

图 2 - 8　城乡居民文化消费类型统计

资料来源：由笔者绘制。

（2）国家层面需求分析。

　　得益于国家的支持与鼓励，文化产业近年来实现了迅猛的发展。国家对文化产业高质量发展的引领和号召，使得近年来针对文化产业的政策扎堆出台，这一系列文化优惠政策给我国文化产业注入强大的发展动力，指明了文化产业结构升级的方向。国家层面对于发展文化产业的需求主要在于以下几点。

第一，推动文化产业高质量发展，满足人民对美好生活的向往。

推动文化产业结构优化升级，促进文化产业高质量发展，是我国满足人民日益增长的精神文化需求的有效方式。我国推行了一系列文化政策，提出要推动文化产业高质量发展，健全现代文化产业体系和市场体系，推动各类文化市场主体发展壮大，培育新型文化业态和文化消费模式，以高质量的文化供给增强人们的文化获得感与幸福感。2017 年文化部《关于推动数字文化产业创新发展的指导意见》、2019 年科技部等六个部门《关于促进文化和科技深度融合的指导意见》以及 2019 年国家发展和改革委员会等七个部门《关于促进"互联网 + 社会服务"发展的意见》等政策意见的陆续出台也都展现出我国目前对于文化与科技融合的大力支持。现阶段，推动文化与科技深度融合、在改造传统文化产业的同时发展新兴文化产业成为文化产业结构升级的重要任务。文化与科技的深度融合有助于满足人民对于美好生活的向往与期待，满足人民个性化、高端化的消费需求。这种消费需求带动了文化需求的增加，而满足需求又是文化产业结构升级的内在动力，文化产业结构的升级最终有利于满足人民多样化的文化消费需求。

第二，构建文化产业繁荣发展新格局，使其成为国民经济支柱。

当今世界上发达国家多数以文化产业作为其支柱性产业，发展文化产业已经成为新的潮流趋势。我国的政府工作报告及地方公告中多次提及要构建文化产业繁荣发展的新格局。近年来，随着我国有关促进文化产业发展政策的落实，文化产业已经贯穿于各个领域之中，与多种行业进行交互融合。

但是目前我国文化产业结构仍然存在一些问题，这在一定程度上阻碍了文化产业发展成为支柱性产业。为了改变这一格局，我国相继出台了一系列政策措施（见表 2 - 9），这些政策既赋予了文化产业更为重要的社会责任，也为文化产业的快速发展打下基础，这足以体现出政府全力加快构建文化产业繁荣发展新格局的决心。当前，我国文化产业面临机遇期，文化产业的发展对促进我国经济转型与社会进步的作用日益凸显。2019 年，多部门发布的《加大力度推动社会领域公共服务补短板强弱项提质量　促进形成强大国内市场的行动方案》明确提出：到 2020 年，现代公共文化服务体系基本建成，文化产业成为国民经济支柱性产业。从这个角度来讲，推动文化产业发展成为国民经济支柱是文化产业结构升级的重要目的，促进文化产业结构调整升级有利于推动文化产业的蓬勃发展，增强其产生的社会经济效益，为文化产业发展成国民经济支柱扫清障碍。

表 2 - 9　　　　　　　　　部分文化产业政策汇总

年份	政策	发布单位	发布时间	主要内容
2016	《中华人民共和国电影产业促进法》	第十二届全国人民代表大会常务委员会	2016 年 11 月 7 日	我国文化产业领域的第一部正式法律，推动电影行业从行政法规监管转向专门法律监管
	《"十三五"国家战略性新兴产业发展规划》	国务院	2016 年 11 月 29 日	推动优秀文化继承创新，借助互联网等新科技，培育文化发展新活力
	《"互联网 + 中华文明"三年行动计划》	国家文物局、国家发展和改革委员会、科学技术部、工业和信息化部、财政部	2016 年 11 月 29 日	
	《国家"十三五"文化遗产保护与公共文化服务科技创新规划》	科技部、文化部、国家文物局	2016 年 12 月 7 日	
	《引导城乡居民扩大文化消费试点工作实施方案》	文化部、财政部	2016 年 5 月 6 日	引导居民文化消费的意愿，扩大文化消费规模，增强文化消费对经济增长的作用
	《文化部"一带一路"文化发展行动计划（2016 - 2020 年)》	文化部	2016 年 12 月 29 日	依托"一带一路"加快树立民族文化品牌形象建设

年份	政策	发布单位	发布时间	主要内容
2017	《关于推动数字文化产业创新发展的指导意见》	文化部	2017 年 4 月 11 日	明确数字文化产业的概念，鼓励数字文化产业的发展
	《文化部"十三五"时期文化发展改革规划》	文化部	2017 年 2 月 23 日	政府鼓励和引导社会资本进入文化产业
	《"十三五"全国旅游公共服务规划》	国家旅游局	2017 年 3 月 6 日	有序推进旅游便民惠民、安全保障等领域建设
2018	《关于促进全域旅游发展的指导意见》	国务院办公厅	2018 年 3 月 22 日	推进旅游业现代化、国际化水平，更好满足旅游消费需求
	《关于延续宣传文化增值税优惠政策的公告》	财政部、税务总局	2018 年 6 月 5 日	扶持特定文化行业
	《关于延续动漫产业增值税政策的通知》	财政部、税务总局	2018 年 4 月 19 日	
	《知识产权对外转让有关工作办法（试行）》	国务院办公厅	2018 年 3 月 29 日	明确知识产权对外转让对国家安全、创新能力的影响，全面规范知识产权认证活动，为我国知识产权认证体系提供依据
	《知识产权认证管理办法》	国家认监委、国家知识产权局	2018 年 2 月 11 日	
2019	《文化产业促进法（草案征求意见稿）》	文化和旅游部	2019 年 6 月 28 日	聚焦"文化企业、创作生产、文化市场"三个环节
	《进一步促进体育消费的行动计划（2019 - 2020 年)》	体育总局、国家发展和改革委员会	2019 年 1 月 4 日	推进体育强国建设
	《关于促进文化和科技深度融合的指导意见》	科技部、中央宣传部、中央网信办财政部、文化和旅游部	2019 年 8 月 13 日	促进文化科技项目实现社会效益，鼓励文化科技金融工具的创新发展
	《关于促进"互联网＋社会服务"发展的意见》	国家发展和改革委员会、教育部、民政部、商务部、文化和旅游部、卫生健康委、体育总局	2019 年 12 月 6 日	更加有效合理利用互联网来提供优质社会服务

年份	政策	发布单位	发布时间	主要内容
2020	《关于支持新型冠状病毒感染的肺炎疫情防控有关税收政策的公告》	财政部、税务总局	2020 年 2 月 6 日	政府"暖企"政策助推文旅产业复苏
	《关于暂免征收国家电影事业发展专项资金政策的公告》	财政部、国家电影局	2020 年 5 月 13 日	支持电影行业发展
	《文化和旅游部关于推动数字文化产业高质量发展的意见》	文化和旅游部	2020 年 11 月 18 日	推动文化产业实施数字化战略
2021	《关于进一步加大开发性金融支持文化产业和旅游产业高量发展的意见》	文化和旅游部、国家开发银行	2021 年 4 月 15 日	发挥开发性金融优势，加大开发性金融对文化产业和旅游产业的支持力度
	《"十四五"文化和旅游发展规划》	文化和旅游部	2021 年 4 月 29 日	促进文化产业结构升级，优化文化产业空间布局，激发文化市场主体发展活力等
	《关于推动国家级文化产业园区高质量发展的意见》	文化和旅游部	2021 年 12 月 21 日	推动国家级文化产业园区的高质量发展，发挥其示范引领和辐射带动作用

资料来源：由笔者整理绘制。

第三，国有文化企业做大做强，增大产业集群化趋势。

目前，我国对于国有文化企业寄予了较大的期望，由于国有文化企业的规模普遍较大，其产生的引领作用较为显著，在行业中占据了重要地位。国有文化企业做大做强能够进一步优化文化产业结构，我国关于发展文化产业的指导意见中多次指出目前应该大力发展国有文化企业，改善我国文化产业结构，增大产业集群化趋势，增强其竞争力。2015年中办、国办印发的《关于推动国有文化企业把社会效益放在首位、实现社会效益和经济效益相统一的指导意见》中指出要力求打造一批核心竞争力强的国有或国有控股骨干文化企业，使之成为文化市场的主导力量和文化产业的战略投资者。2018 年 12 月，中宣部召开了全国"30强"文化企业座谈会，会上指出要做强、做优、做大骨干文化企业，打造越来越多有较强实力与竞争力的"文化航母"和有较强影响力与美誉度的知名文化品牌，从而助力我国文化产业高质量发展。2019 年，《国务院关于文化产业发展工作情况的报告》指出，我国文化企业实力偏弱，"小"和"散"的局面没有彻底改变，因此可以看出促进文化企业做大做强，增大文化产业集群化趋势是我国文化产业结构升级的现实微观需求。总体来说，做大做强国有文化企业是文化产业结构升级的有效手段，我国所期望增大文化产业集群化趋势的目标亟须通过国有文化企业的带头作用加速实现。

第四，提高我国文化软实力，增强我国文化国际影响力。

良好国家形象的塑造离不开一国文化软实力的整体提升，尤其是文化价值观的传播能力直接影响其在国际舞台上的影响力。从国际上看，越来越多的国家将文化产业视为战略产业，发展文化产业已经成为各国的共同认知，世界各国的文化产业处于激烈竞争的局面。

自党的十八大以来，我国不断推出促进文化"走出去"的政策，如 2014 年国务院印发的《关于加快发展对外文化贸易的意见》、2019年中央全面深化改革领导小组发布的《关于进一步加强和改进中华文化走出去工作的指导意见》和《关于加强"一带一路"软力量建设的指导意见》等文件，力求更好地传播中国特色社会主义核心价值观，增强我国在国际舞台的影响力。同时，针对国内文化市场与国际文化市场不平衡、国内文化企业普遍缺乏拓展国际市场的意识和能力等问题，我国提出了参与"一带一路"文化建设的倡议，期望我国文化产业能够在发展的过程中做好文化价值观的传播工作，依托"一带一路"加快树立民族文化品牌的形象，促使我国优秀传统文化进一步实现创新发展，从而不断提升我国的国家形象，使中国故事、中国声音能够在国际社会上得到有效传播和普遍认可。因此可以说，提升文化产业的国际影响力是我国文化产业发展的外在追求，只有不断优化文化产业的整体结构、增加文化产业附加值，才能迅速提高我国文化软实力与国际竞争力，进而在全球范围的文化竞争中取得主动权。

2.2.2　我国文化产业结构与空间现状

根据目前文化产业发展潮流趋势的不同，文化产业内部层次中出现了不同的发展态势。从文化产业内部结构来看，文化产业主要表现为：核心领域的主导作用明显增强；文化服务业比重逐年增加；新兴文化发展势头强劲；文化上市公司与科技加速融合；数字文化产业进入新时代。文化产业结构顺应时代发展的潮流，总体趋势向好，优化升级成为其主要的特点。

1. 核心领域优于相关领域，主导作用明显增强

从文化产业的内容来看，根据国家统计局在 2018 年颁布的《文化及相关产业分类（2018）》，文化产业核心领域发展向好，成长优势逐步扩大。如表 2-10 所示，2018 年文化产业增加值绝对额仍然呈现上升趋势，文化核心领域仍旧是文化及相关产业增加值的重要组成部分，占比高达 66.8%，其中新闻信息服务、内容创作生产和创意设计服务占比较大，分别为 13.6%、21.0% 和 17.4%。

近年来，以数字技术为载体的文化新业态在市场中迅速崛起，文化内容创作生产所具有的与数字技术深度融合的特点成为其核心竞争力。内容创作生产也是近年来增加值占比最大的一类。在"互联网＋文化"的带动下，以数字经济与智能化技术为基础的新兴文化产业迅猛发展，逐渐成为文化产业发展的新动能。2018 年创意设计服务的占比相比 2017 年增加最为显著，以此为代表的新兴文化领域将呈现出产业融合的巨大优势。由表 2-10 数据计算可知，随着一大批文化项目的出现，文化投资运营增加值在 2018 年的增长速度高达 104.21%，成为增长最快的一类文化产业。

表 2-10   文化及相关产业增加值及占比

类别名称	2017 年绝对额（亿元）	2017 年构成占比（%）	2018 年绝对额（亿元）	2018 年构成占比（%）
文化及相关产业	34722	100.0	41171	100.0
文化核心领域	22500	64.8	27522	66.8
一、新闻信息服务	4864	14.0	5606	13.6
二、内容创作生产	7587	21.9	8662	21.0
三、创意设计服务	4537	13.1	7176	17.4
四、文化传播渠道	2896	8.3	3371	8.2
五、文化投资运营	190	0.5	388	0.9
六、文化娱乐休闲服务	2426	7.0	2318	5.6
文化相关领域	12222	35.2	13649	33.2
七、文化辅助生产和中介服务	5973	17.2	6791	16.5
八、文化装备生产	1981	5.7	1994	4.8
九、文化消费终端生产	4268	12.3	4864	11.8

资料来源：国家统计局官网。

如表 2-11 所示，文化核心领域的法人单位数占了文化及相关产业法人单位数的 65.72%，其资产规模占到总量的 75.59%。其中新闻信息服务类的单位资产规模普遍较大，传统优势文化产业地位仍然稳固；内容创作生产、创意设计服务、文化辅助生产和中介服务对于就业吸纳能力强，从业人员占比均为 20% 左右；创意设计服务类的法人单位数占比最大，但其资产规模普遍较小；虽然文化投资运营类的法人单位数占比最小，其资产规模却占比较大。第四次全国经济普查公告显示，文化核心领域实现利润总额占比 72.3%，为 5760.2 亿元；根据国家统计局 2019 年发布的第四次全国经济普查结果显示，文化相关领域利润总额为 2211.2 亿元，占 27.7%。文化核心领域的资产利润率为 6.5%，高于文化相关领域的 5.8%。

表 2 – 11　　　　　　　2018 年文化及相关产业法人单位情况

分组	法人单位		从业人员期末		资产	
	数量（个）	占比（%）	人数（人）	占比（%）	总计（万元）	占比（%）
总计	2103126	100.00	20558325	100.00	2257857697	100.00
文化核心领域	1382128	65.72	12730334	61.92	1706759465	75.59
新闻信息服务	67105	3.19	1149497	5.59	214632780	9.51
内容创作生产	343004	16.31	4225516	20.55	389335049	17.24
创意设计服务	620232	29.49	4078120	19.84	275621835	12.21
文化传播渠道	146727	6.98	1456450	7.08	194244023	8.60
文化投资运营	14519	0.69	141171	0.69	371485005	16.45
文化娱乐休闲服务	190541	9.06	1679580	8.17	261440774	11.58
文化相关领域	720998	34.28	7827991	38.08	551098231	24.41
文化辅助生产和中介服务	488028	23.20	4107286	19.98	298631481	13.23
文化装备生产	30250	1.44	897874	4.37	68791497	3.05
文化消费终端生产	202720	9.64	2822831	13.73	183675254	8.13

资料来源：《中国经济普查年鉴 2018》。

2. 产业结构不断优化，文化服务业吸纳就业能力强

随着我国经济体制改革的进行，文化产业已经进入转型升级的新阶段，文化产业结构也在不断优化。根据国家统计总局公布的数据，由表 2 – 12 数据计算可知，相比于 2017 年，2018 年我国文化产业类型中的文化制造业的增加值所占比例下降了 5.7%，而且文化服务业增加值占比相对增长 4.7%，这说明我国目前正处于文化产业结构优化的过程中。

表 2 – 12　　　　　　　文化及相关产业增加值构成　　　　　单位：%

行业	2017 年	2018 年
文化制造业	34.8	29.1
文化批发和零售业	9.6	10.6
文化服务业	55.6	60.3

资料来源：国家统计局。

　　根据各年份的《中国经济普查年鉴》，2008 年文化制造业的从业人员与营业收入均处于领先地位，说明文化制造业起步较早，发展较为稳定。虽然文化服务业的法人单位数较多，但企业规模较小，收入创造能力也不强。如表 2 – 13 与表 2 – 14 所示，经过 5 年的发展，2013 年文化制造业与文化服务业吸纳的从业人员已经不相上下，此阶段文化制造业所创造的营业收入领先趋势增大，文化批发和零售业发展较好，占比相对有所增加。由表 2 – 15 数据计算可知，2018 年，文化服务业发展较为迅速，其营业收入已跃居首位，吸纳从业人数为 1213.7 万人，为文化制造业的 1.83 倍、文化批发和零售业的 6.74 倍，说明其解决就业问题的能力较强。同时，文化服务业资产为文化制造业的 3.9 倍。2008 ~ 2018 年，文化制造业的优势逐渐弱化。近几年来，文化服务业逐渐成为文化产业发展的主流。

表 2 – 13　　　　文化及相关产业法人单位主要指标（2008 年）

行业	法人单位数（万个）	从业人员（万人）	资产总计（亿元）	营业收入（亿元）
文化制造业	8.88	508.14	10438.2	14477.6
文化批发和零售业	5.53	63.59	3177.4	4504.1
文化服务业	31.66	436.49	13870.9	8262.6

资料来源：《中国经济普查年鉴 2008》。

表 2 - 14　　　文化及相关产业法人单位主要指标（2013 年）

行业	法人单位数（万个）	从业人员（万人）	资产总计（亿元）	营业收入（亿元）
文化制造业	16.25	805.5	32478.1	43501.9
文化批发和零售业	13.99	146.1	12290.0	18479.6
文化服务业	61.61	808.4	50654.0	21762.0

资料来源：《中国经济普查年鉴 2013》。

表 2 - 15　　　文化及相关产业法人单位主要指标（2018 年）

行业	法人单位数（万个）	从业人员（万人）	资产总计（亿元）	营业收入（亿元）
文化制造业	21.99	662.0	41981.7	46300.0
文化批发和零售业	30.94	180.1	19961.6	27789.5
文化服务业	157.38	1213.7	163842.5	56096.2

资料来源：《中国经济普查年鉴 2018》。

3. 传统文化产业面临挑战，新兴文化产业发展势头强劲

在高新技术的推动下，科技与文化相融合，从而促进了新兴文化产业的发展。文化产品和服务的生产、传播、消费的数字化与网络化进程不断加快。与此同时，传统文化行业也面临一定的挑战。根据《中国传媒产业发展报告（2019）》，如图 2 - 9 所示，在 2018 年的营业收入超过千亿元的四个传媒细分行业中，有三个都属于新兴文化产业，而传统文化产业的营业收入水平处于行业较低的位置。由图 2 - 9 所示数据计算可知报刊行业收入只占移动内容及增值收入的 5.3%，图书销售收入只占 13.39%，这说明传统文化产业与新兴文化产业的收入差距较大。

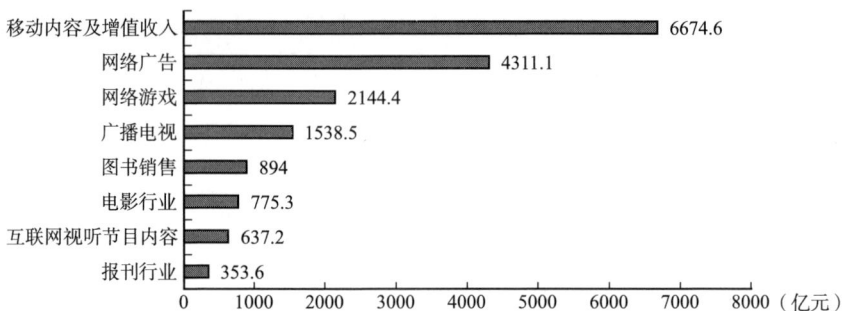

图 2 – 9　2018 年传媒产业细分行业营业收入

资料来源：由笔者绘制。

从报刊行业的营收变化来看，图 2 – 10 显示，报纸广告收入在 2011 年达到峰值 487.3 亿元，随后呈现急剧下降的趋势，直至 2018 年收入下跌 84.26%。报纸发行收入同样在 2013 年左右出现断崖式下降，在短短数年间，2018 年其收入只占 2011 年的 33.87%。期刊的广告和发行收入的巅峰出现在 2013 年，之后其也面临着收入持续下降的问题。以报刊行业为代表的传统文化产业在发展的过程中遇到了互联网科技的冲击，所以发展受到了一定的限制。

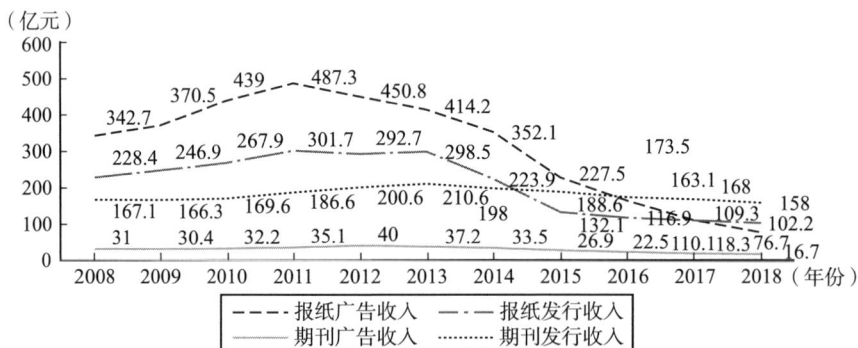

图 2 – 10　报刊行业营业收入变化

资料来源：由笔者绘制。

国家统计局官网的数据显示，2018 年，全国规模以上文化企业实现营业收入约 9.7 万亿元，其中文化新业态特征比较明显的 16 个行业小类^①共实现营业收入约 2.1 万亿元，比上年增长 22.4%，总计占比为 21.5%，比上年提高近 4.2 个百分点。目前，文化企业与科技融合趋势明显，新兴文化产业发展势头强劲。例如，广播电视集成播控、数字内容、动漫游戏、互联网文化娱乐平台等基于互联网和移动互联网的新业态发展已经成为文化产业发展的潮流趋势，文化产业与科技的融合为文化产业发展创造了新的动能和新的增长点。

　　根据《传媒蓝皮书：中国传媒产业发展报告（2019）》，如图 2 - 11 所示，在 2018 年，在线视频市场的收入第一次超过广播电视广告的收入，达 2016.8 亿元，与 2013 年的数据相比，短短六年间激增了 1884.6 亿元，整体增长率高达 1425.57%。然而自从在线视频市场逐步发展之后，广播电视广告收入的增长率出现了明显下降的问题，甚至在 2017 年出现了负增长的状况。

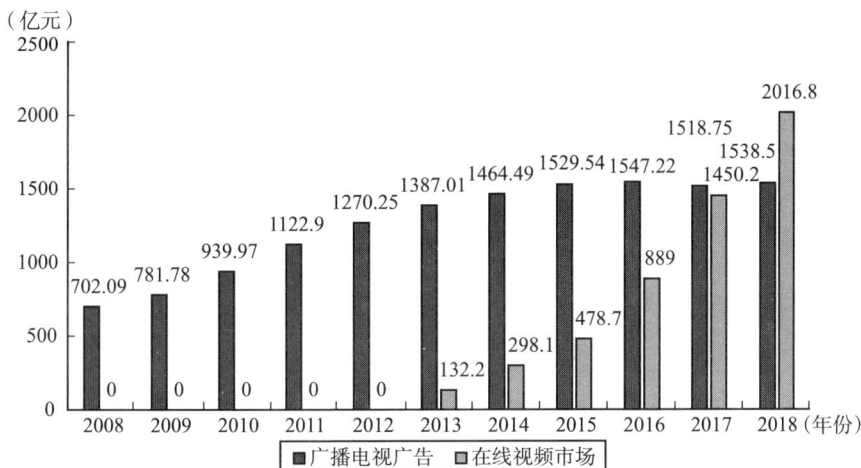

图 2 - 11　广播电视广告与在线视频收入对比

资料来源：由笔者绘制。

———————

　　① 新业态特征明显的 16 个行业小类是：广播电视集成播控，互联网搜索服务，互联网其他信息服务，数字出版，其他文化艺术业，动漫、游戏数字内容服务，互联网游戏服务，多媒体、游戏动漫和数字出版软件开发，增值电信文化服务，其他文化数字内容服务，互联网广告服务，互联网文化娱乐平台，版权和文化软件服务，娱乐用智能无人飞行器制造，可穿戴智能文化设备制造，其他智能文化消费设备制造。

作为新兴的文化产业，近几年中国的游戏市场用户规模不断扩大，销售收入也在持续增长，整个游戏市场呈现出蓬勃发展的趋势。《2019 年中国游戏产业报告》显示（见图 2 – 12），2019 年中国游戏市场营收规模达到 2308.8 亿元，同比增长 7.67%，相比于 2008 年增长 1143.97%。近几年，游戏市场收入增长率逐渐放缓，达到稳定的状态。具体而言，移动游戏销售收入占比超过 70%，是游戏市场的支柱；根据《2019 年中国游戏产业报告》，客户端与网页游戏占比分别为 26.6% 和 4.3%。移动游戏市场的实际销售收入增速保持平稳，成为拉动游戏市场整体增长的主要因素。2019 年，电子竞技游戏营销收入达到 969.6 亿元，用户规模增长至 4.4 亿元。与此同时，游戏直播市场的收入也已经突破百亿元。

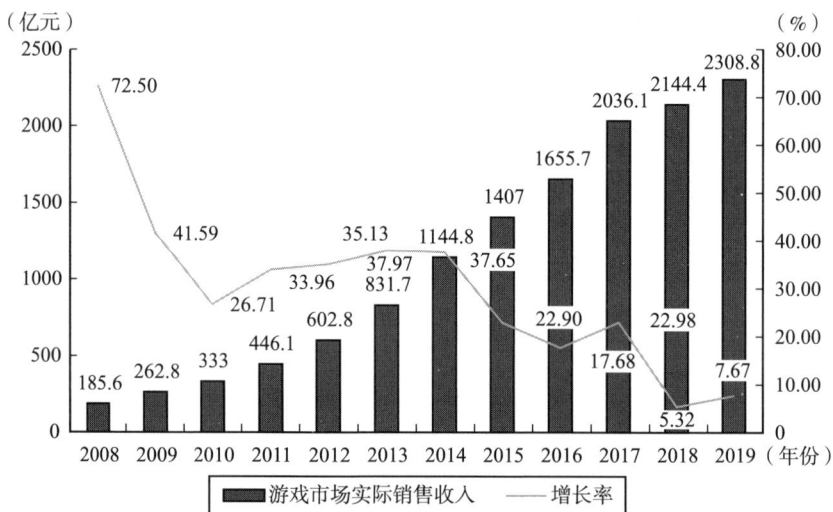

图 2 – 12　中国游戏市场销售收入变化

资料来源：中国音数协游戏工委（GPC）＆ 国际数据公司（IDC）。

4. 文化上市公司与科技加速融合，高新技术应用逐渐普及

为了适应时代发展的潮流，进一步增加文化产品的市场竞争力，将文化与科技相融合成为大多数文化企业的发展方向。2009 年，我国首次有文化上市公司在年报中披露其在经营活动中对大数据和云计算技术

的应用。如图 2 - 13 所示，在随后的几年里，大数据和云计算技术的应用处于较为缓慢的增长时期。2013 ~ 2015 年，将大数据和云计算技术应用于经营活动中的文化企业的数量增长了近 4 倍。由于文化上市公司的数量在 2015 年后增长速度较快，即使应用大数据和云计算的文化企业数量有所增多，但总体占比并没有显著提高。至 2019 年，将大数据和云计算技术用于生产经营的文化上市公司占比高达 69.82%，这表明大数据和云计算技术已经逐步在文化企业中普及开来。

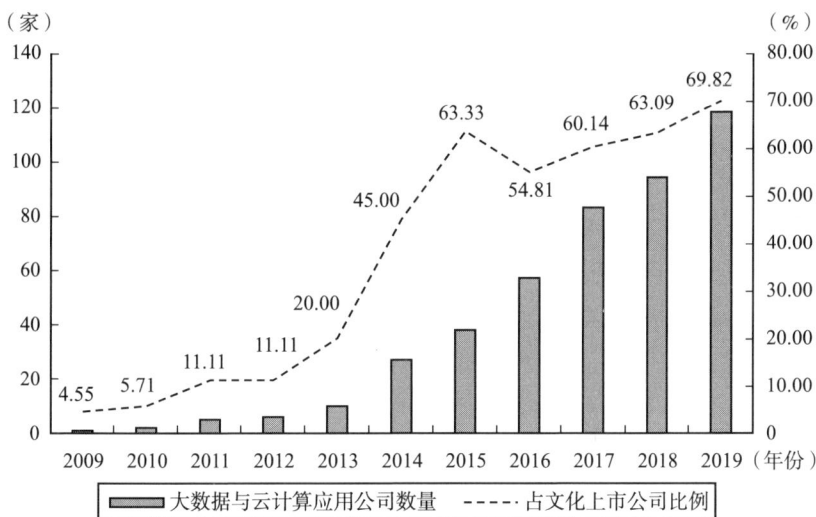

图 2 - 13　文化上市公司大数据与云计算应用情况

资料来源：由笔者根据《文化及相关产业分类（2018）》手动检索 A 股文化产业上市企业的年报数据进行绘制。

此外，表 2 - 16 显示，人工智能与 VR、AR 技术的发展也从 2014年左右开始，其中移动互联网服务、互联网信息服务、影视动漫及平面媒体类的文化企业对于 VR、AR 技术的应用较为广泛。同时，移动互联网服务、营销服务和互联网信息服务类的文化企业对于人工智能的应用也较多。然而近年来新兴的 5G 及区块链技术因为发展较晚，所以目前的普及率并不高，但是两者的应用增速均高于其他几项技术，发展速度非常迅猛。

表 2 – 16　　　　　　　文化上市公司高新技术应用统计

年份	5G	VR、AR	人工智能	区块链
2014	—	—	2	—
2015	—	11	2	—
2016	—	29	6	—
2017	2	35	26	3
2018	9	37	47	10
2019	34	50	63	20

资料来源：根据 A 股文化产业上市公司年报整理绘制。

　　如表 2 – 17 所示，由于行业需要，影视动漫与平面媒体类公司更加偏好于将 VR、AR 技术应用到生产经营中。在 13 家有线电视网络类文化企业中，有 8 家文化企业运用了 5G 技术及人工智能技术，占比高达61.54%。另外，有 4 类文化企业并未涉及区块链的应用，营销服务及互联网信息服务类的文化企业对于区块链的应用相较其他类别的文化企业较多。总体来看，不同类别的文化上市公司对于不同高新技术的偏好存在差异，互联网信息服务与有线电视网络类文化企业的科技综合利用率更高。

表 2 – 17　　　　　　　文化上市公司分类高新技术应用统计

分类	总计	大数据	5G	人工智能	VR、AR	区块链
移动互联网服务	40	28	7	12	13	4
营销服务	35	27	4	14	2	7
互联网信息服务	27	23	9	12	10	6
影视动漫	27	8	3	3	10	0
平面媒体	25	19	1	9	11	2
其他文化传媒	15	7	2	6	2	0
有线电视网络	13	12	8	8	4	1
其他互联网服务	3	3	0	2	1	0
其他网络服务	2	2	0	0	0	0

资料来源：根据 A 股文化产业上市公司年报整理绘制。

5. 数字文化产业进入新时代，高科技产品关注度较高

党的十九大提出了建设网络强国、数字中国，培育新型文化业态等要求。近年来，随着数字化技术的发展，文化产业与云计算、大数据、5G、人工智能、VR、AR 以及区块链技术相结合，以数字出版、数字音乐、数字影视、游戏动漫、智慧旅游等为代表的数字文化产业正蓬勃发展。数字经济时代下，文化与数字技术相融合成为我国文化产业新的增长点。2017 年，文化部发布《关于推动数字文化产业创新发展的指导意见》，意见指出"文化 + 数字"将成为文化产业发展的新趋势。同时，《中国数字文化产业发展趋势研究报告》显示，2017 年，我国数字文化产业增加值为 1.03 万亿 ~1.19 万亿元，总产值为 2.85 万亿 ~3.26 万亿元。我国数字文化产业总量较大，新兴文化业态的涌现也使得我国文化产业的市场竞争力日益增长。《光明日报》2018 年 11 月 21 日资料显示，2017 年，"互联网 + 文化"的文化信息传输服务的年平均复合增长率达到 34.6%，营业收入接近 8000 亿元。与之形成对比，文化产业总体年平均复合增长率仅为 12.8%。《文化科技创新发展报告（2018）》指出，数字装备与传统业态的文艺产品，如音乐、影视、动漫、出版等相结合，缩小了传统业态与新兴业态的差异，这两种业态可能在"互联网 +"的背景下实现较好的融合发展。

以敦煌景区与数字技术结合为例，2017 年 12 月 29 日，敦煌研究院与腾讯共同策划发起敦煌"数字供养人"计划，通过游戏、音乐、动漫、文创等多元化数字创意方式，加深数字技术与文化产业的融合。2018 年推出的"敦煌诗巾"创意小程序中加入了敦煌壁画元素，让网友自主设计丝巾。小程序上线一个月，已有 300 万用户参与，留下了近 25 万件 DIY 作品。同时，敦煌"数字供养人"计划实现了线上文化创意到线下生产、物流、售后等方面的结合，即形成了完整的文创产业闭环。其中，《王者荣耀》推出的敦煌定制"飞天"皮肤通过敦煌主色调、反弹琵琶等细节高度诠释敦煌文化内涵，吸引近 4000 万用户下载。"云游敦煌"小程序上线两个月，浏览量便累计突破 1200 万人次，相当于甘肃省 2019 年国庆假期全省接待量的一半以上。

如图 2 - 14 所示，从问卷调查结果计算可知，消费者对于科技含量较高的文化产品的消费意愿普遍较高，消费意愿处于一般以上水平消费者数量占比为 87.36%。而且大多数的被调查者也认为高科技可以提高文化产品的体验感，例如，博物馆与科技馆的数字展示、文物遗迹的再现复原、大型演艺活动的彩排仿真技术等。同时，有 82.71% 的被调查者对于云旅游的接受程度在一般及以上，云旅游项目不仅可以不受时间与空间的限制，满足人民一定的精神需求，还能够增加消费者对于景区的向往，增加景区预售门票及特色产品的销售。通过图文、全景、短视频、直播等多种形式，云旅游项目可以向云游客们展示景区的特色风景以及诱人的美食，为云游客们提供沉浸式体验。总体来看，科技含量较高的文化产品颇受关注，消费者对于"文化 + 数字技术"普遍持支持态度，积极主动地迎接数字文化产业新时代的到来。

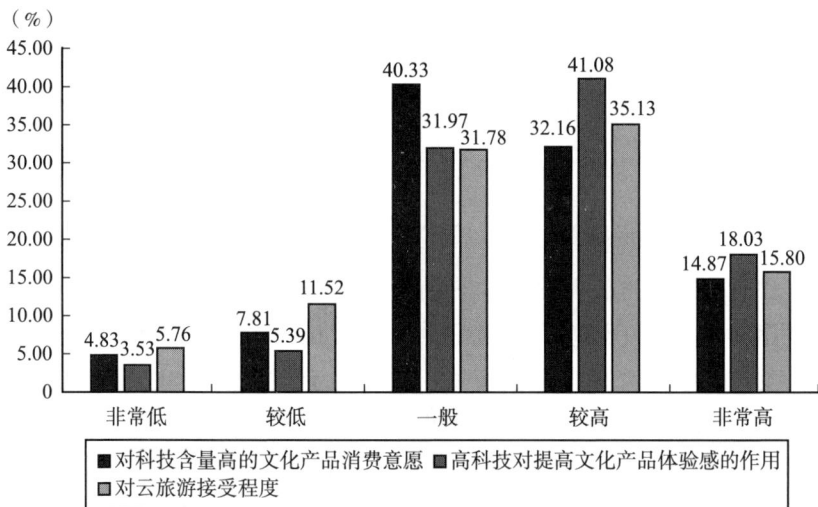

图 2 - 14　科技含量较高文化产品接受程度调查

资料来源：由笔者绘制。

6. 文化产业空间发展不平衡，区域分割严重

根据国家统计总局的数据资料，从营业收入看，2017 年东部地区

规模以上文化及相关产业企业的营业收入水平仍处领先地位，实现68710 亿元，占全国比重高达 74.7%；中部、西部和东北地区则分别实现 14853 亿元、7400 亿元和 988 亿元的营业收入，占全国比重分别为16.2%、8.0% 和 1.1%。东部地区的发展速度明显高于中西部地区，中国文化产业的发展具有明显的地域差异，文化产业发达程度由东向西逐步递减，中国文化产业第一方阵仍为北上粤苏。从就业人数来看，2013年广东地区文化产业就业人数 332.4 万，占全国文化产业就业总人数的18.9%，仅东部六省份（广东、山东、江苏、浙江、北京、上海）文化产业资产总额与主营业务收入就超过全国总额的 60%，相关从业人员更是占到全国文化产业从业人员总数的五成以上。由此可见，中国目前文化产业空间区域发展不平衡，虽然中西部地区发展速度有所提升，但东西差距仍然较大。

2.3 我国文化产业结构的困境剖析

在政策红利的推动下，近几年来我国文化产业成长迅速、势头强劲，但随着文化产业的快速增长，文化产业发展也面临着产业结构优化与调整的问题。本节立足我国文化产业发展现状，主要从供给端、需求端与政策制度层面总结文化产业结构升级中的问题。其中，本节在供给层面主要剖析我国文化产业在资源禀赋有待深挖、供给质量低、产业链不健全及人才资本落后等方面的问题；在需求层面主要剖析文化需求引导滞后、文化环境有待提升等问题；在政策制度层面主要分析文化管理模式发展落后、扶持政策支持撬动能力弱、文化立法基础薄弱等问题。

2.3.1 文化产业供给端层面困境

文化产业结构的供给端是文化市场产品生产、制造与服务的提供者，直接决定了文化产业结构的变动。居民不断增长的文化消费意愿引发了文化供给领域的创新创意，而新的文化供给又引导新的文化消费需求。进入新时代，我国人民对于物质生活与精神文化需求的要求也越来越高，但是在文化消费市场规模快速扩张的背景下，文化市场发展不平衡与不充分的问题日益彰显，文化产业供需错配严重、有效供给不足等问题越发突出，文化产业结构供给端的问题尤为明显。文化产品内涵不足、科技驱动力弱、产业链不健全等问题制约了文化供需、地域结构和动力结构的平衡发展，文化产业结构的供给侧结构性改革仍需不断进行探索。

1. 文化产品供给质量不高，产品内涵有待提升

随着物质生活水平的提高，人们对于文化产品的需求也在不断升级。尽管我国目前文化产品供给愈加丰富化、多样化，但是文化市场中的产品仍存在原创性不足、内涵过于单一、跟随模仿严重等问题，现有文化产品与服务无法满足人们的文化消费欲望和需求。文化产品向来是内容为王，文化市场是思想的市场，决定文化产业价值的主要是文化产品的内容（胡惠林，2016），真正能满足消费者文化消费需求的是文化产品的内涵与质量，而不是产品外显的形式（张振鹏和王玲，2017）。许彩羽（2018）也指出在新的发展时期里，文化产业应注重内涵式发展，要从供给侧方面深化产业内涵。

目前，我国文化产品整体上内容供给不足，文化内涵挖掘不充分，以致文化市场上缺乏质量高、内涵丰富、原创性高、品牌实力强的产品，低端产品高度饱和且竞争激烈。首先，我国文化产品在开发过程中没有充分发掘具有区域、民族、民俗特色的文化内涵，内涵开发不深造成文化产品整体品位不高。目前不少企业过度追求消费主义时代的娱乐泛化，文化产品表现出低俗化、庸俗化和过度娱乐化的倾向，部分文化产品内容空洞、价值空虚，无法彰显文化产品对核心主义价值观的传扬作用。

还有，多数文化企业不具备品牌意识，缺少对文化品牌的培育与营销，难以突出产品的特色、形成品牌经济，导致我国具有竞争优势的文化品牌较少。虽然我国的文化产品种类繁多但品牌较少，阻碍了文化产品结构向品牌产品结构的升级。不少中小文化企业提供的文化产品内容

多有抄袭模仿的情况，甚至作品雷同，既造成大量文化产品严重同质化且供过于求，使得低端文化市场处于无序竞争的状态，又导致了文化资源的重复开发与浪费，抑制了文化产业结构的平衡性发展。

另外，部分文化企业尤其是传统文化企业存在组织惰性。传统文化企业路径依赖明显，经营机制活力不足，囿于呆板的文化内容。以书刊、杂志为例，市场上各样各式的刊物不在少数，但是能拿得出精品内容的刊物屈指可数，真正能满足市场需求和读者文化需求的精品刊物明显供不应求。现阶段我国在文化产业的供给方面，呈现文化有效供给不足和低端供给过剩并存的现象。

2. 企业技术创新能力不足，科技驱动力较弱

科技创新为文化创意的产生、文化产品的制造、传播以及消费带来了更广阔的空间，同时科技创新也培育了顺应时代潮流的新兴文化业态，带动了文化产业结构的优化升级。近年来我国文化产业技术创新能力进一步提升，但与文化产业发展程度较高的国家相比，仍有较大差距。首先，我国文化企业科技创新意识不足，科技创新能力较弱。多数文化企业停留在批量化规模生产模式，没有充分意识到技术发展带来的红利，技术研发投入水平较低，科技研发能力较弱，阻碍了互联网背景下的企业转型升级。不少传统文化企业在技术方面的开发和应用并不充分，在文化产品创造过程中局限于传统落后的技术手段，限制了企业效能的提高，以及对适应时代新需求的能力的培养。

与此同时，文化产品科技含量低、附加值低，文化产品更新升级速度缓慢，难以满足新一代文化消费者对文化产品个性化和高科技含量的追求，也抑制了文化需求结构的变化。当然，文化与科技的融合深度也有待提升，文化科技融合的大环境亟须塑造。5G、VR、大数据等互联网技术的发展可以给文化产品创新带来更多灵感，提升文化产品供给的品质与附加值。但我国文化产业普遍存在科技创新与成果转化脱节的问题，文化企业对新兴科技的转化能力不足，文化与科技的结合多局限在管理信息系统、线上销售渠道等领域。科技与文化产品的深度融合有限，无法让科技创新真正成为驱动文化产业创新的主要动力。总体来

说，我国文化企业技术创新有待提升，文化科技融合的发展任重道远。

3. 文化企业价值链偏低端化，产业链延伸不足

文化产业链是主导文化产业及相关文化产业所构成的文化产业群（王志标，2007）。马右文（2019）认为需要以产业需求为导向，以文化产业链条的创新和培育为中心，整合文化产业链条上的多种要素，通过形成规模经济实现文化产业链的跨越式提升。因此只有形成合理的文化产业链布局，才能提升文化产业链中不同文化产业领域的协同效应和运作效能。但目前我国文化企业产业链布局不合理，大部分文化企业所处的价值链普遍偏于低端，文化产业链条的联系不紧密，难以实现不同环节的共同发展。

首先，我国文化产业创意、设计等上游领域布局不足，文化产业核心层发展不突出。我国不少文化企业长期处于模仿式、借鉴式发展，商业模式、盈利机制刻板单一，文化产业结构布局中文化制造业占比较大，如演艺娱乐设备、工艺美术品、印刷制造等。而产业链价值高、附加值高的新兴文化企业相对匮乏，这使得我国部分文化企业停留在低端利益链，在国际化分工中处于文化产业链的中下游地位，阻碍了我国文化产业结构层次的更新与优化。

其次，与西方发达国家的文化产业相比，我国文化产业的产业链普遍较短且技术含量与附加值偏低。我国大多数中小文化企业只做单一的某一个环节，缺乏创新及前瞻的布局意识，很少关注到产业链延伸开发价值，缺乏对文化产业整体产业链的认知和打造，文化产品附加值低、科技含量低、衍生品较少，企业的品牌效应与市场竞争力偏弱。比如，我国很多优秀的国产动漫影视作品如《哪吒之魔童降世》和《大鱼海棠》在获得大众好评之后，缺乏对影视产品的全方位拓展，精品文化的价值缺少进一步提炼与加工，产业链的挖掘与延伸度偏低。

最后，多产业融合是推动文化产业链延伸的重要手段，但目前我国文化产业内部及文化产业与其他行业"跨界融合"的深度与广度不够，"文化+"模式有待实现实质性突破，而非停留在简单的"1+1=2"的表象。

4. 人才队伍建设滞后，阻碍人才资本积累

文化创意是推动文化产业结构升级的关键要素，而人才又是文化创意的载体，是文化产业发展的核心资源，人才资本的开发与积累对文化产业结构的调整和发展尤为重要。目前我国文化产业人才存在高端从业人员匮乏、人才结构失衡、地域发展不平衡等问题，文化产业发展也因此受阻（曾繁文和黄丽丽，2016）。文化人才队伍建设水平有待提高。虽然我国文化从业人员数量众多，但人才结构不够合理，对文化创意要求高的文化核心领域的人才欠缺，文化产业人才队伍不能满足文化产业结构升级的需求。

我国不少文化企业是由文化事业单位改制而来，文化产业创意人才培养相对滞后，用人机制及考核激励机制缺乏活力，主要问题有以下四点：一是人才管理机制不畅，僵化的管理模式不能较好适应人才多样性，人才的选拔、价值开发落后于人才资源的积累需求。二是人才整体规划缺失，人才战略观念较弱，多数文化企业的人力资源规划流于形式、执行力度差。三是人才培养机制不系统，中小文化企业缺乏人才培养观念，没有足够的资金与精力用于人才的技能培训与素质提升。四是考核激励机制欠缺，单一传统的激励方式难以调动现代文化产业人才的积极性，忽略了人才尤其是文化产业人才的精神激励需求。我国文化企业在人才队伍建设的疏忽，导致文化企业的高素质人才积累工作落后于企业经营发展的人才需求，制约了文化企业管理效能的提升与科技创新能力的进步，阻碍了文化产业结构的优化升级。

5. 融资约束明显，制约中小文化企业提档升级

融资难一直是困扰着我国中小微企业发展的难题，对于文化企业来说尤其如此。我国中小微文化企业的数量占比超过八成，融资困难、资金短缺已成为制约文化产业结构升级的"关卡"之一。中小微文化企业融资难，一方面受到文化产业本身轻资产、隐形资产特点的影响；另一方面也与我国信贷市场建设不完善、文化产业金融体系落后于文化产业发展有关。目前我国尚未形成有效完善的多元化文化产业金融服务支

持体系，也尚未打造出有效的文化产业投融资体系。

首先，金融机构向文化企业提供的专门金融服务种类匮乏。虽然目前我国金融机构提供的金融服务和金融产品种类不断增加，但其向文化企业提供的资金支持仍以传统信贷为主，向文化企业提供的金融服务创新程度不足。其次，金融支持文化产业的力度还不够。相较于制造业等传统行业，金融机构对文化产业的信贷总量偏低。最后，文化金融中介服务体系薄弱，能够协助中小微文化企业进行融资的中介组织数量较少。当前中小微文化企业融资难度大，面临较为严重的信贷约束，而这对文化产业的发展形成了硬约束。因此，要想推动我国文化产业提档升级，亟待融资方式的创新。

2.3.2　文化产业需求端层面困境

孙咏梅（2004）认为需求结构的变化趋势、自然资源禀赋及投资结构的变动等是制约和影响文化产业结构变化的重要因素。文化消费需求是优化文化产业结构的市场动力。随着我国经济的快速发展，人们对精神文化产品的需求增加，我国文化产业也将迎来蓬勃发展的上升期。外在条件的成熟需要内在因素的驱动，因而还需打造一个能够满足消费者多样化文化需求的文化消费市场，进而培养文化消费理念、引领文化消费意愿、激励文化消费行为，让文化消费常态化。目前我国文化消费需求层次整体较低、文化消费环境尚未成熟，这些来自需求端的问题成为制约文化产业结构升级的内在阻力。

1. 文化消费需求引导滞后，产业内生动力不足

扩大文化消费需求、提升文化消费水平对于带动文化产业结构升级具有重要作用。尽管近年来我国人民的文化消费需求日益旺盛，但目前我国居民文化消费比例偏低，消费需求增长明显滞后于经济发展，这阻碍了文化产业结构的升级。

首先，我国居民文化消费意识薄弱，文化消费观念偏于保守，居民精神文化层面的需求强烈程度不高，崇尚文化消费的习惯有待养成。其

次，我国不少居民文化消费能力保守。受经济状况和收入水平限制，部分居民的文化消费支出能力有限，尤其是乡村居民的文化消费水平堪忧。我国传统文化向来提倡勤俭节约，追求保守的消费观念与消费行为，而重物质生活享受、轻精神文化消费的传统观念在一定程度上抑制了我国文化消费需求的增长，使得文化消费的增长落后于居民收入的增长水平。最后，部分居民文化素质水平较低，文化消费层次偏低，对于高层次的文化消费支出较少，这也阻碍了文化消费结构的高质量发展，不利于文化消费潜力的激发。

居民文化消费意识薄弱、消费能力保守、文化消费层次较低等问题，与我国近年来文化消费需求引导滞后不无关系。虽然我国愈加重视文化建设，关注文化产业发展对拉动国民经济增长的作用，但对于社会文化意识的整顿与引导较为落后，传统文化消费理念有待逐步改变。总体说来，人民文化消费意识的增强、文化消费习惯的培育、文化消费层次的提升，均有赖于国家社会对居民文化消费需求的引导，然而我国文化消费需求端引导滞后，制约了文化产业消费结构的优化调整，降低了以需求带动文化产业结构升级的作用效能。

2. 文化消费环境有待改善，阻碍文化消费需求培育

文化消费环境是指人们用精神文化产品和服务满足自身或公众精神需求的，在消费过程中所面临的对其有一定影响的外在且客观的背景、基础和条件等因素的总称。良好的文化消费环境能够鼓励消费者的文化消费需求，提升文化产业消费结构的层次。但由于我国文化产业起步较晚，文化消费环境建设也相对落后，导致我国文化消费环境存在基础文化设施适用性较低、文化消费氛围低等问题。欠佳的文化消费环境限制了我国居民的文化消费活动，降低了居民文化消费的积极性，进而阻碍了文化消费需求的培育。

文化消费环境还可以分为硬件环境和软件环境，硬件环境包括文化基础设施和相关配套设施的建设情况，软件环境包括服务质量、消费氛围等。在文化消费环境硬件环境方面，我国文化消费环境的层次性、多样性、适用性有待提升。文化消费会因为消费者的职业、文化程度、区域特点而有所不同，但目前诸如图书馆、书店等文化服务场所形式大同小异，其单一且缺乏多样性的文化消费环境难以满足不同居民的多层次、多方面文化需求。同时，欠发达城市和广大农村地区也缺乏健全的公共文化服务体系和基础设施，这些消费群体未能充分享受到改革开放所带来的文化红利和文化福祉。

在软环境方面，一方面，鼓励文化消费、提升精神文明水平、提倡高品质文化消费等观念畅行的文化消费软环境有待创建。目前我国文化产业在舆论导向、宣传推介等方面的工作还有待加强，倡导崇尚文化消费、文化消费常态化的社会氛围有待培育。另一方面，公共文化服务的质量有待提高。在过去的公共文化服务体系建设中，发展重心往往放在基础建设上，忽视了公共文化服务的软件建设，所以公共文化服务的质量水平落后于基础设施的完善水平。总而言之，要想进一步释放文化消费潜力、改善文化消费结构，离不开文化消费环境在硬件环境与软环境两个方面的改善与提升。

2.3.3 政策制度层面困境

我国文化产业体系和市场体系的调整离不开政策制度方面的支持与创新。文化产业制度政策的完善能优化文化资源的配置，加速文化要素的流动，促使文化产业转型升级，为我国文化产业体系及市场体系向高层次转变提供重要的制度保障。当文化产业的相关制度政策滞后于文化产业发展需求，即出现制度滞后性的问题时，会导致"制度性文化产业结构危机"。制度供需结构的失衡降低了文化产业激励机制的有效性，使得文化政策制度难以对文化产业形成有效的产业支撑力（沈继松和胡惠林，2016）。目前，中国尚未形成现代文化市场体系与产业体系建设的长效机制，存在文化立法基础薄弱、文化体制改革转型缓慢、文化管理模式发展滞后、文化扶持政策的支持撬动作用不明显的问题，我国文化产业体系及市场体系的后续发展仍需进一步释放制度政策红利。

1. 文化管理模式发展滞后，文化市场要素流动缓慢

以政府行政管理为主导的管理模式是指政府根据文化建设的需求配置文化产业资源、调整文化产业利益，这种模式在我国文化建设初期起到了加快文化基础建设的关键作用。随着我国文化产业体制改革的进行，文化产业的管理模式也由高度集中的事业化管理模式逐步趋于市场化。随着文化市场体系的逐步完善，文化市场的资源配置能力逐步成熟，但是行政主导型文化产业管理模式的弊端日益显现。一方面，我国行政主导型文化产业管理模式抑制了文化供给结构的平衡性发展，导致行政条块分割、行业进入壁垒高筑与区域封锁等问题频发。在此背景下，传统文化制造企业转型困难，新兴业态发展阻力较大，这也成为文化产业结构调整在制度层面的一大难题。另一方面，行政主导型的文化产业管理模式限制了文化市场资源的合理流动，桎梏了文化市场要素流动的速率，形成了一定的文化要素流动壁垒，使得国有文化企业与民营企业资源流动不顺畅的问题尤为突出。这种文化市场资源的流动性限制导致了目前国内文化市场人才、技术、资本等稀缺性要素流动速度缓慢，高层次文化产业难以得到更匹配的资源禀赋，从而阻碍了文化产业结构升级的步伐。

2. 扶持政策不够精准有力，支持撬动作用不明显

要实现文化产业结构优化升级不能仅依赖市场调控，还必须运用政府的力量尤其是产业政策的力量，以推动文化产业的发展。这要求我国政策对文化产业的引导与管理应以扶持和鼓励为主，以保证我国文化产业结构的赶超升级。目前，我国文化产业政策存在"缺、弱、变、散、乱、粗"的问题。"缺"是指我国文化产业政策缺失，"弱"是指文化产业政策对产业的扶持力度有待提高，"变"是指文化产业政策的连续性与稳定性较弱，"散"是指文化产业政策不集中，没有提纲挈领的关键性文件，"乱"是指文化产业政策协调统一性有待提升，"粗"是指文化产业政策的框架太宽泛，可操作性不强（杨吉华，2007）。

首先，文化产业涵盖的细分行业较多且差异明显，但我国文化政策

多为一对多，同一政策适用于不同的文化细分行业。这种普适性政策在具体执行过程中可能较少考虑文化产业细分行业的具体差异，最终导致政策执行效果大打折扣。其次，目前我国对于文化产业的扶持政策多以直接的专项资金扶持为主，在搭建宣传平台、促进消费升级及优化市场环境等方面的间接扶持政策偏少。与直接的资金扶持政策相比，文化企业更希望政府能够在文化产品公共采购、文化产品宣传推介、文化产业技术研发投入以及文化产品消费等方面提供支持措施，真正帮助企业解决面临的发展困境（祁述裕和曹伟，2018）。再次，文化产业扶持政策较为单一，扶持方式创新性不足，政策支持的撬动作用不明显。目前文化扶持政策重心多放在"注钱"补贴扶持，然而缺少多元扶持途径。文化企业扶持政策大多数以"授之以鱼"的模式开展，忽略了"授之以渔"的创新扶持模式，"授之以鱼"的模式使得企业自主应对市场的能力变弱，进而容易形成一定的政策扶持依赖（薛莉清，2018）。最后，文化扶持政策忽略了对居民文化消费习惯的培育，在营造社会整体消费市场环境方面有所欠缺。部分地区推行的文化惠民政策较不科学，且优惠力度偏弱，较难从实质上激发消费潜力、培育潜在文化消费者的消费需求。总之，我国目前的文化扶持政策难以有效推动文化产业结构的优化升级，文化产业扶持政策的精准性、适用性还有待提升。

3. 文化立法基础薄弱，文化产权保护不力

文化立法是我国文化产业高质量发展的必要保障，也是文化体系建设的基本制度要求。目前我国文化立法基础较为薄弱，尚未形成健全的文化法治体系，文化立法建设工作落后于迅猛发展的文化产业市场，制约了我国文化产业结构升级的步伐。虽然近年来我国文化立法已经进入快速超车阶段，文化领域相关的法律法规取得了不少成果，但总体来说我国文化法律体系仍存在不少缺失。

一是，我国文化法律体系建设相对滞后，与经济立法、社会立法相比，文化方面的法律数量较少，这是中国特色社会主义法治体系的一块短板。一方面，文化领域相关的法律法规在我国法律法规中所占比重较小，缺乏统筹文化领域部门法的"基本法"，旨在促进文化产业健康持

续发展的《文化产业促进法》早在 2015 年开始起草，目前虽然已经公布草案征求意见稿，但是尚未正式出台。另一方面，我国在公共文化服务、新兴文化领域方面的立法较为滞后，《中华人民共和国电影产业促进法》《中华人民共和国公共图书馆法》等文化领域立法在 2016 年之后才陆续制定。

二是，我国文化产业相关法律法规更新速度缓慢，文化法治建设落后于蓬勃发展的文化产业需求。随着文化产业市场的突飞猛进，文化资本日益活跃，网络直播、网络著作等新兴文化业态与文化产品不断涌现，文化行为日益多样化，适应新时代、新模式的文化法律体系也有待出现与完善。此外，在现有法律制度下，我国文化产权监管力度较弱，产权侵权成本低，文化企业的知识产权意识不足，侵权事件层出不穷。文化产业是知识资源密集型的高风险产业，不完善的文化法制体系将会增加文化市场败德行为与机会主义行为出现的可能性，可能降低文化企业进行文化创新的积极性，延缓文化新业态的培育发展速率，进而阻碍文化产业结构调整升级的进程。

2.4　数智时代我国文化产业结构的升级思路

文化产业结构向更高级形态演变是文化产业发展的必然规律，文化产业结构的升级意味着原有产业结构的破坏和新产业结构的弥合，在这个破旧立新的过程中，需要积极寻找文化产业结构升级的合理路径。总结我国文化产业结构演进规律可以发现，科技、人力资本和金融资本在文化产业发展的不同阶段都起到了举足轻重的作用，分别从不同角度推动文化产业结构的跨越式发展。因此要把握文化产业结构升级路径，可以从科技、金融资本与人力资本这三种要素出发，把握我国文化产业结构升级的大方向。

首先，要认识到科技是文化产业结构升级的核心驱动力。文化产业结构升级的重要标志就是高科技含量的文化产品在文化产业中占比不断增加。科学技术的每一次进步和飞跃都为文化产业带来了新的机遇。近年来，人工智能、大数据、5G 和区块链等新兴科技迅速发展，这将成为推动文化产业结构升级的重要力量，如人工智能技术可以加快文化创新的速度，为文化创意提供新的表达方式；大数据精准分析消费者的文化需求，便于向受众提供个性化的文化产品；5G 与其他技术结合，革新文化创意的传播方式；区块链保护创意者的权益，解决版权问题等文化产业固有痛点。新兴科技的运用将促进文化产业的高质量发展，提高文化产业的生产效率，进而催生新兴文化业态的萌芽，将对我国文化产业结构升级产生巨大影响。

其次，金融资本是文化产业结构升级的资源中枢。融资约束是文化企业发展面临的普遍难题。金融资本的注入将会打破文化企业的资金困境，进而拓展文化生产的空间。一方面，政府出台相关文化金融政策可以扶持文化产业发展；另一方面，文化企业主动利用多种融资渠道解决资金难题可以加速文化企业创新进程。因此金融资本不仅能为文化产业输入多样性资源，而且在金融政策的引导下能够实现资源要素的统一配置，从而维持文化产业秩序并为新兴文化业态的发展提供多方位支持，进而推动文化产业结构的全面升级。

最后，要认识到人力资本是文化产业结构升级的有生力量。人力资本具有特殊的生产功能，能够加快产业结构转化速度（张国强等，2011）。文化产业中的人力资本既包括管理人才又包括创意人才。管理人才能够分析文化企业比较优势，提高文化资源在整个产业链中的配置效率；创意人才是文化产品的核心生产者，能够提升文化产品的价值密度。人才是创意的主要来源，因此人力资本对文化产业结构的影响全面而持续，人力资本的配置会影响文化产业结构升级的方向和效率。换言之，文化产业结构的顺利升级必须要有与之相适配的人力资本结构支持。

综上所述，科技、金融资本和人力资本是带动文化产业结构转型升级的主要推力，其中科技是核心要素、金融资本是物质支撑、人才资本是生产保障。同时，科技、金融资本和人力资本又共同受到文化政策的引导和规范，三者在文化市场的自发调节和政策有效引领下构成了文化产业结构升级的三条路径，如图 2-15 所示。

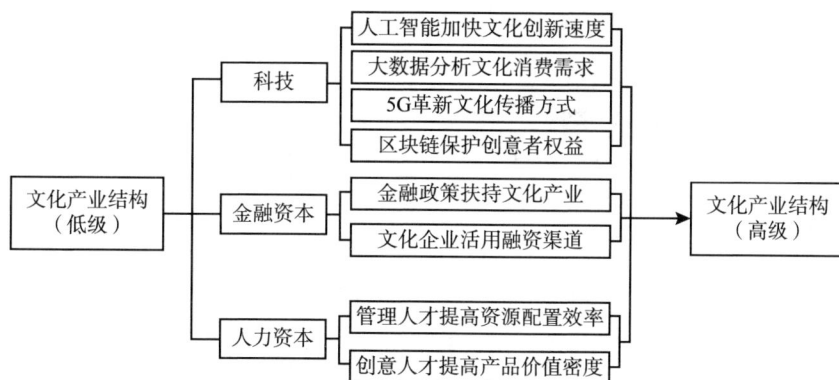

图 2 - 15　我国文化产业结构升级路径

资料来源：由笔者绘制。

第3章

人工智能驱动下的文化产业结构升级与产品创新

3.1 人工智能的概念界定

人工智能（Artificial Intelligence，AI）是研究、开发人类智能理论、方法、技术和应用系统的新兴技术。随着人工智能的发展，其理论与技术已日趋成熟，其应用范围也逐渐扩展，现已在机器人、语言识别、图像识别、自然语言处理和专家系统等领域取得了重大进展。未来，随着人工智能技术的发展，它将成为人类智慧"容器"。

人工智能并非全新的事物，自 1956 年麦卡基、明斯基、罗切斯特等科学家在达特茅斯会议上第一次提出"人工智能"的概念后，至今已经发展了 60 多年。总体来说，人工智能的发展可以划分为三个具有代表性的阶段。

人工智能的第一个阶段是非智能对话机器人的开发。1966 年，国外的研发团队设计出了第一台命名为 ELIZA 的心理治疗机器人，其目的是和有心理疾病的患者进行自动化聊天。虽然 ELIZA 在外观上已经具备了智能机器人的雏形，但实际上它的底层运作逻辑依旧处于非智能的范畴，即它只能以对话者输入的关键词为索引在预先储存好的数据库里进行检索后输出特定的结构化答案。本质上讲，人工智能的第一个发展阶段并没有产生真正的智能技术，而只是运用现有的浅层技术对计算机进行了外在形式的包装，但仍为人工智能奠定了腾飞的基础。

人工智能第二个发展阶段的重点是语音识别。20世纪80~90年代，学界放弃了前期一贯秉持的符号学思路，转为能处理复杂问题的统计学思路后，突破了语音识别这一技术难题。从此，机器开始拥有了"听觉系统"，能够听懂人类的语言并与人类进行语音交流，为后期人机智能交互奠定了技术基础。

人工智能第三阶段的发展方向为深度学习。在积累了海量数据和图形处理器（Graphics Processing Unit）算力不断成熟的前提下，2006年深度学习技术取得了若干理论突破。计算机开始具有像人一样的分析学习能力，能够通过学习样本数据的内在规律和表示层次实现对文字、图像、声音等数据的识别与理解，让AI产品真正达到了可用的阶段。

经过上述三个阶段的发展，人工智能本身及其分支技术已经初具雏形。在新的时代，深度学习、跨界融合、人机协同、群智开放和自主智能等是人工智能发展的新特征。人工智能在博弈、识别、控制、预测等方面的应用，很多都超过了人类的大脑。链条式的突破正在新一代人工智能技术中发生，这将有利于经济社会从数字化、网络化向智能化的转变。

3.2　人工智能在文化产业中的应用现状及问题剖析

3.2.1　人工智能在文化产业中的应用现状

1. 人工智能应用年度分布情况

图3-1列示了2007~2019年我国文化产业上市公司应用人工智能技术的数量分布。由图3-1可以看出，在2014年之前，因为人工智能技术在我国尚未发展成熟并且未得到相应的重视，故我国文化产业仍处于人工智能的荒漠地带，未曾有一家上市的文化企业使用人工智能技

术。直到 2014 年和 2015 年，习近平总书记在中国科学院第十七次院士大会、中国工程院第十二次院士大会讲话和报告中将人工智能的发展提了出来，并在 2015 年 7 月召开的"中国人工智能大会"上发表《中国人工智能白皮书》，为产业界发展人工智能指明了方向。2016 年工业和信息化部、国家发展改革委、财政部三部委联合印发《机器人产业发展规划（2016－2020 年）》，我国人工智能的发展开始进入高速通道。与此大背景相吻合，2014 年开始我国文化产业突破性地引进人工智能技术，并在接下来的两年内稳步发展。2017～2019 年人工智能与文化产业跨界深度融合，这一期间引入人工智能技术的文化企业数量急剧攀升。根据文化类上市公司年报统计发现，2014～2015 年两年只有 2 家文化企业对外界公布已经开始使用人工智能技术，而到 2017 年就增长到 26 家，增长率高达 1200％，到 2019 年更是有 63 家文化产业上市公司普及了人工智能技术。

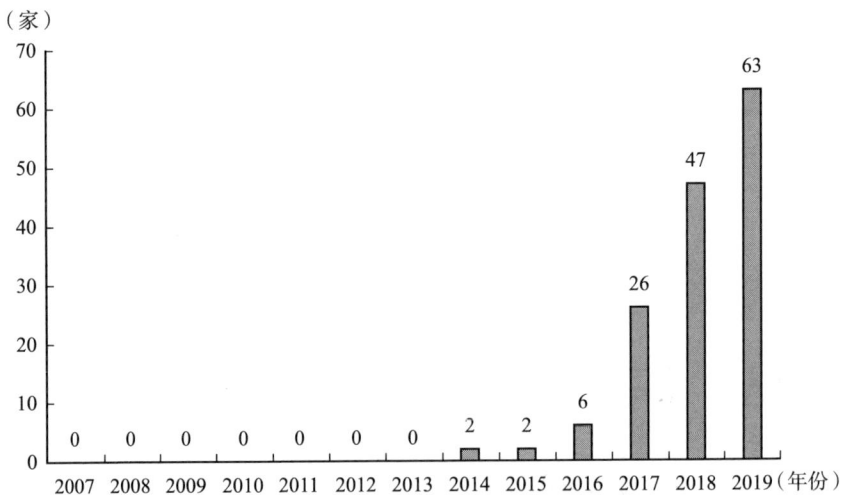

图 3－1　应用人工智能技术公司的年度分布

资料来源：由笔者绘制。

2. 人工智能应用行业分布情况

从图 3 - 2 可以看出，人工智能主要分布在文化行业中互联网传媒、文化传媒、营销传播三大细分领域，其中又以互联网传媒行业和文化传媒行业应用最为广泛。以具体数据说明，2014 ~ 2019 年，共有 55 家从事互联网传媒的文化企业应用了人工智能技术，占总体的 40.44%；共有 50 家从事文化传媒的文化企业应用了人工智能技术，占总体的 36.76%；而引进了人工智能技术的营销传播文化企业与前两类差距明显，只有 31 家，占总体的 22.80%。①

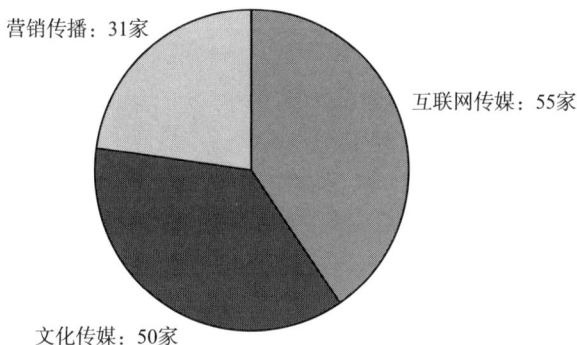

图 3 - 2　2014 ~ 2019 年应用人工智能技术公司的行业

资料来源：由笔者绘制。

从源头内容的自主搜索、自动创作，到产品传播的黏性用户精准推送和浸润式体验构造，人工智能带给文化产业的可谓是全产业链的蝶变升级，且主要体现在"内容"和"传播"两个点上。传媒行业和营销行业的核心要素就是"内容"和"传播"，应用人工智能技术主要针对的是"信度"和"效度"，因此，人工智能技术与传媒和营销企业契合度非常高。人工智能可以让内容的生产更加具有效率，让内容在企业和消费者的传递过程中更具有精确度，基于人工智能的智慧型传媒正在快

①　以上数据由笔者根据文化类上市公司年报手工整理得出。

速颠覆旧格局。

3. 人工智能技术公司应用产权分布情况

图 3 - 3 列示了 2014 ~ 2019 年使用人工智能技术的文化企业的产权性质分布情况。以前年度暂无文化企业使用人工智能技术，故不予在统计范围内列示。2014 ~ 2019 年人工智能技术在文化产业中的应用主要集中在民营企业，2019 年有 41 家民营企业，占比 65%。[①] 相对于国有企业而言，民营企业体制灵活，对市场的敏感度更高，在重大战略决策面前往往可以轻装上阵，抢占先机。

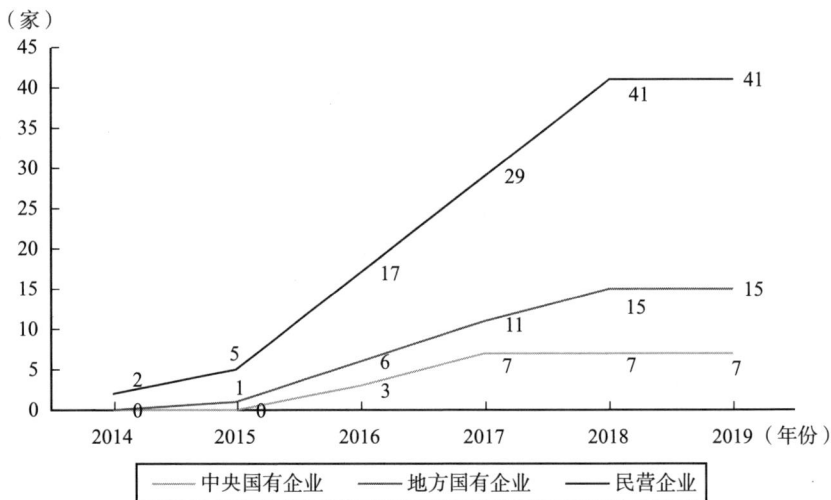

图 3 - 3   2014 ~ 2019 年应用人工智能技术公司的产权性质及时间分布

资料来源：由笔者绘制。

4. 人工智能应用地区分布情况

图 3 - 4 列示了 2014 ~ 2019 年使用人工智能技术的上市文化企业在不同地区的分布情况。以前年度暂无文化企业使用人工智能技术，

---

① 以上数据由笔者根据文化类上市公司年报手工整理得出。

故不予在统计范围内列示。由图可以看出，应用人工智能技术的文化
企业主要集中于经济发达地区，多分布在北京、长江三角洲、珠江三
角洲等地，零星分布于其他地区。具体来说，主要集中广东和北京、
江苏三地，其中广东有 33 家上市文化企业应用了人工智能技术，北
京有 31 家，江苏有 12 家。这些地区经济发达、开放程度高，是我国
文化产业发展的要地，也是我国先进文化企业的集中地，其对新兴技
术的接受程度更高，也更有活力，更具探索精神。需要着重指出的
是，江苏 12 家、上海 9 家、浙江 9 家上市文化企业运用了人工智能
技术，整个长江三角洲对技术的敏感度较高，处在文化与科技融合的
前列。①

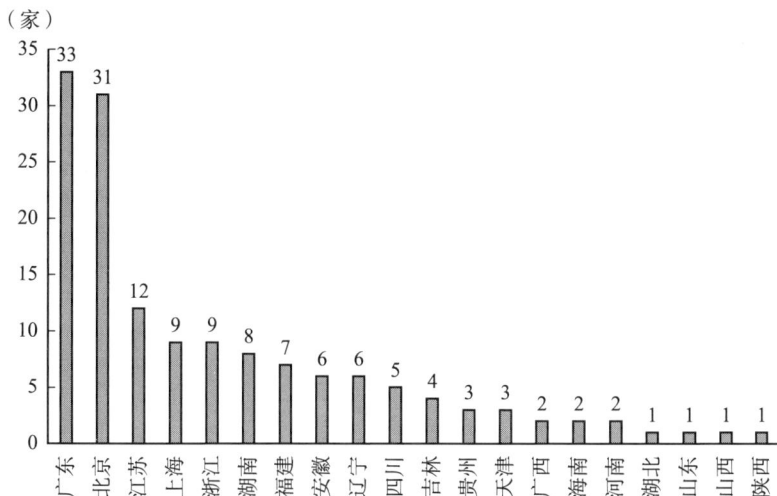

图 3 - 4　2014～2019 年应用人工智能技术上市文化企业的地区分布

资料来源：由笔者绘制。

3.2.2　人工智能在文化产业应用中的问题

人工智能给文化产业带来了诸多积极影响，文化产业的原有发展模

---

① 以上数据由笔者根据文化类上市公司年报手工整理得出。

式已经发生了改变。然而，在与文化行业相结合的过程中，许多问题如文化行业"机器复制"特征与创意内容的冲突、内在性质的冲突、内容分配的局限性等问题也越来越突出。另外，文化产品的创造性降低、对商品价值取向的减少、信息茧房的形成，都会成为制约文化产业智能化的因素。

1. 文化生产问题

首先，以人工智能技术为基础的文化创意，其基本逻辑如下：设计者在创作过程中，先要掌握现有文化产品的生产步骤，再通过学习，了解其创作规律、风格等技巧，然后运用技巧，将已有的创意要素进行融合，从而形成一种文化产品。因此，不管是在内容上，还是在形式上，人工智能所创造的文化产物都能体现出原有产品的一些特点。人工智能的创作是基于已存在的文化产品进行相关创作，而不是从零开始的独创和原创。

其次，人工智能技术是以机器逻辑为基础，将文化元素进行整合和创造，这与以文化意蕴为基础的人类大脑的创造过程不同，因此，它在创造和表现产品的精神和文化价值方面，缺少创造性。将机器智力与创造性智力相结合，还有很长的路要走。

再次，人工智能是一种以数据和算法为基础的智能技术，它自身没有价值判断和引导功能。但是，作为一种文化载体，文化产品既能满足人类的心理需要，又能体现某种社会思想观念，具有很强的价值引导和社会教育作用。因此，如果人工智能技术处于中立状态，这样就很容易和文化产品的价值观发生冲突。一方面，在供求关系基础上进行的智能分析，仅仅注重其市场价值，导致对其道德、伦理价值的忽视；另一方面，文化产品的价值取向也会受到智能技术使用者的价值观念的左右，如果不法分子通过智能技术制造虚假新闻、不良文学作品、恶意视频等，将会对社会道德和公共安全造成极大的威胁。

最后，由于现有的算法不够透明，大部分的人工智能对信息的加工和自动生成都是"黑箱"，技术发展的主要目的还是对其进行全面的有效控制，从而对其进行有效的管理，防止其对社会发展造成威胁。

2. 文化传播问题

如今的网络文化空间，从某种意义上说，是一个算法帮助公众做决定的环境。文化传媒企业使用算法决定内容推荐的初衷是在于解决信息过载的问题，提高用户获取信息的效率，更希望借此增加用户的沉浸时长，提高应用的用户忠诚度和留存率。因此，企业利用大数据主动收集用户信息，根据用户自身兴趣，为用户定制个性化内容，形成一整套精确的内容分发模式。

这一初衷是好的，但问题出在"精确"上。信息越精确，代表着信息涉及的范围越狭窄。人工智能研究者已经发现，仅仅关注推荐系统的精确度远远不够，这会导致用户难以获取足够的信息增量，视野越来越狭隘。在信息的传播过程中，由于大众对信息的需求不是全面的，人们往往会把注意力集中在自己喜欢的事情上，时间一长，就会被困在一个"信息茧房"里。处于"信息茧房"中的群体成员对垂直细分领域内容的追逐，弱化了公共事务领域内容的传播，网络社会中传统媒体讲求的"社会公器"意义式微，一个对公共事务冷漠、毫无参与感与同理心的极端社会或许是其酿成的苦果。

3. 文化消费问题

人工智能的发展得益于智能算法利用大数据进行训练而不断升级，但这也为消费者的个人信息等隐私的泄露埋下了隐患。在人工智能技术拥有者面前，文化消费者的许多个人信息，如用户的特征、地址位置、消费偏好等，均可以被实时地动态捕捉和存储。以上信息在人工智能强大的数据分析能力下，会批量形成一些有用的个人信息，即"用户画像"。在"用户画像"的基础上，通过文化服务机构为消费者提供个性化的服务和建议，这是具有积极意义的一种促进供需的互动。但是，对消费者而言，这样的交易并不公平。在资料收集与利用上，消费者处于消极状态，而企业和组织则处于积极状态。

3.3 人工智能与文化产业结构升级的关系解析

如今人工智能具有许多新的特点，如深度学习、跨界融合、人机协同、开放群智、精准智能等。另外实现"智能化"，进入文化创意行业的关键在于具备自主学习、深度分析和感知能力。

首先，三个人工智能发展理论已经基本成熟，奠定了人工智能与文化产业的融合发展。人工智能发展的理论依据是算法、神经网络和深度学习。在这些理论中，符号主义（也就是所谓的逻辑派或计算机派）把符号看作是人的认知基础，而对符号进行操作与推理就是人类的认知活动的过程；联合主义（简称"仿生"学派）把人的认知基础看作是大脑的神经元，并把认知过程看作是大脑对信息的加工，其基本原则是：人的智力取决于大脑的生理构造和工作方式。而作为行为主义（控制论学派）的理论基础是：智力依赖于知觉和行为，而智力是通过与真实的环境相互作用来表现的，它的研究集中在人类的各种控制行为上。

其次，人工智能各领域的技术已经发展成熟，为文化产业升级奠定了技术基础。一是大数据智能理论，主要强调数据驱动和知识引导的耦合、以自然语言理解和图像图形为核心的认知计算等理论和方法，基于深度学习模型的生产式对抗网络等技术，提出了一种新型的文化创意产业创新方法。二是跨媒体感知计算理论，强调人类五觉的计算学习等，这也代表着智能媒体时代向我们走来。三是强化智能理论，该理论通过研究与记忆相关的内容，为实现文化创意产业的人机协作创新奠定了基础。

最后，随着互联网技术的发展，对于人工智能的相关研究已经开始转移，从单一智能体的研究转移到了网络环境下的分布式 AI，人工智能的自我学习能力让它具备了人类的逻辑和感知能力，语义变迁、互动、文化创意产业也伴随着人工智能进行了重构，并以连锁创新驱动文化产业由数字化、网络化向智能化加快发展。

3.4　人工智能推动文化产业结构升级的实现路径

价值链理论由美国学者迈克尔·波特（Michael Porter）在 1985 年第一次提出。他认为，核心活动和辅助活动两个部分的活动组成了企业的价值创造过程，这两个部分的活动在企业的价值创造中相互联系，从而形成了一个基本的价值链，即"基本价值链"。随着价值链理论的发展，越来越多学者认为波特的内部价值链理论放在产业的角度存在一定缺陷，企业作为单独的微观个体并不能孤立地进行价值创造活动，还依赖与外部的一系列价值交换活动，即内部价值链和外部价值链是同时存在的。

文化产业的价值链可以分为文化内容生产、文化产品流通和文化产品消费三大类。文化内容生产是文化产业价值链的起点，通过现代工业技术手段，标准化、批量化地将抽象的文化创意符号具象为有形的文化产品并进行复制。文化产品流通与传播是将文化产品运用多种营销手段投放到市场中去，使消费者与其进行接触。文化产品消费是文化产业价值链的最终归宿，消费的完成代表着价值的基本实现。

人工智能技术的跨界融合促进了文化产业的转型升级，其核心是对传统的价值链进行了革新与重构（见图 3-5）。其中，通过提高生产传播的效率、丰富文化产品自身的内涵及外在形式，实现文化生产和传播环节成功升级；而文化消费环节则是体现在对消费者消费体验的优化和其消费需求的提振，最终促进全文化产业链的整体同步升级。

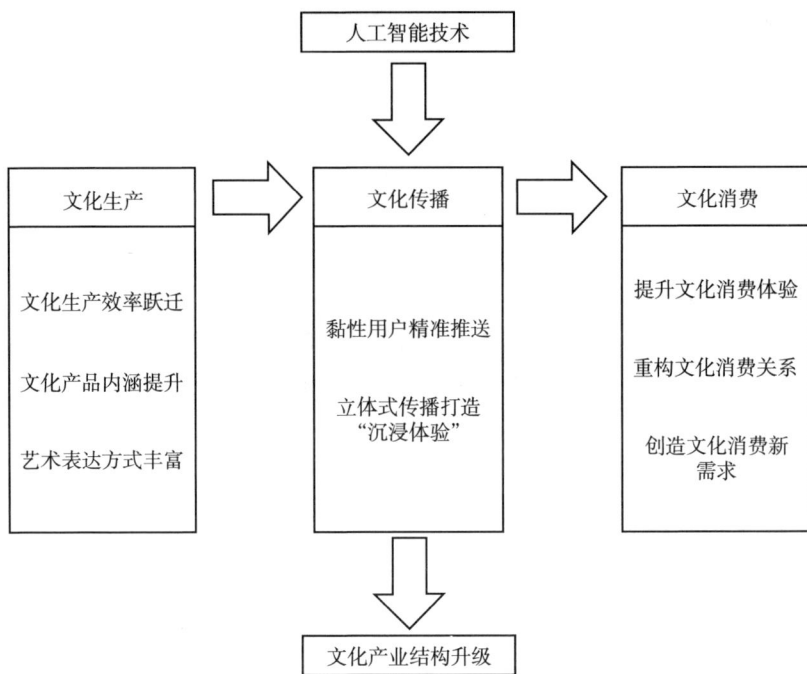

图 3 - 5　人工智能促进文化产业结构升级理论路径

资料来源：由笔者绘制。

3.4.1　AI 推动文化产业生产端升级

　　文化内容是文化产业的核心与精髓，各类文化产品与服务的生产与创造包括各式各样的内容，演艺、图书、影视、工艺美术品等属于其中的内容之一。在文化内容生产中应用智能化技术，是一种与以往不同的新的文化产品与服务。从内在本质层面上讲，文化生产的升级是因为人工智能重新塑造了文化生产中人与工具的关系、人与内容的关系以及人与人的关系。落地到微观具体层面，则是人工智能技术作用于文化生产领域提高了文化生产效率与质量、丰富了文化产品内涵、创新了文化产品形式。

1. 文化生产效率跃迁：从亲力亲为到自动生产

在传统的文化生产中，内容生产者必须亲自参与到文化产品的生产中，但是，在人工智能的推动下，文化生产模式发生了翻天覆地的变化。与传统的文化生产方式相比，作为内容创造者的人工智能技术，它直接参与到"原创"或者是文化生产的初级阶段，从而改变了人和机器之间的关系。

人工智能领域下自然语言处理和计算机视觉技术带来了文化生产领域的功能重组，极大地提高了文化内容生产的效率。人工智能技术是在大量数据的基础上发展起来的，它可以快速地收集、分析和处理并产生结构化的数据，并在自然语言处理、计算机视觉等应用技术的基础上实现对文化产品的自动处理，从而大大提高了文化内容的生产效率。首先，当前的自然语言处理（Natural Language Processing，NLP）技术，只是单纯地将文字模型化，用算法的排列与组合，生成文字，还未达到逻辑层次，所以不能理解。然而，NLP 技术在不同的语言环境中也得到了广泛的运用，并融入文化生产的各个方面，赋予它们一些商业价值。在稿件编写方面，由于 NLP 技术越来越人性化，它在新闻制作中的作用也越来越大，如"小南"，它能在一秒之内，完成收集材料、规划文章结构、选择词语等一系列工作。其次，它能够根据特定的数学模型和规则，检验和评价已有的文化产品和服务，从而保证其质量。比如，今日头条上的"灵犬"软件，就是一个反低俗的智能软件，它使用了自然语言处理，对其进行了语义的识别和分析，然后根据算法对文本的权重和分值进行了计算，从而得到了最后的评估结果。而且，在"灵犬"中，随着文字的处理次数越来越多，它的评估结果也会越来越精确，从而保证了文化产品的精神内涵和价值取向都是良性的。另外，这种技术还能嵌入一些小的软件，如文字游戏等。

计算机视觉以数据化的方法对视觉世界进行解构，使其具有更高的意义。计算机视觉技术已经被广泛地运用于影视制作、设计制作等领域。第一个技术层面是基于已有或即时产生的内容，模型、加工、编辑、修复、替换、审核等被包含在第 1 级的技术做法中。第二个技术层面是由计算机自动产生的要素。虽然目前的智能视觉技术还处于第一层，但大部分的内容要素都是来自其他主体，如生产者、设计师、用户等，而在第二个层次上，也有一些知名的计算机模型，如 Gan、BigBiGan、微软小冰等，产生了《爱德蒙·德·贝拉米肖像》《下一位伦勃朗》等机械作品。但是，这些算法模型产生的成果，并不是基于对主题的认识，而是基于对历史资料的分析和统计。

所以，在极大地改善企业的文化生产效率和质量的同时，人工智能也极大地减少了企业的人力成本。在诗歌、手稿、音乐等领域，都有了智能创造的算法，这些算法可以在一定程度上通过算法驱动来实现。

随着人工智能时代的到来，互联网文化公司利用人工智能技术进行了一场史无前例的文化创作。互联网巨头们正在不断完善云计算的 AI 平台，很多初创企业都在努力把机器学习变成标准化的业务，为传统企业提供 AI 服务。随着时代的发展，许多传统的文化公司纷纷采用人工智能技术进行内容创作、场景营造等。人工智能使人类摆脱了重复的脑力文化生产劳动，但它对人类的传统体验提出了挑战。在人类社会中，技术的作用日益突出，人类的角色也逐步由直接的角色向间接的角色过渡，从人的生产转变为人与机器之间的合作，人与工具的关系也从"人用工具"向"人机合作"发展。

2. 文化产品内涵提升：从规模化生产到个性化定制

在人工智能尚未兴起的阶段，工业产品生产的重点主要集中在如何通过规模化生产降低单位成本，从而提升盈利能力，这一策略导致了在生产产品时，生产者关注的是具有共性需求的主要客户群体，没有时间去关注那些在数量上占比不多的个性化消费者。这一现象在互联网时代出现之后已经发生了变化，而"长尾"理论则是一种典型的理论启示：因为成本与效率之间的内在关系，商品储存、流通、展示的场所和通道变得非常广泛，最大限度地降低了商品的生产成本，从而使得每个人都能从事商品的生产，而当商品的价格也大幅降低时，不论之前产品需求多低，都会有人购买。对于需求数量不旺盛以及销售量萎靡的产品，其在共同市场中占有的份额，能够与主要产品相当，甚至比其更多。换言之，主导产品消费的将是有个性化需求的消费者，而非具有共性需求的消费者。

文化产业亦是如此，在传统的文化生产中，大量的文化产品是基于机械的复制，即具有相似的模式和固定的内容。这就造成了以往大部分的文化产品都是建立在对文化共性进行分析的基础上，而忽略了大量的文化差异。但是，随着人工智能技术深入发展，这种模式已经被打破。通过人工智能，文化公司能够很容易地描绘出成千上万的个人之间的差异，并在不同的时间和空间中，满足不同的个人的需要。因此，文化产品也可以围绕着使用者进行，并且越来越差异化、灵活化、精细化。

要实现这个目的，就必须要在人工智能的领域里运用智能推荐技术。智能推荐是一种比经验更精确的产品基础推荐，它包含了两种类型，也就是在大数据基础上进行内容生产和推荐，其实质是对用户的喜好进行预测。根据所学到的资料种类，推荐系统被划分为社会化推荐（social recommendation）、内容的推荐（content-based filtering）、协同过滤的推荐（collaborative filtering）。其基本思想是通过关联网络预测用户、预测相似用户、预测相似作品。在技术进步的同时，推荐体系的应用范围也从诸如用户的历史得分等显性的资料，延伸到用户的浏览行为和"背景信息"。这也就意味着，资料越丰富，越会有更优结果。

推荐系统取代了手工的筛选，成为了需求的预测者，这使得人类获得了更精确的文化生产基础。在文化产品方面，推荐系统可以应用到原创内容的开发中，如 Netflix 通过它的推荐系统来预测项目的成功率。而在 IP 热时期，推荐系统也可以根据大量的数据，从各个角度评价 IP 的发展潜力，甚至可以发现以前被人为忽略的 IP，从而扩大 IP 的发展范围。

在目前的深度学习技术与 5G 技术的共同作用下，这种新的人和内容之间的联系将会越来越紧密。在不久的将来，由于传感、智能设备的普及，人工智能的视觉、听觉、触觉都变得更加精细，数据信息充实并改变真实的世界。有了更多的数据，机器学习将会在工业发展中得到新的发展，这对于人工智能的应用，将会有很大的帮助。文化内容将会更好地满足使用者的个性化要求，或者是即时的需要，将内容和场景连接、现实和情景融合。比如，将来的教学辅导体系可以根据学生的线下练习、测试等不同的情况，为他们量身定做题型训练、知识点强化等学习计划。未来的音乐，可以根据现实的需要，实时地创作出符合现实的音乐和歌曲。在今后的发展中，线上与线下的结合将是一个大趋势。可以说，随着人工智能的深入，人类与文化内容之间的联系正在从"人类接受固定的内容"向"个性化内容"转变。

3. 艺术表达方式灵活：从中规中矩到耳目一新

人工智能技术在文化内容生产中的应用，不仅提高了生产效率和质量，更超越了人们对信息的认知，从而使文化产业的内容和服务发生巨大的变化。

一方面，智能感知、智能分析、智能制造等技术被更多地应用到艺术中，通过对文化产品进行更具人文色彩的设计，使之具备智能性，使其成为人类难以企及的智能，从而赋能传统文化产品。2018年，在平昌冬季奥运会上，传统的演出中应用了智能技术，通过完美的动作，使机器人与演员表演、音乐、灯光投影等表演形式、元素完美结合，达到了传统表演形式所不能比拟的效果。

另一方面，智能语音的介入使得文化生产不再只是简单复制、辅助处理，而是在语音的多个层面，实现了对语音的全方位革新和创新。

语音识别与语音合成是智能语音的两大种类。其中，"讯飞听见"等语音识别技术已十分成熟，但是仍然需要完善带有口音的语音识别。语音的产生也很简单，关键是音质是否清晰、流畅、有情感。在这一点上，微软已经有十多个高品质的声音，可以担任主播和高难度的演唱。Facebook最近的一项调查显示，通过不同的乐器和不同的风格，可以把一首歌曲从一种风格和配乐中转换到另外一种。一款名叫

Amadeus Code 的 App，可以通过使用 20 世纪的流行音乐来迅速地制作出某一类型的音乐，这些音乐可以为音乐家们带来灵感。智能语音的其他应用还有很多。2016 年是张国荣 60 岁诞辰，百度公司利用"情感语音合成"技术，将张国荣的声音合成出来，与现场观众进行了亲密的交流。也许在未来，文娱娱乐、戏剧影视等行业中，会有越来越多的故人、虚拟角色出现，从而形成新的文化产品和新的商业形态。

3.4.2　AI 推动文化产业传播端升级

在文化传播过程中，文化传播途径是文化内容生产与消费的纽带，这一途径包括了出版、电视、电影等方面，可以推动文化商品的流通，推动文化产品的消费。结合人工智能与文化传播渠道，它将极大地提高新闻媒体的传播效能，丰富新闻报道的形式，以更好地满足人民群众的精神和文化需求。

1. 黏性用户实现"精准推送"

文化内容平台的终极目标是构建一个用户沉淀的平台。所谓的"用户沉淀"，就是通过媒体的优势，在线上和线下，举行一些特别的活动来留住客户，使用户对信息的要求标准化、规范化，从而进行深层次的剖析与分解，以智能化、个性化的资讯及资料服务，为使用者创造独特的文化消费体验，增强用户的参与感以及对文化内容的满意程度。未来传媒发展的终极目标是构建用户沉淀平台，而真正的用户沉淀平台的建设，必然需要优质内容的制作和集成，并提高大数据的准确率。

人工智能能够满足高精度的文化沟通渠道。一方面，根据用户的阅读记录、电影类型、网页浏览等历史资料，智能地分析用户的多维度大数据，并根据用户的喜好特征，对用户进行个性化营销和产品推送，从而促进细分市场和圈层经济的发展；另一方面，通过语音识别、计算机视觉等智能感知技术对用户的即时信息、情感进行反馈，实现对文化商品的即时场景匹配和情感识别。比如，使用者可以拍摄周边的环境，然后将图片和视频发送到智能终端，由人工智能自动识别并产生相应的音乐和其他文化产品。这既能使用户与风景融为一体，丰富文化产品的内涵，又能提高消费者的体验。

2. 立体传播打造"沉浸体验"

人工智能与文化沟通渠道的结合，也表现为智能沟通渠道的开发。传统的文化传播方式多为受众提供大量的文化产品和内容，但是受众不是主动的接受，这导致他们很难和其进行互动和反馈，很多文化商品无法充分发挥其文化价值，受众与文化需求的错配由此产生。智能沟通渠道则更加智能化、人性化、趣味化，文化产品精神价值的传递是利用人与人之间的和谐交互实现的，加强了趣味的表达，高效地传达了原本较为含糊的文化内涵，它使消费者的文化消费水平得到了提升，也使受众的文化需求得到了充分的满足。以北京龙泉寺为例，贤二小法师利用自然语言处理、语音识别、语音合成等技术，以一种极其容易理解甚至是幽默的方式，向观众讲解佛法中的玄妙道理。像微软小冰、Siri 这样的智能聊天机器人，只要将人工智能和文化融合在一起，就能成为一种很好的智慧交流方式。

3.4.3　人工智能推动文化产业消费端升级

文化消费是文化产业价值链的最后一步，也是文化产品的最终价值体现，文化消费的好坏直接影响着我国的文化产业的发展。人工智能可以增强文化消费体验，刺激消费需求，从而更好地保护和实现文化权利。

1. 人工智能提升文化消费体验

人工智能对文化消费的促进作用主要表现在：智能技术可以大大提高人们的消费体验，促进人们的文化消费。正如前面提到的，人工智能最大的特征就是高效、低成本、突破了规模经济的局限，能够最大限度地发挥出"长尾效应"。消费者可以通过智能终端获取大量的文化资料，并利用智能终端进行选择，以最低的价格选择最符合自己需要的文化产品和服务。

2. 人工智能连通文化消费到文化生产的内循环

人工智能还连通了从文化消费到文化生产的内循环，使文化消费从中心化向去中心化或者多中心化转移。文化产业具有消费与生产相统一的特性，即文化的消费与生产同时存在，消费者在消费文化产品的同时也通过自己的审美体验创造着新的文化内容，而人工智能则使人们的精神生产力得到进一步解放和自由发展。以往的消费者创作的文化内容多是精神层面、审美层面的，而不是特定的文化产品和服务；文化生产和相关技术由于人工智能的应用得到了普及和民主化，让大众成为"合作者"，并从人工智能技术的普及中受益，逐渐成为文化生产的主要力量。人工智能在文化生产的初期，将声音、图像、文字等创作技术注入普通民众生活中，帮助那些没有艺术知识和技术的使用者去创造和优化新的文化产品，让使用者的自主权不断增强。对于文化制作来说，不再仅由专业人士完成，大众也能制作精美的影像作品，甚至可以独立编排、制作影像和音频节目。

3. 人工智能创造崭新文化消费需求

每一种新技术的出现，都会产生新的文化需要和新的消费模式，互联网的发展带动了互联网的消费，3D 电影的普及也带动了 3D 电影的消费。新的消费需求在新的文化产品和新的生产方式中催生。将机器学习、自然语言处理、智能语音处理、计算机视觉等智能技术相结合，将会产生一种史无前例的智能娱乐机器人和虚拟偶像。智能技术的个人化特性，可以极大地刺激个人的文化需要，使文化消费不再受到传统文化的限制，更好地激发和满足个人的文化需要和消费。

3.5　案例分析——影谱科技 *

随着人工智能技术的不断成熟，人工智能跨界切入文化产业实现二者的融合升级早已成为新时期下的发展常态。在这种发展趋势下，我国部分"有心"的文化企业敏锐地捕捉到了发展机遇，领先行业进行布局，并积极投入人工智能相关的技术及文化产品研发工作中。影谱科技在此背景下运用人工智能技术，推出颠覆传统视频广告行业的"智能视频广告"产品，正是文化企业顺应人工智能发展潮流进行相关产品研发的典型案例。

3.5.1　公司及产品介绍

影谱科技成立于 2009 年，这家公司致力于在现实中运用智能影像技术，是一家视觉科技公司。公司以 AI + 为核心，基于其在计算机视觉、视频结构化、深度学习、大数据、视频广告、网络视频交互等方面的优势，将智能制造与视频业务相结合。此外，公司还与内容生产、制作、版权联盟等外部机构进行了合作，在互联网、影视、视频等大文娱行业中，为客户提供基于人工智能的图像场景商业化服务。公司充分发掘视频技术在多个方面的应用价值，拓展其业务范围，通过"技术""数据""营销""布局"四个方面，构成了一个大的娱乐与视频生态圈。

影谱科技于 2015 年 5 月推出了"Video 易"与"植入易"。简而言之，"植入易"就是在影像空间里寻找广告机会，影谱将其界定为"存量市场"；"Video 易"通过将视频的图像要素进行可视化的交互和外链，达到了品牌转换和视频 + 电商的销售模式，也就是所谓的增量市场。而这两个技术的关键就在于，影谱独有的 AI 云视窗即时植入技术，

＊ 案例来源：由笔者根据影谱科技的官方网站资料整理而来。

能够将视频中的品牌元素和视频内容完美地融合在一起，让原视频更加具有商业价值。

3.5.2　AI 赋能智慧视频广告智能化生产

制作费用高、时间短、广告资源少、形式单一、可调节性差、缺少交互性、缺少规范等是传统视频广告的特点，投放、制作、播出三方在全产业链上都面临着巨大的风险。如果能用技术来解决这些问题，那么能够收获的收益将是难以想象的。

正如上文理论升级部分所说，人工智能对于文化生产环节最大的贡献在于其剥离了文化生产中"人"这一生产主体，取而代之的是"机器"成为生产主体。文化生产由人工化生产转为自动化生产，大大提升了内容生产效率，降低了生产成本。同时，精通人工智能的机器还会对长时间以来积累的大数据材料进行深度学习，智能判断出当下的文化热点，并针对性地产出文化爆款产品，丰富其内涵、优化其外在形式。

正是深入把握了人工智能技术的特性，影谱科技创造性地开发了"植入易"软件，掀起了视频广告智能化生产的浪潮。"植入易"与文化生产的融合机制具体如图 3-6 所示。

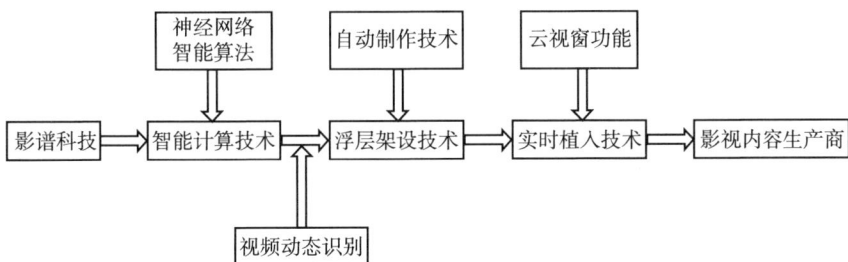

图 3-6　"植入易"与文化生产的融合机制

资料来源：由笔者绘制。

首先，"植入易"提高了文化产品的生产效率，同时，在相同的流量条件下，开发新的广告投放位置，增加广告曝光的可能性，从而使媒介资源的价值得到最大限度地发挥。影谱科技在正式投放广告前，将前期的技术服务工作，包括扫描、录入相关的媒体资源，依据数据分析的结果，对可视化技术方案进行优化设计和开发。在初步分析完毕后，通过公司自主开发的子像素反跟踪算法，可以自动识别出相应的坐标，并由计算机自动设定并储存在广告中。在合作广告客户采用"植入式"软件的时候，后台会根据客户的实际需要，对海量的数据进行重组，智能地制作出新的广告，再由电脑自动添加到视频中，从而达到实时的像素叠加效果。

其次，"植入易"可以使文化产品的内涵更加丰富。不管是模拟广告，还是以内容为基础的原始广告，没有传统格式、终端和系统的局限，都可以一键完成自动操作。为影视公司提供更多的方便，不需要事先做好准备，也不需要在后期进行专业的加工，云计算可以实现对目标的匹配和广告产品的添加。

最后，"植入易"为文化产品提供多种表现形式。人工智能的特点在"植入易"中表现得非常突出。植入者利用像素云技术，将视频和品牌的内容完美结合，通过对视频中的各种场景进行植入类型的分析，包括即时贴、道具、LOGO、动态视窗、神字幕等，这些内容可以轻松植入，成本低廉且可以控制，能够自动满足用户的需要。

3.5.3 AI 赋能广告"沉浸体验"立体式传播

读者的阅读习惯也在随着互联网技术和数码媒介技术的不断发展和普及而发生变化，从"逻辑思考"到"沉浸体验"，读者对信息的感知能力有了更大的需求。这种阅读方式的变化，对文化产品的传播也产生了新的需求。在内容的传播中，要强调"体验性"，要重视观众的感知与认知经验。而早先视频广告大多以贴片广告的形式广泛存在，但是因为其播放时间过于漫长且趣味性较低，观众对其认可度逐渐降低，存在转化率不足的问题。针对这一痛点，影谱科技率先使用人工智能技术，对整个视频广告行业的传播方式进行了颠覆。

影谱科技产品主要有四种传播方式，即直链 URL、闪窗、广告盒子、营销小助手。

第一，影谱科技在视频中加入直链 URL，用户只需点击广告位即可进入指定页面，从而进一步提升了广告转化率，促进了消费者的购物习惯。

第二，闪窗技术是将文字加入视频浮层中，同时又不会对原视频造成任何影响。如在综艺节目《我是歌手》中，只要点击金典的商标，就能看到最新的产品信息。而"再登纽约的时代广场"的词条，更是吸引了更多的顾客，提升了他们的品牌形象。

第三，所谓的广告盒，其实就是将视频中的产品，放在一个广告盒中。使用者可以在广告盒内点击商品，并将其外链至购物网页。在综艺上，通过在电视上点击牛奶的图标，用户可以将其外链到三元旗舰店的商品界面，从而提高了消费者的购物意愿。

3.5.4　AI 赋能广告消费体验，吸引互动参与

人工智能对文化消费的升级则体现在消费体验的提升及消费者互动参与感的提高。而 Video 易通过公司自主开发的播放机插头技术和子象素反向运算技术，可以对播放机中的媒体资源进行扫描，并识别出正确的广告基准点和移动方向，并将其作为销售媒介资源的定位。全方位的视觉互动模式充分发挥了视频互动的潜力，该模式自动地与广告内容、客户媒体投放战略相匹配，形成播放器拟真浮层数字信息并完成原生广告拟真浮层，再推送至平台合作方最外层播放器，实现同步播放该拟真浮层数字信息流，为用户提供增值服务，最终取得流量变现。

Video 易的主要目的在于利用人工智能解决传统广告消费端体验差、参与度低等痛点，创造性地开发出"智点""睿识""易寻""慧声"四种消费方式为客户提供优质的消费活动，并获得了强烈的正反馈。

第一，"智点"主要是通过智能标记点位，无限延展内容。在《我是歌手》中，运用智点对张信哲的演唱曲目进行标记，延展演出内容。观众从而了解到该曲目采用了中国台湾布依族八部和音法，并通过外链进一步深入了解该唱法的更多内容。

第二，"睿识"主要是通过动态人脸识别，创新视频百科。《我是歌手》中，睿识通过动态识别人物，并链接到视频百科，便于观众了解人物信息。

第三，"易寻"主要是通过精准定位跟踪目标人物或物体，随心掌握信息。在《我是歌手》中，易寻的自动识别跟踪功能使观众可以随时掌握关注信息。

第四，"慧声"主要通过音波识别实现跨屏趣味互动，方便受众实时参与。如《我是歌手》中观众可通过手机识别主持人的"现金红包"口令，跨屏参与抢红包活动，通过交互式营销提高了观众参与度与活跃度，提高了收视率，进而提升了《我是歌手》节目的知名度。

3.6 人工智能推动文化产业结构升级的保障机制

3.6.1 法律规范与监管规制的共力引导

1. 完善相关法律制度，使人工智能与文化产业融合有法可依

明确人工智能的法定权利，建立一套完整的设计、制造和使用的权利和义务体系；缕析人工智能相关知识产权的核心要素，包括作品的性质、权利的具体内容和归属、责任等，为智能文化产品提供知识产权的保护；要构建一套完备的数据保密保护法律体系，全面监控信息资源的来源、状态、使用方式、作用目的等，使得用户及有关人员的利益得到有效保护。在此基础上，建立了健全的保险制度，包括智能系统登记制度、风险责任制度、强制保险制度、补偿基金制度。

2. 完善智能监管体系，使人工智能与文化产业有序融合

构建一套由文化和旅游部、科技部、工信部等相关部门组成的监督管理系统，在促进文化产业整合发展过程中，明确有关部门的监督作

用，在技术开发审批、道德风险评估、文化产品质量等方面，加强与社会第三方如行业协会、媒体公众等的协作，从而进行高效监督；以《人工智能标准化白皮书》为依托，在数据、平台、技术、产品服务、应用、伦理道德等方面，建立相关的评价系统，以达到规范的监管标准；在人工智能不断演变的基础上，构建出一种动态的智能系统运行评价机制，以达到实时监控和预警的目的。

3.6.2　政策激励与产业生态互动发展

1. 提升政策激励效应

强化政府的政策激励机制，以促进企业的融合和创新，在基础性、战略性、前沿性科研和文化与人工智能共性技术的研究上，健全政府的政策支持和资金支持，为刺激资金、技术、人才等要素的引入，可以从贷款贴息、项目补助、补充资本金、绩效奖励、保险费补助等形式上展开；构建新的产业公共服务系统，建设一个多功能融合的智慧文化产业综合体，并为创意产生、生产融合、应用等方面提供支撑。

2. 构建完善产业生态

加快智慧文化产业的开放生态建设，促进各方参与。首先，要建立和开放各类文化产业培训资源库、标准测试数据库、云计算服务平台，为文化产业提供开源开放平台，构建人工智能网络安全保障机制；把不同的资料整合成人工智能的模型，再加上深度学习、移植学习等智能算法，以改善模型解决问题的能力，推进人工智能应用程序加速落地。

3. 技术创新与应用落地协同并进

当前，人工智能技术还处于技术创新和工业观念的阶段，真正落实到实际应用和文化产品服务的企业还很少，在赋予文化产品和提高文化消费质量方面，智能技术未能充分发挥其应有的功能。因此，要加快智能化的布局，把智能技术运用到产品、业务、市场等各个方面。

首先，要加强科技研发，增强企业的自主创新意识和自主创新能力。企业应该通过软件的方法来构建一个好的数据结构，形成一套数据采集、汇总、使用和后续更新的完整过程，基于算法技术选择、数据积累、人才培养、组织建设等多个角度，构建出一套从数据、算法到人才培养的完整研究系统。

其次，要加强业态层面的智能技术推进。目前，文化企业需要实现业务上的智能化理念和技术的转化应用，达到技术、概念、产品、应用的有机统一，最终实现经营模式由单一到多元化的有效转变。

最后，要加强市场层面的人工智能技术应用。文化企业要准确地认识到客户的需求，必须根据客户的需求，对整个行业进行准确的反馈，并在内容生产、传播营销、消费终端、生产性服务等方面把人工智能技术有效融合进来，实现创新升级。

第4章

大数据与文化产业结构升级

4.1　大数据的概念界定

大数据是指通过新的处理模式拥有更强分析力、针对性以及优化能力的信息资产，这类信息资产无法由传统常规应用程序进行采集、加工以及管理，而是处于不断的更新与变化中。按照维克托·迈尔—舍恩伯格和肯尼斯·库克耶在《大数据时代》一书中提出的"大数据"概念，并将其定义为：利用一切数据来分析与处理问题，不采用常规的随机分析或者抽样调查等方式。大数据具有价值密度低、速率高、多样化、数量大和真实性五个特征。大数据技术建立在海量数据信息之上，对这些数据蕴含的含义进行处理，并通过存储的历史数据和实时更新的数据进行组合、分析、加工，并进一步开发出所需的新模型。

区别于传统的数据来源，大数据来源不仅包括企业资源计划（ERP）、客户关系管理（CRM）等系统中产生的大量业务数据，也包括机器产生的大量数据和公司积累下来的社交数据。电话通话数据、服务器日志以及传感器数据都被认为是机器生成数据的重要构成部分，在物联网日益发展和传感器设备日益普及的今天，人们可以访问的传感器数据越来越丰富。社交数据主要包括 Web 2.0 微博等社交网络上的用户反馈等数据。若将大数据类比为一种产业，则该产业想要盈利，关键是要增强"处理"数据的能力，通过"处理"使数据"升值"。

文化产业大数据是指在创作、推广、营销、最终消费过程中，为社会大众提供文化产品或文化服务负载记录信息的数字、文字、图像或计算机编码的物理符号。随着我国文化产业的发展，其所涵盖的范围越来越广，文化产业的大数据资源也在快速发展。从数据内容的角度来看，可以将其划为文化内容数据和文化行为数据。文化内容是指"文化的符号和意义"，在信息技术支持和社会经济发展的推动下，大量的文化内容被转化为数字内容，随着大数据技术的不断发展与普及，文化内容的形态已经转化为标准化、可感知、可分析的形态，形成文化内容大数据。文化行为数据指的是通过传感器、手机、网站点击记录、社交网络等终端设备与网络，实时、连续地记录文化生产、传播、消费、反馈和衍生行为。

4.2　大数据在文化产业中的应用现状及问题剖析

4.2.1　大数据在文化产业中的应用现状

1. 大数据应用年度分布情况

如前文所示，本小节根据《文化及相关产业分类（2018）》标准，统计了上市的文化企业应用大数据的情况。图 4 - 1 列示了 2007 ~ 2019 年我国文化产业上市公司应用大数据技术的情况。由图可知，随着时间的推移，我国文化产业上市公司大数据技术的应用正呈现蓬勃发展势态。2013年有 10 家文化企业在年报中披露正在运用大数据技术，2014 年就增长到27 家，增长率高达 170%，而 2019 年已有 118 家文化产业上市公司开始运用大数据技术。[①] 2014 ~ 2019 年是应用大数据技术公司数量剧增的时期，这是由于 2014 年大数据首次被纳入政府工作报告，从而真正成为中国大数据元年。大数据得到了国家层面的大力支持，迎来了重要发展

---

① 以上数据由笔者根据文化类上市公司年报手工整理而来。

机遇。大数据相关技术、产品、应用和标准的发展，逐渐形成了一个由技术到应用、再到治理的大数据生态系统。

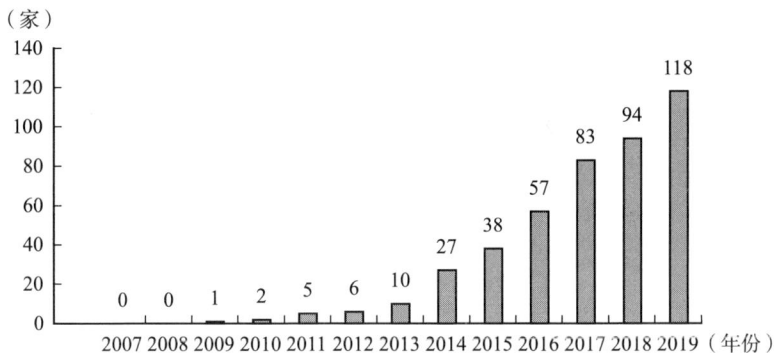

图 4 - 1 应用大数据技术公司的年度分布

资料来源：由笔者绘制。

2. 大数据应用行业分布情况

图 4 - 2 列示了 2014～2019 年国内利用大数据技术的文化产业上市公司行业分布情况。从图中可以看出，应用大数据技术的文化产业上市公司逐年增多且主要集中在传媒行业。相较于其他企业，传媒行业的公司更加重视将大数据技术投入研发与应用中。这是由于传媒行业在大数据时代具有很强的数据意识，善于收集、分析、运用数据。作为一个信息行业，传媒行业处于行业前沿，在大数据时代有着与生俱来的优势。麦肯锡全球研究院在 2011 年行业分析报告中估计了美国 17 个行业的数据，其中离散式制造业最多，数据总量为 966PB；美国政府位居第二，数据总量为 848PB；传播与传媒业排名第三，数量总量为 715PB。在大数据时代，媒体具有数据上的优势性。如图 4 - 2 所示，国内在传媒行业中互联网传媒和文化传媒占据最多，2019 年互联网传媒有 49 家公司，占到 2019 年全部样本数据的 40% 左右；其次是文化传媒行业，有 47 家公司，占比为 39% 左右；最后是营销传播行业，有 26 家公司，占比为 21% 左右。①

---

① 以上数据由笔者根据文化类上市公司年报手工整理而来。

（家）

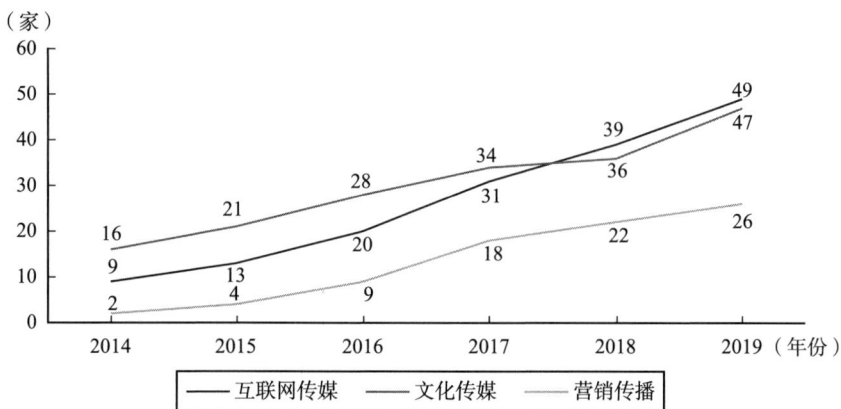

图4-2　应用大数据技术公司的行业及时间分布

资料来源：由笔者绘制。

3. 大数据应用产权分布情况

图4-3列示了2014～2019年度应用大数据技术的文化企业的产权性质情况。以前年度运用大数据技术的文化企业数量不多且大部分为民营企业，故不作列示。

（家）

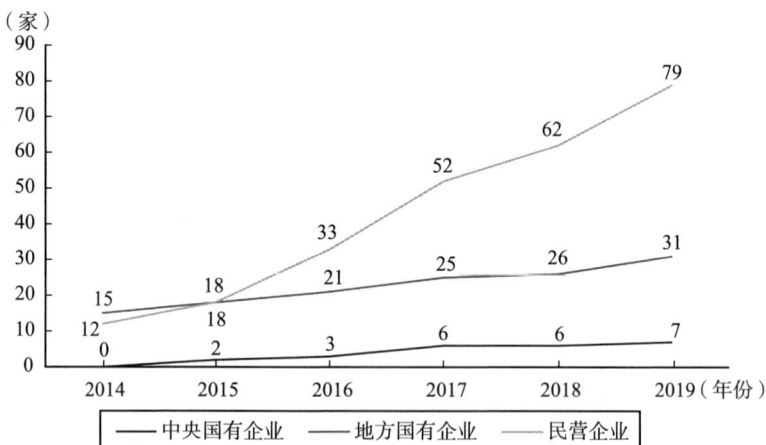

图4-3　应用大数据技术公司的产权性质及时间分布

资料来源：由笔者绘制。

由图 4 - 3 可以看到，2014 ~ 2019 年大数据技术在文化产业中的应用主要集中在民营企业，2019 年有 79 家民营企业，在利用大数据技术的文化产业中占比 68% 。相对于国有企业而言，邱晓克（2005）认为，民营企业规模小、转型快、机制灵活，更容易接受新兴技术，能紧跟市场，及时调整企业战略方向。

4. 大数据应用地区分布情况

图 4 - 4 列示了 2014 ~ 2019 年度大数据技术在文化产业中的地区分布情况。由图 4 - 4 可以看出，应用大数据技术的企业主要集中在经济发达地区，多分布在北京、上海、浙江、福建、江苏、安徽、广东、湖北、湖南等地，这其中又主要集中在京粤闽三地，2019 年三地应用大数据技术的文化企业占比高达 60% 。这些地区经济发达、高度开放，处于改革开放的第一线，在国家整体发展中占有举足轻重的战略位置，应在经济转型和现代化发展中发挥"领头羊"作用，加快经济结构战略性调整，推动传统文化产业转型升级。另外，相较于其他地区，这些地区更易吸引到优秀人才和资源，从而推动大数据技术的应用。

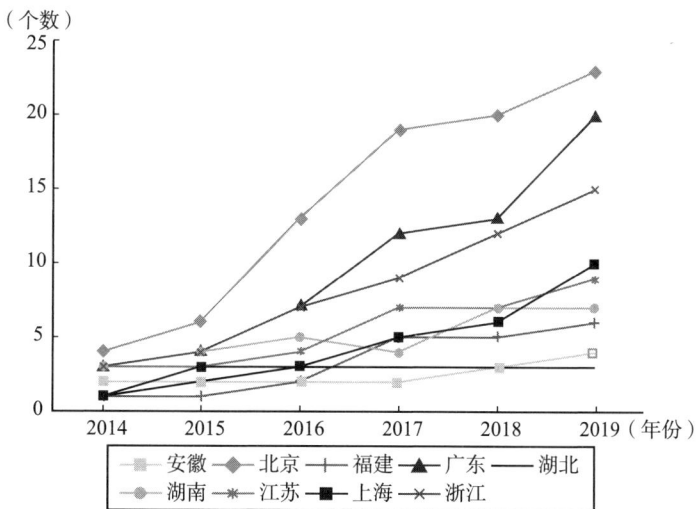

图 4 - 4　应用大数据技术公司的地区及时间分布

资料来源：由笔者绘制。

4.2.2　大数据在文化产业应用中的问题

1. 认知偏差亟须纠正

大数据作为一种新兴技术在我国刚刚起步，而文化产业学习大数据还处在初级阶段。面对大数据时代的新形势和文化产业发展的复杂性，我国文化产业对大数据的认知仍存在着一定的偏差与误区。由于对大数据的认识不足，"大数据"被认为是像 20 世纪末的互联网泡沫一样的炒作手段，因而低估了大数据的价值。但大数据具有收集市场数据、挖掘市场需求、生产产品、精准营销、评估反馈效果等功能，可以为文化产业全产业链提供支持与参考，大大提高了企业获取信息和数据的能力，但文化产业也可能由此产生对大数据的过度依赖。与此同时，由于大数据技术在应用、资源、资金等方面门槛高，一般企业对大数据的使用存在畏惧心理，制约了文化从业人员对大数据相关知识的进一步认知、了解和学习，影响了文化产业的结构升级。

2. 平台技术亟待提升

大数据作为技术革新的代表，正逐步向各行各业渗透，并无形中显示出其前瞻性优势。大数据的应用也产生了一些新的问题：数据的获得与积累呈线性增长，需要时间积累。同时由于单位时间内的数据样本容量有限，因此对采集到的资料进行分析与深度挖掘尚处在初级阶段，相关技术和算法有待进一步完善。以大数据为支撑平台，有助于推进大数据的应用发展。对文化产业来说，大数据平台技术急需提高，因为它包括数据获取、数据收集、数据分类和数据挖掘等方面的内容，而传统的文化企业，特别是那些诞生时没有依靠互联网技术的公司，先天缺乏数据获取渠道，就算有相应渠道，在数据收集、分类、挖掘等方面也缺乏相应技术的有效利用，这对数据挖掘、存储、检索、共享、分析、监管以及可视化等各方面都产生了很大的影响和挑战，这也正是当前产业发展的不足。

3. 人才缺口亟须弥补

在大数据发展应用过程中，人是最关键和最活跃的因素。在大数据时代，人才短缺是我国文化产业结构升级的一个重大课题。文化产业需要系统掌握数学、统计学、数据分析、商业分析等理论和实际应用能力，并能够主动学习了解文化产业升级发展的大数据专业人才，还需要了解大数据、具备大数据思维、具有创新思维和决策能力并且具备设计并实施战略方案能力的大数据战略人才。在大数据时代，文化产业结构升级除了培养具有大数据思维能力的人才外，还需要培养具有良好数据素养的综合型人才。

4. 安全问题凸显

大数据是基于互联网平台所产生的信息记录。目前，人们工作和生活越来越多地依赖互联网。在文化产业中，企业的数据和用户的行为能被全面记录下来。企业数据库频遭攻击、涉密数据泄露，无不说明了当前我国文化产业领域的数据安全正受到前所未有的威胁。在大数据时代，隐私信息所面对的数据环境越来越复杂。目前广泛使用的数据匿名技术能够在特定情况下对数据进行匿名处理，但它无法阻止别人通过其他途径获得公开信息，并将这些信息合并分析，从而推导出个人隐私，例如身份、地点、行为记录等。大数据的特点之一是能够用大量的数据来真实、完整地反映事实。但是当混入伪造数据时，事实会被扭曲，不利于做出最优决策。

5. 监管缺位明显

在大数据技术和文化产业快速发展的今天，我国现有的法规已不能满足文化产业大数据应用实践产生的需求。当前采用静默模式采集、全面跟踪数据带来安全风险，这就导致传统数据保护制度不能很好地保证数据的安全性，而我国对交易规则的缺失以及交易标的的争议也使得数据交易存在着严重的监管缺位。

4.3　大数据与文化产业结构
升级的关系解析

价值链理论指出，企业的价值是由各个活动环节的价值增加而产生的。价值链分析的关键要素是：价值活动的确定、内部活动的关联、"价值—成本"分析，大数据在文化产业中的应用可以使信息在价值链上进行低成本、无失真和高效率的传输，从而提高价值链的准确性。

大数据技术还可以通过改变内部价值链的模式来进行文化产业结构创新，如百度，它的网络搜索引擎产品每日都要从万维网中获取信息，所以它的服务器设备中储存着大量爬虫数据信息，将数据资源分离、整合为数据分析商品，然后再进行包装销售，从而成为数据分析产品销售的供应商。文化企业的价值链将单一产品与服务衍生出的数据资源转化为商品，从而使企业的价值链由单链或复合链结构演变为网状链。

需求链的核心是以服务需求为出发点，以满足服务需求为最终目的。信息自由流通是实现需求链高效运作的重要前提。大数据技术准确描摹和实时分析现实生活能实现需求链的革新。通过对互联网、物联网等多个来源用户的"踪迹"进行分析、对比，文化企业能实时、个性化分析顾客实际需要，作出准确的用户画像，从而最大限度地了解顾客需求。

企业作为产业链的主体，通过生产资料、资金和技术交流，形成了一个完整的产业链条。文化企业的边界，主要是由其核心资源的价值辐射能力与控制能力决定的，一旦掌握这些资源与技术后，就拥有了向外扩张的机会，跨界整合会导致企业链延伸。阿里金融正是"数据密集型"企业向外扩张的产物，利用多个平台，以用户的信用信息为基础，为阿里小贷提供了一种从风险审核到贷款的全流程服务，并利用大数据进行征信，解决了传统金融渠道小企业征信难问题。而阿

里则实现从互联网产业扩张到互联网金融行业，实现企业链横向
延伸。

4.4 大数据推动文化产业结构
升级的实现路径

将大数据技术引进文化产业中具有天然的优越性。首先，文化产业拥有的数据具有很高的消费价值。许多文化行业和文化产品与消费者有直接联系，可以被消费者直接消费，具有明显的直接消费价值。其次，文化产业可以不断产生或获取数据。再次，文化产业拥有非常雄厚的用户资源，因为它面向消费者，所以用户数量很多，在海量的用户基础上进行数据分析是基于大数据技术进行文化产业结构升级的关键要素。由此可知，梳理文化产业链在大数据环境下进行资源整合和重构、掌握"大数据＋文化"发展的结合路径，能更好地实现文化的多样性、多元化价值。文化产业领域中，文化与科技融合的重点是数字文化产业的发展，其重要特征是"内容为王""平台为王"（陈少峰，2014）。赵渊（2012）认为，"腾笼换鸟"是推动我国文化产业转型升级的重要途径。文化产业的"腾笼换鸟"，是指以具备核心知识产权和创新理念为基础的文化产业发展新模式，取代目前科技含量低、管理老旧、消耗高、产品创意不足的文化产业，从而实现产业结构的转型升级。李国杰和程学旗（2012）指出，利用大数据技术促进了传统行业的转型和优化，促进了新业态的形成。詹绍文和梁洋（2020）分别从生产、传播、消费三个方面论述了现代科技与文化产业融合的互动机制。在此基础上，本小节将文化产业与大数据的融合路径归纳如图 4－5 所示。

```
┌──────────┐
│  大数据技术  │
└──────────┘
      ⬇
┌─────────────────────────────────────────────────────────────┐
│  ┌──────────┐      ┌──────────┐      ┌──────────┐            │
│  │ 文化产业生产 │ ──→  │ 文化产业传播 │ ──→  │ 文化产业消费 │            │
│  ├──────────┤      ├──────────┤      ├──────────┤            │
│  │          │      │          │      │          │            │
│  │  资源挖掘  │      │ 推送精准化  │      │ 需求偏好分析 │            │
│  │  成本管控  │      │ 预测智能化  │      │  价格计算  │            │
│  │  需求定位  │      │ 评估实时化  │      │ 商业模式迭代 │            │
│  │          │      │          │      │          │            │
│  └──────────┘      └──────────┘      └──────────┘            │
└─────────────────────────────────────────────────────────────┘
                          ⬇
                  ┌──────────────┐
                  │ 文化产业结构升级  │
                  └──────────────┘
```

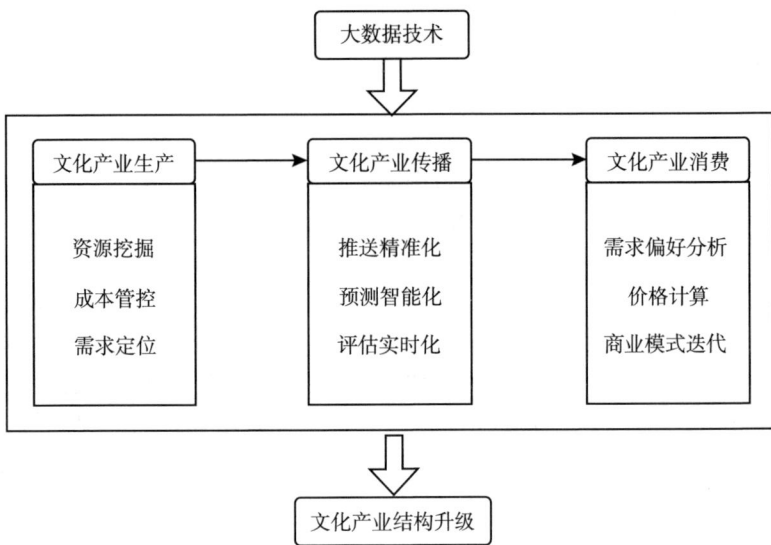

图 4 – 5   大数据助推文化产业结构升级的路径

资料来源: 由笔者绘制。

4.4.1   大数据与文化生产融合: 产品层次跃迁

1. 大数据 + 资源挖掘: 提升文化产品内涵

以大数据为驱动力, 充分挖掘和利用大量数据所蕴含的庞大价值, 构建面向文化生产的大数据平台, 明确供给与需求之间的关系。通过大数据技术的普及, 优化政府的管理机制, 提高供给侧的效率和质量, 深化供给侧结构性改革, 助力文化产业结构升级。

文化资源数据平台可以充分挖掘优秀的传统文化资源, 汇集海量数字文化资源, 为企业提供丰富的内容制作素材, 并提炼出不同文化企业可以用来创造和生产文化的故事和创意元素。同时, 文化产业数据平台可以为消费者提供包括文具玩具、景观建筑、网络音乐、网络游戏、数字动漫等产品信息, 通过数字技术整合、制作、传递中国特色的产品, 满足人民群众对美好生活的需要。

2. 大数据 + 成本管控：降低文化产品成本

大数据技术应用于文化产业结构升级能够降低文化产品的生产成本。每个客户都是数据源，当数以万计的客户聚集在一个平台上时，就会产生数以万计个数据源，需要以新的方式进行开发，即云计算。云计算是计算资源的基础，运用大数据技术的综合分析来开发新规则，使企业能够更好地了解顾客，制订智能营销战略和计划。浙江博采传媒有限公司出品的 3D 动画电影《昆塔》，是首次使用大规模云计算来进行后期渲染的电影。"渲染"这一关键步骤，如果使用传统的技术需要花费巨额投入。根据《大数据周刊》的资料，维塔数码为完成影片《阿凡达》的渲染工作，雇用了大约 900 人的专业技术队伍，在占地面积 900 多平方米的场地使用 4000 台电脑组成的服务器集群。博采公司则是采用 Web 自助交付任务的办法，运用网络云计算技术进行云渲染。如此一来，博采以 3 个月的时限，就实现了传统技术方法必须 40 个月才能完成的渲染技术工作，而且降低了最少 2800 万元的硬件设备投入，这相当于节约了全片投资总价的 91%。

3. 大数据 + 需求定位：丰富文化产品范式

在传统的内容生产模式中，生产者只负责生产内容，用户被动接受内容。两者的关系更像是纵向分工，而在内容生产完成后，信息的传递往往是由生产者和供应商单向地传递给消费者，消费者的消费行为缺乏反馈，使得内容生产者很难准确地获得消费者的态度。在大数据时代，消费者通过新媒体平台可以用文字、图片、视频、语音等多媒体形式对某一特定内容发表评价或看法后将其传播出去。由此，生产者和消费者之间的角色逐渐模糊，原先的纵向分工模式向水平化、融合化发展，而生产性消费者则是目前新兴的内容提供商。另外，内容生产者和供应商可以利用大数据，实时获取真实的数据，并根据数据分析结果利用新媒介进行直接交流，依据沟通结果及时调整产品主题、方向和类型，进一步满足用户需求。通过数据挖掘，内容企业可以更好地掌握和了解消费者的需求，创造出符合用户需求的内容产品，丰富文化产品范式，以保证所创造的内容能得到消费者的青睐,实现文化产业结构升级。

4.4.2 大数据与文化传播融合:传播方式多元

1. 大数据 + "相关思维":推送精准化

在大数据时代,要实现精准营销,必须从营销观念的转变、数据库的建设、差异化需求的分析、精准营销工具的构建、精准营销活动实施后的信息反馈等几个方面入手(孙慧敏等,2016)。人们的思维模式应该由因果思维转变为关联思维,这样才能发现之前没有意识到的联系。用户通过网络搜索信息、点击网页浏览产品或讯息时,关键词、浏览痕迹和 IP 地址都会被记录下来。除了行为分析之外,未来的大数据还可以进行内容分析。例如,若用户反复观看同一段视频,系统会分析视频的特点,然后将用户和视频内容联系起来,准确了解用户最感兴趣的内容,从而精准地关注每个用户。日常生活中,准确地推送信息就是基于这个原则。文化产业要充分运用各种大数据平台,利用大数据技术,实现企业经营目标。如"知乎"社区深耕个性化推荐,通过统计用户行为,为用户提供个性化的推荐,其推送模式如图 4 - 6 所示。

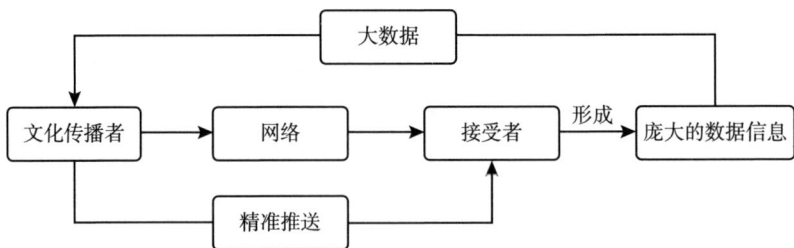

图 4 - 6 大数据精准推送模式

资料来源:由笔者绘制。

2. 大数据 + "智能思维":预测智能化

大数据时代,得益于物联网、云计算、虚拟空间等技术的突破发展，大数据系统能够自动挖掘数据，将机器线性、简单、物理的自然思维，转变为主动、立体、逻辑的智能思维，从而更好地分析数据、作出决策，使得人类的思维能力和预测能力得到了极大提高。智能思维可预测文化产品的传播效果，以规避风险并向读者提供高质量的文化产品。在各种广播信息量过大、碎片化阅读成为获取资讯的主要方式的时代，央视自 2017 年起推出的一档名为《朗读者》的文化栏目，它的创意理念是"将值得尊重的生命和值得关注的文字完美结合"，引起收视热潮并因此成为一部现象级电视节目。《朗读者》的爆火靠的就是大数据分析，对点击转发、自制短视频传播、在线评论等多方面进行分析。一档节目要有良好的传播价值需具备充足的资金、独特的人才、互动平台和讲故事的能力等要素，《朗读者》恰好符合以上几点。因此，智能思维可以利用大数据技术收集和分析全网信息，进行智能预测和分析；同时，还可以利用大数据分析成功的文化产品，发现背后的特征，为文化产品的进一步发展提供标杆和决策依据。

3. 大数据 + "容错思维"：评估实时化

过去，因为样本信息量很少，为了防止分析结果与现实有很大差异，我们非常重视精确思维。随着云计算、云存储等技术的不断发展，海量的非结构化、异构化的数据被存储和分析，使得数据的利用率大大提高。但前提是微观层面的精准度被认为是可以忽略的，这被称为"容错思维"。容错思维是牺牲微观层面某种程度的精准度来换取宏观层面的洞察力，以便实时获悉和评估事情的发展。在分析文化产品的传播效果时，传统的研究方法仅限于对信息传播和参与环节的简单总结，对受众、信息本身和传播参与环节缺乏深入和科学的分析，决策依靠主观想象和习惯性经验，从而导致传播决策的战略定位出现偏差。新技术和新媒体的影响加剧了这些偏差和问题。大数据的容错性为创作和传播提供了及时的反馈，能在一定程度上修正决策偏差，从而提高产品的传播性能。基于信息个性化、细分化、碎片化、交互化的特征，运用大数据的流处理技术实时监控用户线上和线下的反馈，及时调整创作方向和传播方式；同时，还可以利用大数据的批处理技术来预测和分析文化产品的传播规律，进而掌握传播主动权。

《战狼 2》《红海行动》《我和我的祖国》等影片的成功，不仅反映了人们对新时代强国、强军和民族精神题材的期盼，也反映了大数据技术与文化产业的融合，通过大数据思维可以实时掌控市场营销的节奏。营销团队利用大数据技术实时监控"互联网 + 新媒体"。一方面，确定一批"意见领袖"，通过他们的影评来宣传电影，迅速提升自己的知名度；另一方面，大数据庞大的数据检索和分析处理能力为推广团队提供了驱动力和目标受众。运用"容错思维"，将大数据技术应用到文化产品的生产和传播全过程，并对其进行实时监测、及时反馈和调整，以加强产品的宣传效果。

4.4.3　大数据与文化消费融合：推动消费升级

1. 大数据 + 需求偏好分析：提升消费体验

在文化产业中，大数据的运用有助于对市场数据进行精准的分析，更好地反映文化市场需求，从而提高人们的消费体验。文化市场需要的信息主要包括：目标用户、购买行为的限制因素、购买同类产品的平均价格、经济状况、人口状况、用户偏好、用户习惯等因素。根据王丽培（2019）所提到的岑赛迪亚姆（Censydiam）消费动机分析模型可以看出，获悉个体行为背后的动机是一种复杂而又极其精细的分析方法。因此，在分析用户时，要深度了解他们的生活形态，甚至他们的教养、教育和情感经历等，以掌握他们购买商品时的情感动机。在大量用户的基础上，通过真实、实时的海量信息，运用大数据技术，采取科学分析逻辑和算法，让文化市场的信息更加准确，更加贴近文化市场需要，并逐步实现对市场趋势的精确预测。王慧茹（2019）认为以互联网为载体，影视、文学、动漫等跨界融合与衍生，可以成为一个具有高度兼容性的文化产业平台。就《盗墓笔记》《陈情令》而言，目前已形成一条完整的"网络文学—IP—动画、影视化—周边"的成熟产业链。借助文学和大数据的交叉融合，可以从多个角度实现文学评论、市场监测、影视改编等层面的研究和扩展，同时还可以根据用户的喜好进行深入挖掘，从而提升用户的阅读体验。

2. 大数据 + 价格计算：降低消费成本

利用大数据技术，可以对消费者的需求进行有效分析，找出产品成本与经营收益的平衡点，以覆盖最广泛的消费者群体，同时减少产品的经营风险。针对不同使用者的消费类别和能力，制定更为灵活的文化产品定价策略。根据福布斯商业评论的研究结论，用户的消费数据越多，客户的覆盖面越大，差异化价格就会给企业带来更大收益。利用大数据分析，可以有效降低经营风险，确保产品利润，挤压竞争对手，并通过降低定价、扩大覆盖面和差异定价来提高市场竞争力。

3. 大数据 + 商业模式迭代：创造消费需求

以大数据为基础的社交网络、共享经济等新的文化服务和经营模式激发新的文化需求、创意火花和消费方式，体验式、沉浸式、娱乐化的大众文化消费将成为主流。"文化产业 + 大数据"从数字内容、智能营销等方面对当前文化产业发展的新动向进行深入剖析，构建以大数据为依托，基于品牌社群化、社群流量化、流量 IP 化、IP 场景化的智慧营销新体系，推动文化消费的未来发展。依托大数据，我们可以用海量的资料将两个最初不相干的事务联系起来并开发新的营销方式，提升文化产品附加值。例如，最近跨界创新的发展就成为老品牌的一种新玩法。六神花露水、泸州老窖等老字号品牌都在进行前所未有的跨界合作——六神花露水味的 Rio 鸡尾酒上线 17 秒内就被抢购一空；泸州老窖与气味图书馆联名推出"顽味"香水，在短短几天内卖出两万瓶，其天猫线上旗舰店的销售额增长 941%，PV（访问量）增长 1870%。[①] 大数据给老字号带来的，不只有营业额，而是焕然一新的经营观念。根据《中华老字号品牌发展指数报告》，2018 年天猫商城至少有三家中华老字号

---

① 米多大数据引擎. 花式跨界营销，泸州老窖 166 亿业绩暴涨背后的数字化玩法 [N/OL]. 网易，2021 - 05 - 18，http：//www.163.com/dy/article/GAAEM7440538QQXV.html.

的顾客数量超过 1000 万人，其中 90 后顾客更是达到了 320 万人。在互联网、大数据的帮助下，故宫文创也成为一个新"网红"。实践证明，大数据的应用和整合平台效应能为文化产业带来新的经济增长点。

4.5　案例分析——雅昌公司*

雅昌公司创立于 1993 年，主要从事传统印刷，多次荣获美国印刷行业最具权威和影响力的"班尼奖"。雅昌公司于 2000 年成立雅昌艺术网，实现了由传统印刷业到现代文化企业的转变。雅昌公司多年致力于收藏纸质文献，收集众多艺术品和艺术家的相关资料，并将其所有的数据资源进行了充分的开发。在雅昌多年的艺术品市场积累和丰富的经验基础上，通过挖掘艺术品数据资源的商业价值，实现对艺术品资源的有效整合。在大数据的支撑和推动下，雅昌已发展成为艺术领域的综合性文化产业集团。

4.5.1　利用大数据进行文化产品生产

自 2000 年以来，雅昌将艺术品产业链中的所有参与者，包括印刷商、出版商、拍卖行、画廊、画家和投资者，整合到一个平台上，用以补充和共享数据资源，并根据客户的差异，将其分为四大类：艺术品拍卖市场数据库、艺术家作品数据库、书画邮票数据库、家谱和书画文献数据库，为不同类别客户提供增值服务。比如，雅昌艺术网为艺术家们设计了一套"艺术家个人数字资产管理系统"，让他们可以有效地上传、存储和管理作品，而雅昌艺术网则为这些作品提供个性化定制化的业务。所以，这个站点收集了很多现代艺术品的资料，保证了现代艺术品的持续流入。雅昌公司推出了"拍卖市场信息公布制度"，为拍卖公司提供网上预览服务。在对不同类型藏品的拍卖价格进行历史分析的基

---

* 案例来源：由笔者根据雅昌公司的官方网站资料整理而来。

础上，公司设计与开发的与股票指数类似的雅昌当代艺术价格指数AMI，已经成为艺术品投资和收藏市场的风向标。

4.5.2 利用大数据助力文化产品传播

信息只有在未知的情况下才具有商业价值。如果每个人都能了解到正确的消息，那么没有人会为此买单，尤其是在艺术品市场。艺术品销售者在交易之前，不能完全地告知购买者所出售作品的真伪和价值。在一般情况下，由于买卖双方的信息不对称，卖家获取的信息要多于买家，因此卖家往往会有意隐瞒某些信息。另外，造成信息不完全的原因之一就是人们的投机心理。这些都会影响市场中的信息透明度。雅昌收藏了从1993年到现在的1000多个拍卖会和超过100万件珍品的资料，这些资料包括销售日期、地点、价格、估价、拍卖行、图片等。这个资料库每年都会增加100000个。雅昌艺术网推出的"中国艺搜"，让客户可以分类检索艺术家，不仅可以得到准确的艺术家简历和官方网站，还可以得到该艺术家的相关拍卖交易、代理画廊、相关展览、相关媒体报道、图书出版等信息，为艺术品销售、投资和估价提供了一个公正、无偏见和普遍的信息平台。与文化交流相对封闭、静态的交易模式相比，它可以让交易中的市场参与者获得更多的信息，收集和分析尽可能多、尽可能准确的数据，这正是大数据利用其优势，提高了信息的公开程度。

在目前的市场环境中，由于信贷匮乏、监管框架不完善、信息不对称和不充分助长了赝品泛滥和虚假炒作的风气，造成了严重的逆向选择和道德风险问题。大数据为缓解艺术品投资市场的信息获取困难提供了一个更可行的解决方案。建立艺术品的数字档案和加强流通领域的数字管理，为艺术作品的身份建立数字认证，使艺术作品的流通更加透明，有效地防止市场扭曲和造假产生的损害。

从大数据技术在艺术作品中的应用可以看出，大数据思维和技术的进步提高了人们对信息的感知能力。人们不可能了解任何时候、任何地方已经发生或正在发生的一切，同时随着社会分工的日益细化，每个人只从事一种职业，了解问题的能力在各种意义上更加有限。通过分析和处理大量投资交易的相关信息，人们对这个庞大而分散的数据集有了更全面的认识。

4.5.3　利用大数据促进文化产品消费

从世界范围来看，人均 GDP 在 5000 美元左右，消费将由物质消费转向精神文化消费（依绍华，2019），中国人均 GDP 在 2019 年突破10000 美元（李凤亮和刘晓菲，2022）。在此背景下，随着文化与艺术的发展加快，越来越多的人开始追求精神和文化上的享受。文化产品与其他产品的不同之处在于其自身的文化和艺术价值，它的标准是模糊的，难以准确衡量，而大数据对艺术品的价值评估具有参考价值。

随着中国经济的增长，人们对文化和精神的需求正在迅速增长，投资意识也在不断增强。统计数据显示，2016 年，艺术品拍卖总额为124.49 亿美元（包括佣金），比前一年下降 23%。中国以 38% 的市场份额，以 47.92 亿美元的净艺术拍卖额位居世界第一。美国跌至第二位，占全球市场的 28%。艺术品市场的兴旺导致消费者盲目狂热，使得艺术品的价格更加混乱，与其本身价值相去甚远。尽管精准估值艺术品是困难的，但是它的价格却是客观的，艺术作品作为一种文化产品具有一定的参考价值。

由于投资者和收藏者自身都不清楚艺术品的价值，因此，投资艺术品的收益就成了他们最为关注的问题。虽然鉴定艺术品的价值非常复杂，而且许多因素都很难定量，但它属于估价的范畴，从理论上来说，它的价值是客观的，因此在估价的时候，要有一定的数据作为依据。

雅昌是中国最大的艺术品拍卖平台，它自 1993 年以来就一直在收集中国艺术品拍卖的相关信息，包括拍卖图片、拍卖日期、拍卖地点、拍卖机构和拍卖价格。通过对艺术品、艺术家的全面数据和雅昌艺术品市场指数的分析，消费者可以清晰地看到中国艺术品市场的发展趋势、市场信心、市场前景变化指数、中国艺术品市场的总体行情走向。雅昌构建的艺术品数据库建立的艺术品交易决策信息平台可以为艺术品市场的消费者和投资者提供决策依据。

同时，大数据分析处理技术可以评估艺术品价格，日渐成为文化产品价格评估的重要技术手段。2015 年 6 月正式上线的"文化帮"，是以"大数据—价值数据—数据资产—数据资本—量化交易"为核心的全产业链融资模式。在艺术品细分领域，该平台以艺术家和艺术品的市场流动价值、价格轨迹、行业综合指数和既定标准为基础，利用大数据分析方法来分析、对比影响艺术品价格的因素。通过运用统计分析的方法，建立适当的模型来评价艺术品的价值和预测模式，并利用数据库对定价系统进行优化调整和更新。

在大数据时代，艺术品作为一种较为特殊的文化产品，其估值体系具有一定的参考价值和方法，同时大数据也提供了一个直观、清晰的实施工具和平台，可以为广大消费者提供价值评价的依据，调整艺术品市场定价机制，从而为文化产品的消费带来新的视角。

4.6　大数据推动文化产业结构升级的保障机制

4.6.1　提升文化产业大数据应用能力

在大数据的推动下，我国的文化产业蓬勃发展。在文化产业发展中，大数据技术是一种重要的驱动力量。大数据技术的飞速发展、信息资源的有效整合、文化产业的融合与创新以及数据资源的开放与共享，将对我国文化产业的发展起到积极的促进作用。因此我们要通过整合各方力量，推动文化产业与大数据的融合。

1. 推动技术发展

要推动大数据在我国文化行业的推广，必须统筹、组织科技力量，进行重大数据技术的研究与开发。在实践中，明确文化产业的技术需要，进行研究和开发，可以更主动、更有针对性地解决文化产业发展面临的现实问题。重点关注大数据研究与应用的前沿领域，加强对当前世界文化产业大数据技术的发展状况及发展趋势的认识与分析。识别重要的研究与开发区域，并强化研发。科研院所要建设文化科学与技术研究中心，强化文化产业与大数据交叉研究，重点发展大数据创新。

通过开展文化产业大数据专项规划，建设文化产业示范园区，以彰显其大数据效应，从而推动大数据在文化产业中的应用与优化。大数据、应用、商业模式等方面的联合创新，是推动我国文化产业实现转型升级的重要途径。加强产业链的合作、交流与融合，整合技术、人才和基础设施，使大数据的优势得到最大限度地发挥。大力发展和应用大数据，不断促使大数据项目与其他行业的合作与融合，并总结我国文化产业在大数据方面的成功经验并进行示范、优化和推广。

2. 激发数据活力

要建立文化产业的数据生态。文化企业是文化产业的重要组成部分，因为文化企业制作并收集有关文化产业资讯及使用者的行为资料，本身具有丰富的数据来源。要推动大数据时代的文化产业向现代化转变，必须增强信息采集意识和数据生成能力。为了更好地掌握行业动态及市场资讯，更好地了解文化产业发展及使用者的需求，文化企业应收集更完整、更精确的资料，改善资料收集及储存方式。重视资料的安全性，避免资料外泄。提升资料利用效率及成本效益，为文化企业建立资料生态。

要发挥互联网巨头企业领导作用。目前，互联网巨头的数据总量仅排在政府之后，BAT 等互联网企业的技术研发能力强、数据资源丰富，是中国技术发展的重要力量。大数据在企业中的运用，不仅可以推动产品开发、平台建设、业务模式的革新，更可以为其他组织提供高性能、低成本的数据资源和技术服务。充分发挥互联网巨头在大数据领域的优势与作用，对于促进我国文化产业的发展将起到积极作用。

要与重点行业的数据优势相结合。信息科技历经数年发展，电力、交通、金融等行业龙头积累了海量的用户数据，为文化产业结构优化、文化产业业态创新、精准用户画像打下了坚实的基础。要充分发挥各行业龙头企业的数据和用户资源优势，与互联网巨头、科研机构、政府深度合作，将数据资源进行整合，深度挖掘数据价值，实现文化产业大数据时代的跨越式发展。

3. 提升数据素养

良好的数据素养要求具备社会科学基础和一定审美能力的从业人员对文化产业资料有很强的敏感度及发现利用能力，能够很好地解释、组织和分析资料。同时，学习运用数据，不能只凭直觉，要对数据进行反省与批评，对大数据在文化产业中的运用进行科学分析，认识其局限性；不能仅从实用的观点来评价大数据的价值，而要清楚地了解数据的收集、存储和使用，以及相关的社会和伦理问题。

文化产业人员数据素质的培养必须采用多种方式。一方面，研究人员要扩大自己的认知范围，认识并掌握大数据的概念与技术，并逐步拓展其知识层次；另一方面，各大数据公司要组建专业的大数据分析与应用队伍，加强与高校的协作，为应对大数据时代的挑战，共同培养数据收集、存储、分析和挖掘专家。

4.6.2　构建良好的大数据应用环境

大数据资源呈几何级数增长，大数据技术也日新月异，将文化产业与大数据深度融合，营造健康的大数据应用环境已成为大数据时代支持文化产业发展的当务之急。

1. 完善扶持政策

要加强对文化产业的政策扶持，推动与文化产业相关的金融、税务、土地等领域的大数据发展，健全并实施有关政策，为文化产业和大数据的发展提供支撑。增加国家文化发展基金的文化产业大数据应用专项资金，加大对大数据采集、分析、应用等方面的税收优惠力度。建设文化产业投融资平台，助力文化产业和大数据产业与社会资本的融合，从而推进资源优化配置。

近年来，我国不断加强宽带网络、无线网络、云计算中心、数据中心等基础设施的建设，并陆续出台了相关文件，如 2013 年工信部下发《关于数据中心建设布局的指导意见》，国务院 2013 年发布的《"宽带中国"战略及实施方案》、2015 年印发的《关于促进云计算创新发展培育信息产业新业态的意见》和《关于积极推进"互联网＋"行动的指导意见》等指导方针。这些政策的出台对提升城市地区的光纤传输骨干网络，提高农村地区的通信网络覆盖水平，建设一体化的大数据中心，整合大数据平台和数据资源等方面，具有十分重要的意义。

在大数据时代，发展文化产业不仅要有数据平台、数据资源，更要有专业的人才。技术革新与后续发展，或由于缺乏人才的支持而被迫终止。国家出台了相关的激励措施，以各种优惠的方式将具有较高学历和较高水平的人才集中到一起。依托国际知名企业，开展与高校、科研机构的战略合作，加强与国际人才的交流。鼓励各大学开设文化产业大数据应用专业，加强数据分析、数据工程等专业人才的培养，并在此基础上培养具备一定的文化产业、大数据等综合素质的人才。

2. 完善监管体系

大数据技术刚刚兴起，其在文化产业的应用领域广泛，涉及的利益也十分复杂。道德规范、法律法规体系遭到前所未有的冲击。在文化领域，大数据的应用过程需要尽快建立和健全大数据监测体系，以保证用户数据的安全性和私密性。

在道德层面上，在收集使用者的行为数据时，文化公司应该清楚地告知顾客潜在的风险，并征询使用者的意见。相对于数据库和数据中心而言，一般使用者对数据的保护选择范围要低得多。文化企业应当尊重一般使用者的个人喜好、隐私及保障安全。

从立法和监管两个方面来看，无论是法律还是实践都存在很多问题。在大数据时代，信息的界限越来越宽，越来越模糊，信息收集、分析、交易已经形成了一个完整的链条。超过原始资料收集目的的使用情形并不少见。对一般使用者而言，资讯的流通与利用，已是难以预料。首先，要充分运用现行的法律、法规对大数据进行规范与监管。同时，对文化产业大数据进行数据监控，要从数据采集、数据流通等各环节进行全面管理。在发展大数据的过程中，要根据实际情况，保证信息、数据和交易的安全性。《中华人民共和国网络安全法》于 2017 年 6 月 1 日实施，《中华人民共和国数据安全法》于 2021 年 9 月 1 日实施。这就是对互联网信息的安全性和隐私权的保护和规范。同时，要加快《大数据管理条例》的出台，鼓励各行业机构制定《大数据挖掘公约》《大数据职业操守公约》。

4.6.3　建构产学研协同创新机制

十八届三中全会明确指出，要进一步推进科技体制改革，构建和健全产学研合作机制，促进高校科研院所的发展。倪飞和马朝良（2017）指出产学研合作是指企业、高校、科研机构等各主体自发产生的相互协作、有序互动的关系和作用的总和。随着计算机技术与互联网的迅速发展，信息资源在信息化社会中占有举足轻重的地位。被市场认可的文化产品需要富有创意、可识别、具有独特文化价值，因此，通过大数据构建产学研合作机制，可以帮助文化企业将其推向市场。如图 4 - 7 所示是大数据环境下协同创新机制。

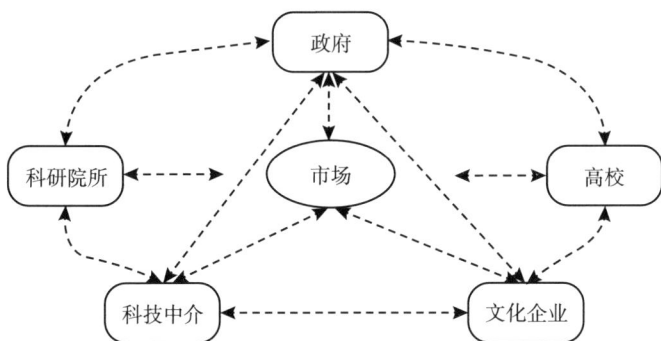

图 4 - 7　大数据环境下协同创新机制

资料来源：由笔者绘制。

1. 突出文化企业创新主体地位

文化企业具有最敏感的嗅觉，能够最早捕捉到消费者的文化需求，因此也最有动力创新价值主张，提供新颖的文化产品和服务。大数据的技术优势将进一步放大文化企业的特长，为其深层次满足消费者多样化和个性化的文化消费需求打开方便之门。因此，在构建产学研协同创新体系时要突出文化企业的创新主体地位，以企业为主体绑定高校、科研机构等，通过大数据技术的研发和运用，精准把握市场，突破传统思维模式，降低企业科技成果产业化壁垒。

2. 构建产学研一体化产品生产体系

产学研一体化产品生产体系的构建为文化企业开发分布式文件系统、海量存储数据库、大数据搜索引擎、大数据分析与挖掘、数据可视化等基础软件产品提供有力支持。不断完善产学研合作的制度框架，明确文化企业、高校和研究机构的分工，鼓励各方积极参与，充分发挥各自的作用。开发基于大数据应用的下一代移动终端、海量存储设备、大数据一体机、高性能图形芯片等硬件产品，提升大数据硬件设备的研发和生产水平。政府应以一些文化领域的重点研究项目为出发点，引导产学研各合作单位及时研发新技术以支持文化产业发展，加快发展交通、教育、旅游、医疗、养老等重要服务领域的大数据应用，为相关科技成果的商业化和产业化创造合适的条件。

3. 创新人才培养模式

人才是科技创新的根本，而我国高校与科研院所的人才培养与人才需求之间存在着不相适应的问题。因此，必须构建立体化的人才培训系统，拓展实践者的认知，理解与掌握大数据的理念与技术，逐步提升其整体素质。高校的文化产业课程亟须改革，由于我国将文化产业作为独立产业的历史尚短，导致高校将文化产业作为学科建立的时间更晚，缺乏建设经验，而且各高校在指导思想、思路、方针和定位上存在着较大的差异。因此，加强高校的学科建设和人才的培养是当务之急。文化产业需要跨领域的人才，而文化产业的学生要学习商业管理、信息技术、工业发展等。同时，要加强与大学的合作，培养具有数据采集、存储、分析和挖掘技术的专门人才，以应对大数据时代的挑战。

第5章

5G 与文化产业结构升级

5.1 5G 的概念界定

第五代移动通信技术（5G），法定名称为 IMT‒2020，是最新一代的蜂窝通信技术。移动通信技术以十年一代的速度进行更新发展。从第一代移动通信技术（1G）到第四代移动通信技术（4G），核心业务均为个人的通信，主要为人服务。5G 将核心业务范围由人扩大到物，通过 5G 技术的应用，既能增强人与人的通信，还能实现物与物的连接。因此，"万物互联"是 5G 的核心概念（黄永林和余欢，2020）。

5G 技术的研发流程是从 5G 的标准制定出发，即从用户的需求出发，通过峰值速率、体验速率等性能指标的制定，对每个性能指标进行技术研发、逐个突破，最后将所研发的技术组合起来，统称为 5G 技术。

5G 的核心技术主要有毫米波技术（倪善金和赵军辉，2015）、大规模天线阵列技术、网络切片技术（陈亮和余少华，2019）、边缘计算技术（项弘禹等，2017）和超密集组网技术（方箭等，2015）等。毫米波技术主要解决的是 30G～300GHz 毫米波频段利用率的问题；大规模天线矩阵技术主要提高了传统天线阵列技术数据传输速率；网络切片技术则是将单一的物理网络划分成多个虚拟网络，通过构建虚拟网络满足应用场景多元化的需求（月球等，2017）；边缘计算是指通过在网络边

110

缘部署小型计算开放平台从而缓解中心网络的运作压力并降低信息传输时延（孙松林，2019）；超密集组网技术是指通过基站的密集部署提高频谱复用率从而扩充可接入网络的容量。

5.2　5G 在文化产业中的应用现状及问题剖析

5.2.1　5G 在文化产业中的应用现状

1. 应用 5G 技术的公司逐年增多

图 5 – 1 列示了 2007～2019 年我国文化产业上市公司应用 5G 技术的情况。由图 5 – 1 可知，随着时间的推移，我国文化产业上市公司 5G 技术的应用正呈现出蓬勃发展的态势。2007～2016 年是 3/4G 蓬勃发展的十年。当时的企业大规模应用了 3/4G 技术，对于 5G 并不了解。随着 2015 年 5G 标准的制定，国内部分文化企业提早准备，开始着手研发面向 5G 的文化产品。在 2017 年，2 家文化企业在年报中披露正在进行 5G 相关的技术研发工作。2018 年这一数字上升到 9 家，而 2019 年足足有 34 家公司开始部署 5G 技术相关工作，增长率达到 278%。

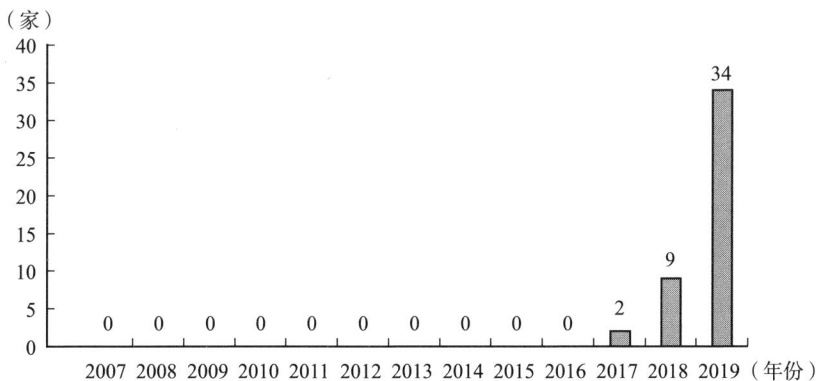

图 5 – 1　应用 5G 技术公司的年度分布

资料来源：由笔者绘制。

至于公司数量暴涨的原因，一方面，2019 年是我国 5G 商用元年且国家也将 5G 技术纳入了新型基础建设范围，5G 规模化商用指日可待；另一方面，在 2019 年，5G 的 R15 标准完成冻结，意味着现有的 5G 技术已经可以完全支持移动性增强宽带这一应用场景，技术成熟度越来越高。综合两个方面的原因，我国文化企业开始大规模着手 5G 相关的文化产品的研发工作。

2. 应用 5G 技术的公司集中在传媒行业

2017 年仅有两家互联网传媒公司开始部署与 5G 技术相关的研发工作，分别是新华网和富春股份，由于数量较少，因此不作列示。

图 5－2 列示了 2018 年部署 5G 相关工作的国内文化上市公司的行业分布情况。2018 年，共有 5 家互联网传媒公司上榜。另外，还有 2 家文化传媒公司和 2 家营销传媒公司也开始推进 5G 技术相关工作。

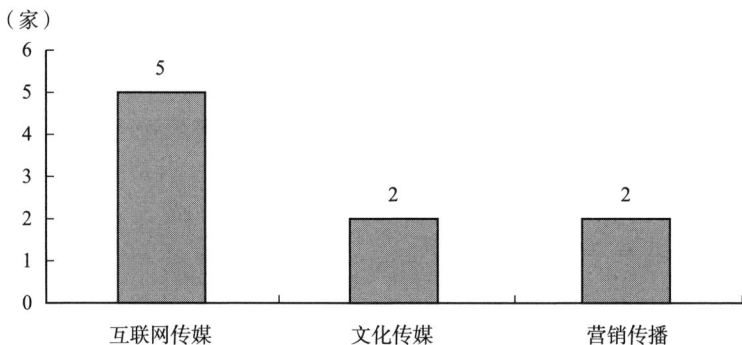

图 5－2　2018 年应用 5G 技术公司的行业分布

资料来源：由笔者绘制。

图 5－3 列示了 2019 年部署 5G 相关工作的国内文化上市公司的行业分布情况。到了 2019 年末，共 34 家文化企业开始应用 5G 技术。从图中可以看到互联网传媒行业应用 5G 技术的公司数量最多，有 16 家，占 2019 年全部样本数据的 47% 左右；其次是文化传媒行业，有 14 家公司，占比为 41% 左右；最后是营销传媒行业，有 4 家公司，占比为

12% 左右。

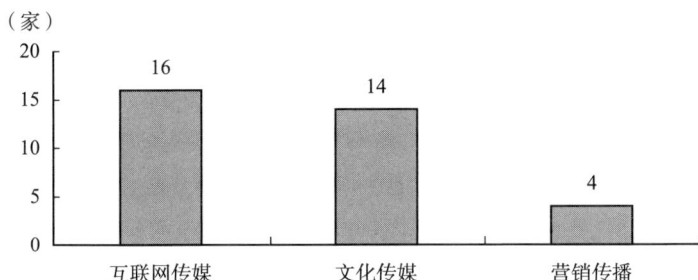

图 5 - 3　2019 年应用 5G 技术公司的行业分布

资料来源：由笔者绘制。

值得一提的是，2017~2019 年，所有开始将 5G 技术投入产品研发中的文化企业都是传媒行业。因此，相较于信息服务业企业，传媒行业的公司更加重视将 5G 技术投入研发与应用中。究其原因，极有可能是由于目前 5G 的三大应用场景仅有增强型移动宽带的商用前景较为明晰，正好适用于传媒行业下属的三大子产业。因此，传媒行业下属的文化企业积极投入 5G 技术的学习及 5G 产品的开发工作。

3. 应用 5G 技术的公司集中在经济发达地区

2017 年，仅有北京市的新华网和福建省的富春股份开始推进 5G 技术相关研发工作，数量较少，在此不作列示。

图 5 - 4 列示了 2018 年部署 5G 相关工作的国内文化产业上市公司的地区分布情况。由图 5 - 4 可得，2018 年仅有 4 个省份/自治区/直辖市上榜。其中，广东省和北京市的企业数量最多，分别是 4 家和 3 家。

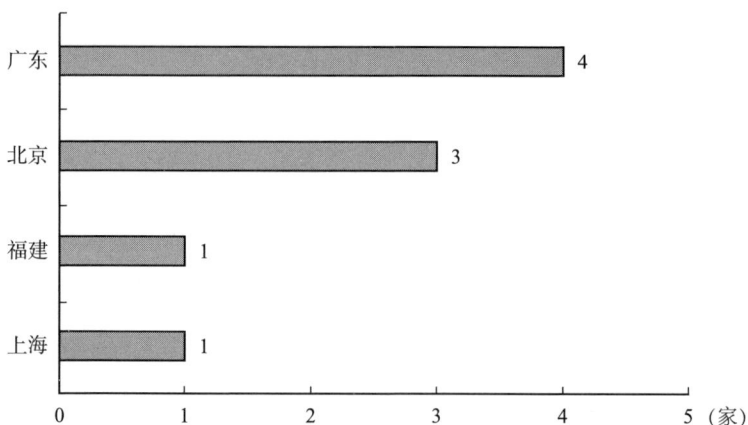

图 5 - 4 2018 年应用 5G 技术公司的地区分布

资料来源：由笔者绘制。

图 5 - 5 列示了 2019 年部署 5G 相关工作的国内文化产业上市公司的地区分布情况。由图 5 - 5 可知，广东省内应用 5G 技术的传媒公司数量最多，有 7 家。北京、浙江和湖南的企业数量分列第二、第三和第四位，分别为 6 家、5 家和 4 家，而其他上榜省份/自治区/直辖市最多 1 ~ 2 家。此外，仍有 18 个省份的文化企业没有开始应用 5G 技术。

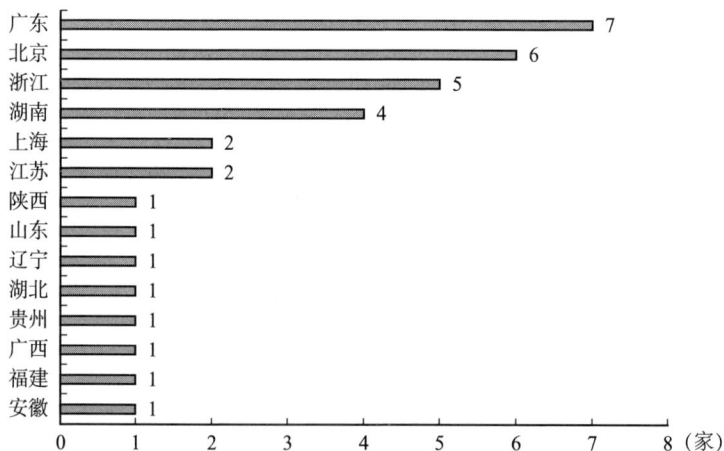

图 5 - 5 2019 年应用 5G 技术公司的地区分布

资料来源：由笔者绘制。

另外，从 2017～2019 年地区分布统计结果可以看到，应用 5G 技术公司数量较多地区的典型特征是经济发达、开放程度较高。相对于其他地区而言，这些地区更能吸引到高素质科研人才、科研资金等，这些要素是发展 5G 技术的优势所在。

4. 应用 5G 技术的公司数量集中在民营企业

2017 年，仅有两家企业开始部署 5G 相关工作，一家是中央国有企业新华网，另一家是民营企业富春股份。图 5－6 及图 5－7 显示了 2018～2019 年应用 5G 技术的文化类上市公司的产权性质情况。统计结果显示，开始推进 5G 相关工作的企业多为民营企业，从 2018 年的 6 家上升到 2019 年的 21 家。相对于国有企业，民营企业更有活力，对 5G 等新兴技术的接受程度较高。

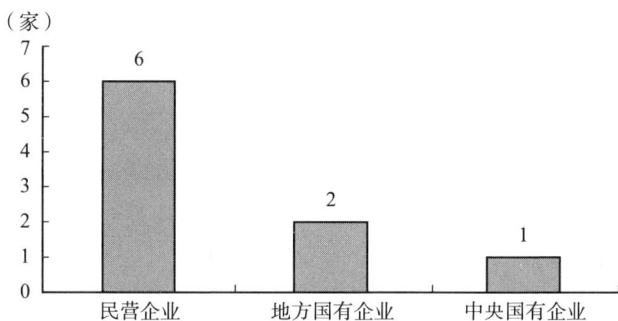

图 5－6　2018 年应用 5G 技术公司的产权分布

资料来源：由笔者绘制。

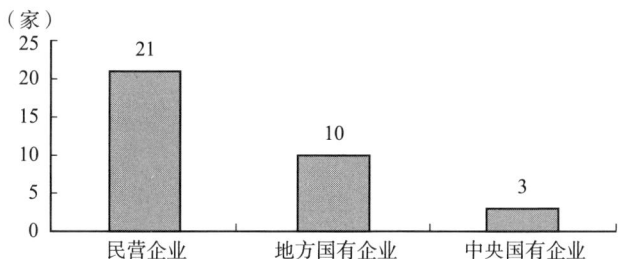

图 5－7　2019 年应用 5G 技术公司的产权分布

资料来源：由笔者绘制。

地方国有企业的数量从 2018 年的 2 家上升到 2019 年的 10 家，增长率为 400%。由高增长率可以看出，地方性国有企业也开始积极投身于 5G 技术应用与 5G 产品开发中。而中央国有企业数量相对较少，2018 年仅有 1 家。截至 2019 年末，这一数字增长到了 3 家，然而这 3 家央企中却包含着人民网和新华网两大传媒巨头。此外，外资企业和上述未提到过的其他企业都没有开始推进 5G 技术。

5.2.2　5G 在文化产业应用中的问题

1. 应用前景不清晰，实际应用仍处于起步阶段

国际电信联盟设计了 5G 的三大应用场景，分别是增强型移动宽带、海量物联网通信和低时延、高可靠通信（刘珊和黄升民，2020）。增强型移动宽带仍然服务于人与人之间的通信，它可以满足用户对于高速率、大带宽的流量需求。海量物联网通信和低时延、高可靠的通信分别为物与物、人与物的连接提供服务（兰国帅等，2019）。目前，只有增强型移动宽带的商用前景较为清晰。5G 在文化产业中的具体应用场景也正是基于增强型移动宽带进行延伸，而其他两者的技术成熟度较低，商用前景尚不明确。

模糊的应用前景使得 5G 技术在文化产业当中实际应用并不广泛。当前，5G 技术在文化产业中主要应用于超高清视频业务。以东方明珠、电广传媒和捷成股份为代表的文化传媒企业已经将超高清视频产品推向市场。以捷成股份为例，其研发出的 4K 超高清演播室系统已经获得业内多家行业用户认可。而东方明珠新媒体股份有限公司旗下已经储备了超过 3000 小时的 4K 超高清视频。此外，在 2020 年两会期间，中央广播电视总台等媒体机构也开始运用"5G + 4K"技术进行直播报道。除应用于超高清视频业务外，许多上市文化企业也在年报中披露已将 5G 技术投入智慧灯杆、云游戏等业务的研发中。在云游戏方面，完美世界、世纪华通等代表性企业积极探索"5G + 云游戏"的应用前景，加快技术研发。在智慧灯杆方面，勤上股份和万润科技正在开展智慧灯杆

的基础技术研发工作。综合来看，5G 在文化产业中的实际应用仍处于起步阶段。

2. 基站成本过高，规模化商用进程缓慢

由于 5G 基站前期建设、中期使用成本较高，在一定程度上阻碍了 5G 技术在文化产业的规模化商用进程。

运营商因 5G 基站建设成本及使用成本过高，不愿推进 5G 基站的建设工作。一方面，5G 基站的固定成本显著增加。虽然 5G 的高频率可以提升数据传输速度，但是传输距离大幅缩短。跟 4G 基站相比，5G 基站的覆盖能力大幅减弱，因此，现有基站密度仅为 5G 基站部署密度的 1/10（王毅等，2019）。而贺俊等（2020）测算出 5G 建设的主体投资将超过 1.2 亿元，是 4G 投资的 1.68 倍。而且，5G 基站的中期运营成本也会大幅提高。4G 基站的平均功耗为 1300 瓦，而 5G 基站平均功耗达到了 3500 瓦，4G 基站的电力成本仅为 5G 基站的 1/3。另一方面，随着国家减速降费政策的推进，5G 流量套餐的价格也将进一步降低。高成本和低收益的双重压力势必会压缩 5G 运营商的利润空间，运营商在 4G 基站的建设成本还没有完全回收的情况下，持续推进 5G 基站建设工作的意愿较低。

基站建设速度缓慢严重阻碍了 5G 技术在文化产业中规模化商用的进程。对于文化企业而言，面向 5G 的文化产品的研发、试验和推广等流程均需要 5G 网络的全面覆盖。5G 基站数量不足就意味着 5G 网络的覆盖率不高。在这种情况下，对于那些位于 5G 基站数量不足地区的文化企业而言，即使他们具有强烈意愿去推进基于 5G 背景下的文化产品的开发工作，但因为 5G 网络这一硬性条件无法达到，这一部分文化企业无法着手研发 5G 相关的文化产品。因此，5G 基站建设缓慢会对 5G 在文化产业中规模化商用进程产生负面影响。

3. 视频成为主要表达方式，误读现象难控制

在 5G 技术的应用下，视频将逐渐成为文化产品主要的表达方式。然而，由于视频的构成要素极为复杂，人们对于用视频表达的文化产品

的误读现象不可避免。

在 4G 时代，快手、抖音等短视频应用的兴起使得短视频异军突起，成为用户接收信息的重要途径，主流媒体的信息载体开始向短视频方向转变。以央视新闻为代表的主流媒体平台也纷纷入驻短视频平台，为用户播送短视频新闻。这种以短视频作为信息载体的播送方式受到了许多用户的喜爱。然而，短视频对于信息的承载能力比较弱，无法承载一些内容丰富、逻辑复杂的信息，且 4G 网络容量带宽仅仅能支持较短时长的视频在网络上广泛传播。因此，短视频不足以成为一种主要的表达方式。随着 5G 的发展，5G 的高速率可以增加视频时长，提高视频清晰度，从而使视频承载更多信息，改善短视频低承载力的不足以及 4G 网络容量宽带无法承载长视频的问题。因此，视频将逐渐成为文化产品主要的表达方式。

然而，当视频作为主要的表达方式时，可能会产生难以控制的误读问题（喻国明和曲慧，2019）。首先，视频中包含的偶然性要素会随着视频一起传播。虽然这种场景性的要素并不一定是视频创作者想要表达的信息，但是这类要素可能会使视频产生的影响与视频创作者的本意相违背。其次，观众对于视频中必要性要素的解读也有可能因为所站角度的不同而产生不同的理解。在场景性要素与必要性要素的双重作用下，用户在消费以视频作为主要表达方式的文化产品时可能会产生误读现象。最后，由于当前并没有形成较为完善的机制来监督或规避这种误读现象的产生，因此现阶段这种误读现象仍处于不可控的状态。

5.3　5G 与文化产业结构升级的关系解析

5G 的核心技术决定了其具备以下四个方面的应用特点，这些特点可以推动文化产业融合，构建文化产业新业态从而助力文化产业结构升级。

　　其一是高速率。5G 技术的高速率包含峰值速率和用户体验速率两个方面的指标。峰值速率指理论上可以达到的最高传输速率。5G 的峰值速率是 4G 的 20 倍，在特定场景下可以达到 20Gbps。用户体验速率是指单个用户终端的网络速率。4G 的用户体验速率是 10Mbps，而 5G 可以达到 100Mbps。高速率有力支撑了某些需要海量数据传输的业务，如超高清视频、虚拟现实等。

　　其二是高容量。容量主要指每平方公里连接网络的设备数量，即连接数密度。5G 网络的连接数密度可达每平方公里 100 万个，海量通信设备可以通过 5G 连入物联网中，万物互联将成为现实。

　　其三是低时延。时延指用户信号从发射端到接收端所需的时间。4G 的时延为 10 毫秒左右，虽然不影响人与人之间的通信，但是不适用于时延敏感型业务。5G 可以将时延缩小到 1 毫秒，满足人们对于数字化工业的需求。无人驾驶的安全性、工业自动化的准确性等必须依靠 5G 所独有的低时延来保障。

　　其四是低能耗。与能耗相对应的指标为网络能量效率，网络能量效率是指在单位功耗下的信息传输能力。5G 的网络能量效率是 4G 的 100 倍。简单来说，传输同样数量的数据，5G 的耗电量为 4G 的 1/100。5G 的低能耗使得连入物联网的通信设备耗电量大大降低，增加物联网设备的持续作业时间。

　　5G 促进文化产业结构升级需经历两个阶段，第一阶段为 5G 与其他技术的融合发展，第二阶段为 5G 结合其他技术共同推进文化产业结构升级。

　　5G 与其他技术的融合发展成为文化产业结构升级的基础。在第一阶段，5G 技术作为基础性辅助技术，推动新兴技术的优势得到进一步发挥。这里的新兴技术主要指近五年（2015～2019 年）所出现并已经投入规模化商用的新技术，如大数据、人工智能等。4G 时代存在大数据预测精确度堪忧、人工智能智能化极差、VR/AR 视频播放卡顿等问题，究其原因是 4G 网络无法满足这些新兴技术对于带宽时延等网络特性的需要。5G 技术作为 4G 技术的延伸优化，其在各项网络性能指标中都取得了重大突破。5G 技术"两高两低"的技术特性势必能满足新兴技术对于网络的需求，促进大数据、人工智能等技术在文化产业中的广泛应用。在第二阶段，5G 技术作为纽带，促进新兴技术相互连接，加速技术间融合速度，产生一加一大于二的增值效果。5G 不仅可以促进本身与新兴技术的融合，也能促进技术间的相互融合。5G 技术推动大数据、人工智能、云计算及物联网技术相互融合，形成"大智物云"的聚合效应（黄永林和余欢，2020）。当前，部分文化企业已在年报中披露，开始将"5G + 人工智能 + 云计算""5G + 大数据 + 人工智能"等技术融合产物投入文化产品的研发中。

与 5G 技术相关的科技创新通过影响要素及市场两条路径推动文化产业结构升级。从要素层面来说，与 5G 技术相关的科技创新提高了要素利用率。资源要素的配置效率是产业升级的关键（丁志国等，2012），低效率的资源要素配置在一定程度上阻碍了产业升级。一方面，5G 技术推动的技术间融合创新优化了原有的资源配置基础，提高了劳动生产率，促进了文化产业结构升级。当前，5G 技术已经催生出超高清视频这一新兴产业，而在未来，随着 5G 技术的不断完善，新产业将不断涌现。而新产业的出现正是资源要素重新整合升级的过程（张耀辉，2002）。另一方面，5G 技术推动的技术间融合创新通过促进要素合理流动从而提高产业内部的劳动生产率，最终促进文化产业结构升级。具体来说，5G 通过与新兴技术的融合促进新兴技术优势的进一步发挥，而与新兴技术相关的产业也将得到进一步发展。因此，人才、资金等要素会流向新产业，同时新产业也会代替旧产业，新旧产业更替的过程即是要素流向合理化的过程。从市场层面来说，5G 技术相关的科技创新推动新产品、新技术的出现。例如，5G 技术的产生为 VR/AR 沉浸式游戏产品的发展提供了坚实的技术支撑。在未来，沉浸式游戏极有可能成为与 4G 时代的短视频相似的"爆款"应用。新技术、新产品的出现满足了消费者对于新产品、新技术的需求，促使企业不断调整产品结构从而推动产业结构升级（张倩肖等，2019）。

5.4　5G 技术推动文化产业结构升级的实现路径

5.4.1　5G 助力文化产业结构升级的框架构建

本小节根据耦合理论,从要素及市场维度对 5G 促进文化产业升级的具体路径进行深入剖析,辅之以融合及催生双重保障机制,搭建了 5G 助力文化产业结构升级的实现框架,如图 5 – 8 所示。

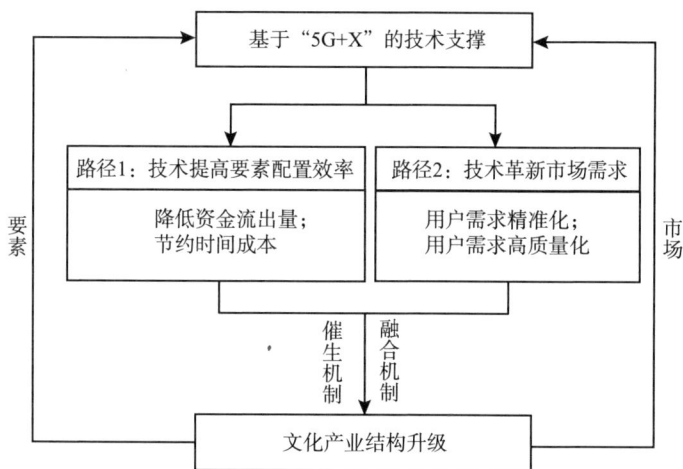

图 5 – 8　5G 推进文化产业结构升级的实现框架

资料来源:由笔者绘制。

首先,5G 技术通过与其他新兴技术融合形成"5G + X"的技术支撑,这构成文化产业结构升级的技术基础。其次,"5G + X"通过提升文化产业的要素配置效率以及革新文化产业的市场需求推动产业结构升级。具体而言,在要素层面,基于"5G + X"的技术支撑通过减少资金流出和节约时间成本来提高要素配置效率。在市场层面,5G 通过与其他技术的结合可以精准把控用户需求，同时推动文化产品向着高质量化发展，满足消费者的文化需求。最后，构建文化产业结构升级的推动模式，即推动产业融合发展的融合模式和促进产业体量增大的催生模式。与此同时，文化产业结构升级可以通过提升要素配置水平、刺激需求等方式倒逼科技创新，在现有技术基础上拉动新技术的发展。

综上所述，"5G＋X"的技术支撑是文化产业结构升级的内核推力，而产业结构升级则是"5G＋X"技术支撑的外部拉力，倒逼5G与其他技术相互融合的同时刺激新技术的发展。两者相互作用，彼此互动，形成发展闭环。

5.4.2　"5G＋X"的技术支撑

5G技术本身有利于文化产业发展。5G属于革命性技术（吴承忠，2019），而革命性技术的推出和发展会引起产业结构的颠覆性变化（戚聿东等，2020）。5G可以广泛应用于文化产业中各个子行业。例如，5G应用于广播电视行业将推动互动视频的发展；应用于游戏行业可以促进云游戏产业的繁荣；应用于文旅行业打造智慧文旅新产业。

5G作为基础性辅助技术，通过辅助其他新兴技术影响文化产业，助力文化产业结构升级。2020年，由北京大学文化产业研究院和国家文化产业创新与发展基地发起并联合国内文化产业领域众多研究者共同编撰的《中国文化产业年度发展报告2020》指出5G技术与其他新兴技术结合所带来的科技创新将创造出更为复杂的文化要素，这也是"5G＋X"的核心奥义。现阶段，"5G＋X"重点涉及以下内容。

1."5G＋VR/AR"

5G技术帮助VR/AR技术突破4G时代的时延速率限制，升级用户的沉浸式体验。

在VR/AR技术中，用户将进入一个事先构建好的虚拟世界。用户感官会与外界切断，仅能接收到模拟场景发出的各项信息，通过隔绝外界式的双向交互达到沉浸式体验。总的来说，VR/AR技术的核心就是以高度仿真的复现能力和感官模拟，营造出身临其境之感（史安斌和张耀钟，2016）。在4G时代，VR/AR技术已广泛应用于广播电视、新闻出版等多个领域。

然而，由于4G远远达不到VR/AR技术对于时延和传输速率的需求，用户如果长时间使用VR设备会产生眩晕感，这也是现阶段制约VR技术发展的瓶颈之一。只有当时延低于20毫秒、传输速率高达几百兆比特每秒时，由于长时间佩戴设备而产生的不适感才会得到有效解决。5G技术可以将时延缩小到1毫秒，传输速率提高到1000兆比特每秒，大大超过VR/AR技术对于时延和传输速率的需求。此外，5G所独有的低功耗可以大幅度降低可穿戴设备的耗电量，降低使用成本，给予用户更加长久的沉浸式体验。

2. "5G＋云计算"

5G技术可以增强云计算的计算能力，降低计算过程中的电力等资源损耗，推动云计算向绿色计算方向发展。

云计算主要是指通过应用虚拟化、分布式数据储存等核心技术，基于用户的多元化需求，对计算资源进行灵活分配，从而为用户提供低成本的储存及计算服务（李歌维，2018）。美国国家标准和技术研究院明确了云计算的三种服务模式，分别是软件及服务（SaaS）、平台及服务（PaaS）以及基础设施及服务（IaaS）。SaaS主要指用户无须考虑云计算平台的逻辑架构直接使用即可；PaaS是指用户可以了解云计算平台运作架构但无法更改；IaaS则指用户将云计算平台视作基础设施，可以随意更改平台的逻辑及硬件架构。

随着5G技术的不断推广与发展，云计算提供的服务将由传统的IaaS转向PaaS和SaaS，文化产业的行业垂直度将得到全面提升（刘珊和黄升民，2020）。除了服务模式转变外，5G的核心技术边缘计算作为一种新的计算范式势必要与云计算融合，增强计算能力，进一步提高文化企业效率。此外，5G技术的不断发展将促进移动云计算的出现，而移动云计算在提高企业效率的基础上可以降低能源的损耗，推动云计算向移动绿色云计算方向发展（李继蕊等，2017）。

3. "5G + 人工智能"

基于5G背景下，人工智能将向着更为智能化的方向发展，其在成为内容生产主体的同时还可以促进传播媒介的更新迭代。

人工智能在文化产业中应用十分广泛，通过作用于文化产业链的各个环节推动文化产业升级。在生产层面，人工智能作为辅助工具进行市场信息的收集与整理，反馈给内容生产者以市场需求信息从而使文化产品更好地匹配用户需求；在传播环节，人工智能使传播渠道丰富化（杨毅等，2018）；在消费环节，人工智能所衍生出的智能化平台可以吸引消费者，增加用户黏性。

5G技术的应用深入作用于人工智能下文化产业产品的生产及传播环节，将推动文化产品价值向深度延伸，使文化产品的价值向高附加值不断攀升，重塑人工智能下的文化产业链。从生产环节考虑，5G所独有的高速率大容量使信息传输速度得到进一步提升，反馈速度加快的同时内容生产主体间的协作关系及流程也将发生极大变化，人工智能向更为智能化方向转变。因此，人工智能极有可能将变为内容生产的主体（喻国明和曲慧，2019）。从传播环节考虑，5G背景下的信息整合传播速度加快，人工智能下的传播媒介渠道不断整合发展并衍生出新型传播媒介，赋予传播媒介以丰富的科技内涵，提升文化产品价值（刘睿君和吴锋，2020）。

5.4.3 5G 促进文化产业结构升级的具体路径

1. 要素层面：技术提高要素配置效率

在5G发展背景下，以云计算、AI为代表的新兴技术将突破4G时代发展的局限，最大限度上发挥技术本身的优势。通过降低资金流出量以及节约时间成本从而有力支撑文化产业产品生产。

（1）减少资金流出。

受到4G网络带宽容量的限制，某些技术无法在文化领域完全发挥它们优势，用户的体验感大大削弱。在这种情况下，为了满足用户的多样化需求以及提升用户的消费体验，许多文化企业会在基础设施等方面加大投资力度从而减弱 4G 网络对技术造成的负面影响。相比于 4G 技术，5G 技术在带宽、容量、时延等方面都有较大程度的提升，可以满足新兴技术对于网络连接的需求，促进新兴技术与 5G 技术融合发展。因此，在 5G 时代，企业无须为了降低负面影响而在基础设施建设中投入大量资金，从而降低企业资金流出量。

以云游戏为例，云游戏是在云计算的基础上衍生出来的"杀手级"应用。传统游戏对于图形处理器和中央处理器的要求极高，用户只能在客户端上体验游戏。在云游戏中，游戏画面的实时渲染和庞大计算量都交给云端服务器完成，运行游戏的终端设备只需具备接收、解码和编码等功能即可。然而，4G 网络本身的带宽限制导致云服务器与终端设备往返时间较长从而引起游戏延迟高等问题，严重影响了用户的游戏体验。许多游戏厂商为了吸引玩家不得不在云服务器的建设部署上投入巨额资金。而 5G 时代的大带宽、低时延不仅降低了游戏延迟，也在一定程度上解决了游戏厂商云服务器部署的难题，降低了游戏服务器的前期投资成本，减少了企业的资金流出。

（2）节约时间成本。

5G 与云计算、人工智能等高科技的结合，有助于文化企业节约时间成本。

5G 与云计算的结合将大大提高文化企业的数据计算能力。面对计算量相同的数据，"5G + 云计算"所耗费的时间将远远小于传统云计算所耗费的时间，在一定程度上节约了企业的时间成本、提高了运营效率。此外，"5G + 云计算"技术可以继续与人工智能技术融合发展，形成"5G + 云计算 + 人工智能"技术，减少企业内员工的重复性工作。现阶段，许多文化企业都已经开始利用人工智能辅助文化产业内容生产，甚至将人工智能作为内容生产的主体部分。然而人工智能需要不断地维护更新，占用了大量的本地储存空间，一旦代码丢失或者程序重启则需要耗费大量的时间和成本。随着"5G + AI + 云计算"技术的逐步推广，所有的代码都可以储存在云端，5G 的大带宽高速率则满足了程序员随用随取的需求。程序员无须因为代码丢失等问题进行重复性工作，节约了企业员工的时间成本。

2. 市场层面：技术革新市场需求

（1）用户需求精准化。

大数据和人工智能的出现改变了传统文化企业以产定需的供需链模式，企业可以深入挖掘并学习用户的浏览习惯，对用户进行画像，了解用户对文化产品的个性化需求，达到以需定产的目的。

一方面，随着互联网用户规模的不断扩大以及大数据对于用户种类的不断细分，大数据的体量不断扩大。而 4G 网络下的带宽无法满足文化大数据的传输需求，导致大数据回传至服务器时间过长，企业无法对用户精准细分。5G 网络的峰值速率是 4G 网络的 20 倍，其高速率的特点将有效满足大数据对于数据传输速率的需求。另一方面，5G 高速率和低能耗的特性在加快人工智能对于用户数据的挖掘学习速度的同时也能延长人工智能的持续作业时间。综合来看，5G 将挖掘与传输过程变得更加智能化，精准把控用户需求。"用户想要什么，我们就生产什么"在 5G 时代将得到进一步诠释。

（2）产品需求高质量化。

随着人们生活水平的提高，消费者的文化消费需求也开始发生变化，消费层次不断提高，消费理念向质量优先转变（王春艳，2016）。消费者希望享受到高品质、个性化的产品或服务，然而，部分文化产品或服务因技术水平的限制，无法满足用户需求。5G 技术突破了 4G 技术时延速率等方面的限制，对于某些时延敏感型或速率敏感型的产品或服务，可以有效突破其发展瓶颈，满足消费者的高质量消费需求。

以视频行业为例，超高清视频制播业务为满足消费者对视频高清晰度的要求而生。该业务主要由视频的采集回传、素材的云端制作和节目的播出三个部分构成。由于 4G 网络的传输带宽较窄，数据传输速度过慢，造成在视频采集回传过程中网络丢包严重，严重制约了超高清视频产业发展。4K/8K 的超高清视频在制作播出时所需要的稳定带宽应当至少达到 60Mbps，只有 5G 的大带宽高速率才能在超高清信号平稳传输的同时降低网络丢包率，确保超高清视频质量（刘珊和黄升民，2020）。因此，在 5G 技术不断发展下，超高清视频产品将成为主流视频消费品。目前，部分企业正大力发展 5G + 4K/8K 的超高清视频制播技术，促进我国广电行业高质量发展。

5.4.4　5G 助力文化产业结构升级的推动模式

1. 融合模式：文化产业融合发展

5G 技术推动文化产业融合发展，这里的文化产业融合既包括文化产业与其他产业的融合，也包括文化产业内部融合。文化产业融合是文化产业结构升级的模式之一。

文化产业与其他关联产业的融合现象早已产生，而 5G 则可以提升产业间融合速度。文化与旅游的融合形成了文旅产业，文化与制造业的融合形成了智慧制造业。文化产业通过赋予其他关联产业产品以丰富的文化内涵，增加市场占比，推动融合后的产业链向着高附加值不断延伸。而这种融合现象的本质是人力、资本、技术等要素的互动融通，从而消融产业边界、促进产业间融合。而 5G 的出现则进一步打破了要素的地域限制，加速了要素之间的传播速度，降低了要素的流通成本，促进文化产业与不同产业间的深度融合。

与此同时，5G 深入作用于文化子产业内部，通过赋予文化产品以丰富功能而促进文化子产业间的融合。5G 的万物互联使得一些基于物联网的智能设备成为新物理媒介，在扩大现有媒介范围的同时推动"万物皆媒"现象出现（吴承忠，2019）。移动终端的范围不再仅限于手机，还将扩大到街道上的灯杆、公交站牌等。这些文化产品在发挥着原有功能的同时还能作为信息接收和传递工具。因此，5G 推动文化产品的功能日益丰富，新产品的出现将模糊子产业边界、促进子产业融合。

2. 催生模式：文化产业催生扩大

5G 技术通过推动文化子产业向广向深发展形成文化产业新业态，从而推动文化产业结构升级。而新业态的形成主要是通过两种方式：其一是原有产业衍生出不同的子产业；其二是通过改善原有的生产方式助力新产业的可持续发展（王安琪，2019）。

一方面，5G 技术的发展势必会催生文化产业新业态，扩大文化子产业广度。文化产业通过与 5G 技术的结合，扩大了文化产业可利用的要素范围。一些技术要素由于 4G 网络的限制无法在文化产业得到充分利用，而 5G 技术大带宽低时延满足了这些技术对于网络的需求。技术要素范围的扩大便可以推动高科技创新成果嫁接到文化产品上，增加传统文化产品中的科技含量，催生出文化产业新业态。

另一方面，5G 技术将对文化产品的生产方式进行改进更新，推动文化子产业向深度发展。5G 技术将推动文化产业内新产品、新技术的出现，而新技术、新产品的出现将加剧行业竞争态势。如果文化子产业无法与 5G 等新兴技术相容或者融合程度弱，新旧产业将出现更替，原有的旧产业将面临被市场淘汰的风险。如果旧产业与 5G 融合程度高，其生产成本费用高昂、生产步骤过于烦琐等问题将通过重塑生产流程，降低生产成本等方式提升现有产业链的附加值，推动旧产业更新，实现可持续发展。

5.5 案例分析——国脉文化 *

随着 5G 技术的不断成熟，我国 5G 规模化商用指日可待。在此背景下，我国文化企业提早准备，积极投入 5G 相关的技术及文化产品研发工作中。国脉文化（原号百控股）联合中国电信所推出的"小 V 一体机"，正是文化企业顺应 5G 发展潮流进行 5G 相关产品研发的典型案例。

---

    * 案例来源：由笔者根据国脉文化的官网公开资料整理而来。

5.5.1　国脉文化深入布局文化产业

新国脉数字文化有限公司（简称国脉文化，原号百控股股份有限公司）成立于1992 年，前身为中卫国脉通信股份有限公司，1993 年公司在上海证券交易所挂牌上市。2012 年，公司实施重大资产重组，更名为"号百控股股份有限公司"，成为中国电信集团公司的控股子公司，2021 年9 月9 日起，更名为新国脉数字文化有限公司，公司证券代码保持不变。2016 年，国脉文化收购了中国电信等多方持有的天翼视讯、炫彩互动、天翼阅读及爱动漫四家公司，形成了以"视频＋游戏＋文学＋动漫"的泛娱乐平台。其中，天翼视讯负责面向企业端用户及普通用户的网络视频运营业务；炫彩互动主要承载游戏业务；天翼阅读主要负责数字阅读业务；爱动漫主要承担动漫运营业务。作为中国电信旗下唯一的 A 股上市公司，号百控股以"文化＋科技"为产品制造理念，致力于打造中国电信旗下内容文化服务集成的互联网智能文娱企业。从2019 年开始，国脉文化围绕超高清视频、云游戏及云 VR 三条主线开始进行面向5G 时代的商业布局。其在 2020 年 5 月所推出的"小 V 一体机"也正是国脉文化在 5G 时代下商业布局的首个产品成果。"小 V 一体机"以"5G＋超高清＋VR"作为技术支撑，使用超清 VR 专用屏幕令消费者尽享沉浸式体验。具体来说，背靠中国电信所提供的5G 网络基础，"小 V 一体机"全面支持用户 360 度观看 4K、6K 超高清视频，不卡顿、无颗粒的视频流畅度及清晰度可以真正实现 IMAX 巨幕超高清的效果。此外，定位为"观影神器"的"小 V 一体机"外观时尚、机身小巧轻便，可以完全满足消费者"随身携带、随地私享"的用户需求。

5.5.2　"5G＋超高清""5G＋VR/AR"发展适逢其会

"小 V 一体机"所涉及的行业主要为超高清视频行业和 VR/AR 行业，而这两者同属于超高清流媒体行业，行业相关背景较为类似。本小节借助 PEST 分析方法对"小 V 一体机"产生的行业背景进行分析。

从政治维度上看，当前，中央及地方政府正大力推进超高清视频以及 VR/AR 产业的发展。从国家层面考虑，中央各部委现已发布了许多关于推动超高清视频及 VR/AR 技术行业发展的相关政策文件，如 2019 年国家发展改革委等十部门印发的《进一步优化供给推动消费平稳增长促进形成强大国内市场的实施方案（2019 年)》和 2019 年工业和信息化部、国家广播电视总局、中央广播电视总台联合印发的《超高清视频产业发展行动计划（2019 - 2022 年)》等。在地方层面，以北京、浙江、江苏、山东为代表的十多个省市陆续出台了一系列政策举措，或直接、或间接地支持了超高清视频及 VR/AR 产业的发展。

从经济维度上看，虽然受到新冠疫情影响，2020 年第一季度我国国内生产总值同比下降 6.8%，但是与超高清视频、VR/AR 行业息息相关的互联网和相关服务、软件和信息技术服务业营业收入分别增长了 10.1% 和 0.7%，居民对于互联网产品的消费能力在疫情期间逐渐增强。随着疫情结束，我国经济也开始重启，居民对于超高清、VR/AR 等互联网文化产品的消费能力也将得到进一步提升。

从社会维度上看，根据中国互联网络信息中心 2020 年发布的第 45 次《中国互联网络发展状况统计报告》显示，截至 2020 年 3 月，我国互联网普及率达到 64.5%，互联网网民数量进一步攀升。互联网是连接超高清和 VR/AR 产品与消费者之间的桥梁。互联网普及率逐步上升、互联网网民规模进一步扩大，意味着可以接触到超高清与 VR/AR 产品的普通消费者越来越多，也就意味着超高清视频和 VR/AR 行业的市场规模将得到进一步扩大。

从技术维度上看，随着 5G 下属技术的成熟度不断提高，增强型移动宽带这一应用前景的商用条件逐步被满足，而这一应用前景正适合运用于超高清视频及 VR/AR 产业。5G 技术的大带宽高容量保证了 4K 及以上超高清信号平稳传输，突破了传统超高清视频产业发展瓶颈。同时，5G 技术独有的低时延也解决了 4G 时代 VR/AR 视频易卡顿等问题。

综合四种维度可知，目前正是发展超高清视频及 VR/AR 产业的大好时机，相关文化企业应充分抓住这一机会，抢占市场先机，大力发展"5G + 超高清""5G + VR／AR"产品。

5.5.3　"小 V 一体机"的优势分析

通过行业现状分析结果可知，目前正是发展"5G + 超高清""5G + VR"产品的大好时机，而国脉文化最新推出的"小 V 一体机"是 5G 技术、超高清技术和 VR 技术三种技术融合的产物。除了顺应发展潮流外，"小 V 一体机"的产生也是基于市场需求的结果。

表 5 - 1 显示了当前市面上主流 VR 一体机的重量、价格和 VR 显示画面的最高清晰度。从重量角度分析，当前主流 VR 一体机的机身重量均在 340 克以上。如果长时间佩戴 VR 一体机会使用户头颈部产生不适感。从画面分辨率角度分析，目前大部分 VR 一体机设备已经可以支持 4K 超高清分辨率。然而，由于目前 5G 技术仍未大规模商用，大多数消费者在观看 4K 超高清视频时仍会出现卡顿、丢包等现象。从价格角度分析，当前市面上以"HTC VR 一体机""爱奇艺 奇遇 2pro"为代表的 VR 一体机价格昂贵，平均价格动辄数千元，而价格也正是当今 VR 一体机难普及的重要因素之一，不菲的价格使某些对于 VR 技术感兴趣的消费者望而却步。因此，当前 VR 一体机产品的发展应当向着重量更轻、画面清晰度更高且不易卡顿丢包、价格更低的方向发展。在这种情况下，随着 5G 技术的不断发展，"小 V 一体机"应运而生。

表 5 - 1　市面上主流 VR 一体机重量、售价及画面清晰度的相关信息

型号	重量（克）	价格（元）	支持画面最高清晰度
HTC VR 一体机	498	5699	3K
Pico Neo 2	340	4299	4K
爱奇艺 奇遇 2pro	621	4599	4K
小米 VR 一体机	600	2699	1080p

资料来源：由笔者整理。

从重量上来看，"小 V 一体机"重量仅 310 克，是当前大多数主流 VR 一体机重量的一半，其轻便小巧的特性在一定程度上缓解了用户长时间佩戴后头颈部不适的问题。从支持画面最高清晰度上来看，"小 V 一体机"最高可以支持 6K 超高清分辨率，比当前市面上的 VR 一体机的画面分辨率高。此外，"小 V 一体机"得益于中国电信 5G 网络优势，确保了 4K 以上超高清信号的平稳传输，在一定程度上杜绝了丢包、卡顿等问题。从价格上来看，"小 V 一体机"在各大电商平台上售价仅为 1099 元，其价格远远低于市面上的 VR 一体机。综合以上三个方面，"小 V 一体机"无疑成为当前主流 VR 一体机产品的性价比之王。此外，"小 V 一体机"重量轻、画面分辨率高的特点可以保证用户长时间佩戴且不会感受到眩晕，提升了用户的体验感。

5.5.4 "小 V 一体机"提升国脉文化竞争力

首先，"小 V 一体机"的推出可以为公司在文化产业的布局注入新活力，扩大品牌知名度，彰显品牌价值。当前，国脉文化在文化产业中布局的"视频＋游戏＋文学＋动漫"泛娱乐平台收效甚微，只有依靠丰富的用户资源才能得到进一步的发展。而其最近推出的天翼超高清、天翼云游戏和天翼云 VR 三款线上文娱应用的推广也需要大量的用户基础。"小 V 一体机"因其性价比极高的特点可以吸引到不少 VR 爱好者，用户规模不断扩大。因此，国脉文化可以依靠"小 V 一体机"作为资源渠道进行引流。将"小 V 一体机"的用户转移到国脉文化在文化产业的布局上，不仅能够为原有的泛娱乐平台注入新鲜活力，还能够扩大三款线上应用的影响范围，提高品牌知名度。

其次，"小 V 一体机"的推出为企业未来文化产品的发展指明方向。"小 V 一体机"仅仅是国脉文化在 5G 时代所推出的线下终端产品的初次尝试。国脉文化可以继续贯彻"文化＋科技"的产品生产理念，根据销售情况和用户的使用反馈，把握消费者的产品需求，及时调整线下文化产品的研发方向。同时，国脉文化也可以不断丰富"小 V 一体机"内含的超高清及 VR 视频内容，增加用户黏性。

最后，针对整个文化产业而言，"小 V 一体机"的推出势必要催生以沉浸化为主要内核的文化子产业。目前，国脉文化"小 V 一体机"的推出也为其他相关文化企业提供了未来产品的发展方向。在将来，相关文化企业不断探索，推动"小 V 一体机"的竞品不断涌现，同时也推动文化子产业向着沉浸化方向不断发展。

5.6 5G 推动文化产业结构升级的保障机制

5.6.1 积极出台相关政策及行业规范

尽管我国文化底蕴深厚，有许多可供探索的文化内涵等待发掘，然而，现阶段文化产业的发展进程较英国、美国等发达国家十分缓慢，整体处于落后地位。此外，在 5G 时代，信息爆炸现象进一步加剧，把关模式亟须重塑。因此，我国政府及相关行业应当积极出台政策建议和行业规范，推动我国文化产业进一步发展。总的来说，法律法规与行业规范的建设主要从以下两个方面入手。

其一，政府完善相关政策，加强 5G 时代下的文化产业管理。一方面，相关政策制定部门应把握 5G 技术的发展前沿，对 5G 与文化产业融合过程中可能涌现的新问题进行预判，提前发现问题，通过相关政策的制定引导产业的健康发展。另一方面，细化诸如信贷支持、税收优惠、财政补贴、人才培养、版权保护和内容监管等与 5G 技术密切相关的政策，从顶层设计的角度为 5G 与文化产业的深度融合提供制度保障。

其二，行业协会加速制定行业规范，建立 5G 时代的新型网络把关模式。在 5G 时代，除了大量的用户生产内容外，还会出现许多机器生产内容。如果沿用传统的审核机制则需要投入大量的人力物力成本。但与此同时，5G 与人工智能的融合将传统人工智能变得更为智能，从某种程度上来说完全可以应用于对网络信息的审核把关中。因此，以新闻出版领域为代表的相关文化子产业应出台行业规范，积极探索并建立5G时代的新型审核机制，过滤掉危害公共安全以及不符合社会主义核心价值观的文化产品。

5.6.2 建立"5G + 文化产业"示范项目

5G技术作为新兴技术，与其他技术融合的产物可以直接应用于文化产业，对现有的文化产业结构将产生颠覆性的影响。文化产业的商业模式需要与时俱进（陈少峰和张立波，2011）。因此，探索出适用于文化产业的先进商业模式对于文化产业本身抓住5G技术的机遇完成转型升级有非常深远的意义。当前，5G技术本身存在着应用前景不够明晰、技术成熟度不足等问题，这些问题极有可能阻碍文化企业探索5G时代商业模式的步伐。因此，探明5G智能时代文化产业商业模式的发展方向是当前文化企业首先要解决的难题，建立示范项目是攻克该难题的有益尝试。

具体来说，中央与地方政府应当建立5G与文化产业相互协调，共同发展的文化产业示范园区。在示范园区中，政府可以选取部分大型国有企业和广为人知的民营企业建立示范性项目，并且在财政上予以一定的支持，从而作为标杆企业在文化产业相关行业内部进行展示。同时，政府可以利用这些示范性项目，进一步深入挖掘5G在文化产业领域的应用范围，探索出"5G + 文化产业"的更多应用可能。

5.6.3 大力完善复合人才培养机制

通过回顾现有的国家与地方层面政策，涉及人才培养的相关政策较少，说明5G相关人才的培养还未受到各级政府机关的重视。而根据猎聘网统计数据显示，5G后续人才需求量逐年上升，人才市场将出现供不应求的状况。因此，国家或相关文化企业应积极制订5G复合型人才培养方案。

文化企业应充分利用地方高校资源，推进校企融合，建设产学研一体化基地。在高校人才培养方面，改变传统上将学生带入企业的校企合作模式。地方高校应当与相关企业展开合作，邀请企业人员进入课堂，利用他们多年的从业经验传授给高校学生实践知识，点明相关专业的未来发展方向。在企业人才培养方面，企业通过与高校沟通，在高校内开设针对不同岗位的培训课程，由高校老师进行授课，丰富企业员工的理论知识。通过实践与理论知识的相互流通，拓宽人才培养渠道，增加5G 复合型人才的供给量，弥补可能出现的人才缺口。

第6章

区块链与文化产业结构升级

6.1 区块链的概念界定

区块链最早于 2008 年由密码学家中本聪（Satoshi Nakamoto）在论文《比特币：一种点对点电子现金系统》中首次提到。随后，中本聪于 2009 年在区块链技术的基础上创造了一种 P2P 形式的数字货币——比特币。在这之后，区块链技术在很多领域得到了更加普遍的应用（陈晓菡和解学芳，2019）。

区块链作为新技术是拥有综合分布式网络、非对称加密、共识机制以及智能合约等一系列核心技术下的一种基础架构和计算范式，具有去中心化、安全性、不可篡改性、可追溯性等特点。

顾名思义，区块链的概念包含"区块"和"链"两个部分，"区块"是一组由加密技术所形成的彼此联系的数据块，所有的数据块都拥有在大量比特币进行交易过程中所确定的信息内容，而且这些内容都会同时被"时间戳"标记，由此得到它们的哈希值；"链"是将一个区块的前边和后边用"时间戳"连接起来，前面区块的哈希值都能在后面区块中找到，从起始点一直延续至目前区块（郭全中，2020），也就是"区块"串成"链"称为区块链。

6.2　区块链在文化产业中的应用现状及问题剖析

6.2.1　区块链在文化产业中的应用现状

1. 区块链技术在文化产业中应用逐年增多

图 6-1 列示了 2007～2019 年区块链技术在文化产业上市公司中的应用情况。可以看出，2016 年之前区块链技术尚未被应用到文化产业之中，直至 2016 年比特币市场开始走高，同时出现了众多千倍甚至万倍增殖的区块链资产，区块链技术彻底进入全球视野。从图 6-1 可以看出区块链技术在我国文化产业中的应用从 2017 年开始逐年增加，从 3 家一直增长到 2018 年的 10 家，到 2019 年达 20 家，两年增长了 17 家，主要原因在于区块链技术的优势激发了众多区块链项目的研发，但目前仍处于初级发展阶段。

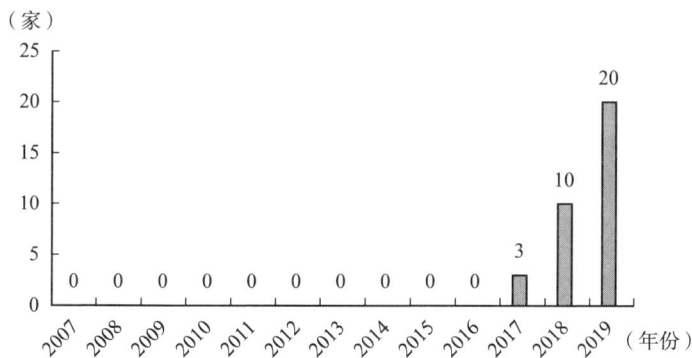

图 6-1　区块链技术在文化产业中应用的年度分布

资料来源：由笔者绘制。

2. 区块链技术在文化产业中的应用集中在传媒行业

图 6 - 2、图 6 - 3 列示了 2018 年以及 2019 年度区块链技术在文化产业上市公司中的应用情况。2017 年仅有 3 家，互联网传媒、营销传播、文化传媒各 1 家，故不作列示。

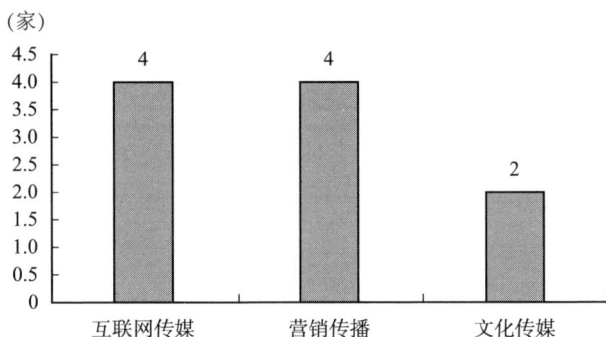

图 6 - 2　2018 年区块链技术在文化产业中应用的行业分布
资料来源：由笔者绘制。

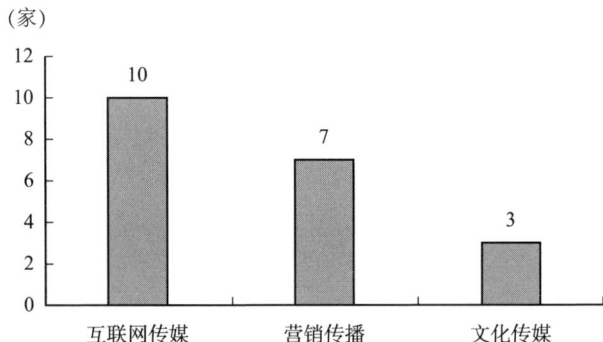

图 6 - 3　2019 年区块链技术在文化产业中应用的行业分布
资料来源：由笔者绘制。

从图 6 - 2 和图 6 - 3 可以看出，区块链技术在文化产业中应用主要集中在传媒行业，而其中互联网传媒行业占据最多，2018 年为 4 家，2019 年为 10 家。营销传播行业 2018 年有 4 家，2019 年增至 7 家。2019

年文化传媒行业则比 2018 年多了 1 家，总共有 3 家上市公司。

应用区块链技术主要针对的是"信息"，而传媒行业中"信息"显得尤为重要。区块链技术与传媒企业契合度非常高，区块链技术的可追溯性可以让信息更加真实，因此区块链技术的探索主要集中在传媒行业。

3. 区块链技术在文化产业中的应用集中在民营企业

图 6 - 4、图 6 - 5 列示了 2018 年以及 2019 年应用区块链技术的文化产业上市公司的产权性质情况。2017 年仅有 3 家且均为民营企业，故不作列示。

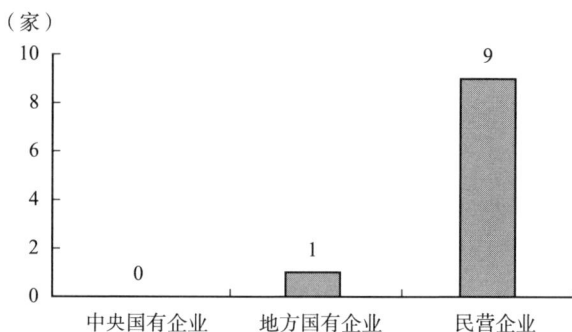

图 6 - 4　2018 年区块链技术在文化产业上市公司应用的产权性质分布
资料来源：由笔者绘制。

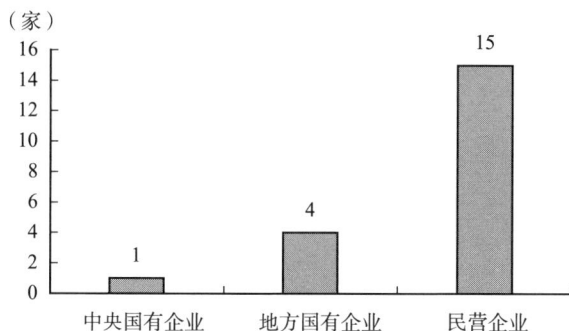

图 6 - 5　2019 年区块链技术在文化产业上市公司应用的产权性质分布
资料来源：由笔者绘制。

可以看到，从 2017～2019 年区块链技术在文化产业中的应用均集中在民营企业，而 2018 年共有 9 家民营企业应用区块链技术，占比为 90%。到了 2019 年，虽然总体占比降至 75%，但应用区块链技术的民营企业数量增长至 15 家。应用区块链技术的国有企业数量远低于民营企业，究其原因在于相对于国有企业，民营企业更有活力，对于新兴技术的接受程度更高。

4. 应用区块链技术的文化企业集中在经济发达地区

图 6-6、图 6-7 列示了 2018 年以及 2019 年应用区块链技术的文化企业的地区分布情况。2017 年浙江省、江苏省和福建省各 1 家，故不作列示。

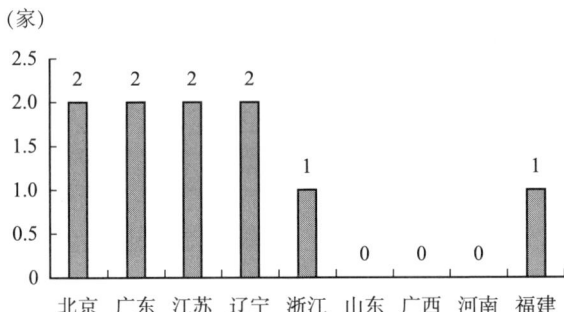

图 6-6 2018 年区块链技术在文化产业中应用的行业分布

资料来源：由笔者绘制。

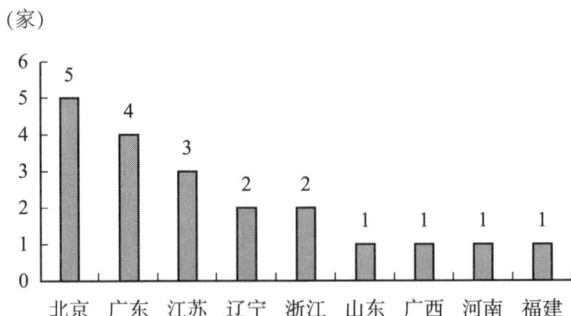

图 6-7 2019 年区块链技术在文化产业中应用的行业分布

资料来源：由笔者绘制。

可以看出，应用区块链技术的企业在地区分布上主要集中在经济发达地区。在2018年，仅有6个省市的企业应用了区块链技术。其中，北京、广东、江苏、辽宁和浙江各为2家，福建1家；在2019年，应用区块链技术的企业主要分布在北京、广东、江苏、辽宁、浙江等省市，而这些地区多为经济发达地区。其中，北京、广东和江苏应用区块链技术的文化企业数量最多，分别为5家、4家和3家。究其原因，主要在于经济发达的地区人才更加聚集，对新兴技术的接受程度更高，也更有活力，更具探索精神。

6.2.2　区块链在文化产业应用中的问题

1. 区块链技术的应用整体水平仍较低

虽然区块链技术在文化产业的各个方面大展身手，但是整体应用水平还很低。从互联网各大技术的发展轨迹可以得知，一个新技术从产生到真正成熟应用在各行各业需要经历漫长的过程，而区块链技术本身仍处于初级发展阶段，还远没有达到主流的程度，难以实现区块链技术和文化产业的真正融合。在文化产业中，区块链技术的应用仍然缺少整体规划，缺乏复合型人才和资金，服务环境也有待改善。虽然部分文化企业进行了不少尝试，但还有很多文化企业利用"区块链"的概念炒作，并没有真正整合区块链的各项核心技术使得产品技术含量较低，同时简单化、同质化问题非常严重，整个市场处于低迷的状态，企业也就难以真正创造市场价值。此外，也出现不少的投机分子借"区块链数字资产"的名义炒作区块链上的数字资产并从中获益，导致区块链的开发成为资产炒作的噱头。

2. 区块链技术的应用缺乏统一技术标准

在区块链技术应用的初级发展阶段，仍然缺乏统一的技术标准，容易形成新的数据孤岛。没有统一技术标准的规范和引导，每一个企业都争先恐后想优先研发出好的平台占据市场，相互之间缺乏必要的合作。以版权为例，从现有的文献中可以看出，学术界对"区块链＋版权"寄予厚望，国外国内也有不少的企业研发版权登记、交易等平台，相比之下实践应用却显然遇冷，形成了巨大的反差。目前国内居于头部地位的区块链数字出版认证平台都各行其是，它们设计并搭建了植根于各自平台的认证系统，如亿书、原本、纸贵等，但缺乏统一的标准（张永恒，2019），容易形成新的数据孤岛。用户在使用中需要在多个平台注册，烦琐重复的使用过程也使得用户舍弃区块链技术下的创新版权平台。

3. 区块链相关的产业主体之间缺乏有效合作机制

区块链技术已经从区块链 1.0 的加密货币应用发展到了区块链 3.0 阶段，在社会经济各个领域得到应用（范忠宝，2018），呈现产业多样化的特点。在这个过程中，区块链产业上出现了众多不同类型的产业主体，例如，区块链技术企业、金融市场、监管部门等。虽然在文化产业的应用中也研发出了不少成果，但缺乏产业主体之间的有效合作，难以实现不同应用场景的融合，不利于文化产业的结构升级。一方面，产业主体的多样化在客观上增加了区块链技术产业主体之间的复杂性和协调难度；另一方面，在不同区块链之间实现跨链互联非常繁复，这要求链条中的各区块能够进行单独验证，并且准确获取链外信息，目前该过程的实现仍然存在障碍。

6.3　区块链与文化产业结构升级的关系解析

区块链的核心技术决定了其存在以下四个明显的应用特点，这些特点可以推动文化产业新范式的产生，从而助力文化产业结构升级。

6.3.1　分布式网络——去中心化

作为区块链的核心技术之一，分布式网络是在 P2P 技术基础上搭建起来的。P2P 网络别名对等网络，在这个网络中，参与者往往拥有双重身份：一方面，他们分享所拥有的一部分硬件资源，是资源、服务和内容的提供者。而这些资源经由网络产生内容、提供服务，无须经过中间实体。另一方面，他们又从网络中取得了这些资源、服务和内容（郭全中，2020）。区块作为区块链的基本单元，虽然是虚拟的，但是可以代表组织或个人。区块链的链式结构是由相互平等、相互独立、点对点连接的节点构成，并将所有数据存放其中。而这些节点其实就是区块（宋立丰等，2019）。正是这点对点的分布式账本使区块链技术拥有去中心化的特征，不需要再依赖第三方来实现对接。

6.3.2　非对称加密技术——安全性

在区块链技术中，公钥和私钥概念总被提及，而这源于非对称加密技术，是对原来对称加密技术的提高。非对称加密技术可以为分布式网络点对点的信息传递保驾护航。每个用户拥有加密的公钥和解密的私钥，信息发送者首先用自己的私钥对信息进行签名、进行解密。而信息接收方再使用发送者的公钥来验证其身份，确定信息来源。当信息发送者加密信息时，信息接收者的公钥可以保证信息传输的安全可靠。获取信息后，信息接收者再使用私钥解密加密信息（徐明显等，2016）。非对称加密技术相比对称加密技术更难被破解，是区块链技术的核心安全技术，具有更高的安全性。

6.3.3　共识机制与智能合约——不可篡改性

区块链用户的共识机制和自治体系要求：要想将区块链上的信息资源传递给接收者，那么这些信息就需要先通过节点用户确认并写入数据库。这些节点用户的数量不能太少，需要达到一定的标准（付豪，2018）。作为分布式网络，区块链技术主要依靠内部而非外部的第三方背书来获得信任，"共识算法"机制正是实现这种内在诚信的方式。区块链上的共识机制有很多种，但并没有一种是可以应用在所有场景中的，常见的有工作量证明、权益证明和股份授权证明等。目前应用最为广泛和最为成熟的机制是工作量证明机制（PoW 机制）。在该机制下，只有控制了 51% 以上的节点才能够更改结果，所以应用区块链技术在解决了分布式网络中的信任问题的同时，还可以防止区块链上的数据被篡改。

智能合约的概念由计算机科学家、加密大师尼克·萨博（Nick Sza-bo）在 1994 年提出。他指出，一个智能合约是一套以数字形式定义的承诺，合约参与方可以在上面执行这些承诺的协议，是一种旨在以信息化方式传播、验证或执行合同的计算机协议。简单地说，它就是一段计算机执行的程序，当一定的条件被满足后可准确自动执行。同时，使用者不用忧心无关节点篡改代码与数据。这是因为区块链中的数据具有不可篡改性，那么在此基础上，区块链中的智能合约代码和运行过程中带来的数据也无法被恶意修改。

6.3.4 "时间戳"与哈希算法——可追溯性

1994 年，密码朋克成员哈伯和斯托尼塔提出了一个用时间戳的方法保证数字文件安全的协议。在该协议中，当一个新的区块生成的同时时间戳也被加盖，最终将区块按照时间序列相连生成区块链，唯一且不可伪造。每一条交易数据都可以通过时间戳的链状结构被追踪和查询到（高诗晗，2018）。而哈希值是哈希算法将一段明文转化后的一段长度较短、位数固定的散列数据（徐明显等，2016）。后面的区块都包括前一个区块的哈希值，可以从当前区域一直向前追溯到初始区块，形成一条长链，即区块链（Don，2016）。这样区块链中任何区块都能够被一个唯一的哈希值标识，利用哈希计算又可以精准地计算出哈希值。如果哈希值保持不变，就说明区块链中的信息保持原始状态（唐文剑和吕雯，2016），从而达到追溯的信息的可靠性。

基于以上特点，区块链的各种核心技术可以以特殊的方式组合，根据共识算法写入，按照时间顺序加盖时间戳，将全部数据以区块方式存储，利用非对称密码学技术保证数据传输和访问的安全。同时，点对点无须中心服务器，即可生成和更新数据，在智能合约下自动生成交易。在这种应用模式下最终可建立一个去中心化的充分信任、信息自由流动的共享平台。在文化产业中，区块链能够促进新模式和新范式的产生，成为有助于文化产业进一步发展的有益工具。

6.4　区块链推动文化产业结构升级的实现路径

科技会嵌入传统文化产业链的各个环节，促使产业链优化升级（孙国锋和唐丹丹，2019；张路，2019）。王克岭等（2013）认为产业链的核心是由策划创作、产品生产、流通销售、延伸产品开发等互相承接的环节组成。对于文化产业的产业链中，陈少峰和张立波（2011）认为文化产业的全产业链是以创意内容为轴心，纵向上包含了上中下游各环节的产业要素，横向上则使向周围辐射的产业内在地沟通起来，构建起一个交叉网络以促进文化产业的发展。李勇军和黄柏青（2014）认为文化产业的产业链是"创意→投入→生产→销售→最终消费者购买"这一基本过程。郭新茹和顾江（2009）也认为文化产业链涵盖创意内容策划、文化产品的设计和生产、销售和发行、供应链管理和消费者服务等环节。本小节将从上游（创作与生产）→中游（流通与交易）→下游（消费者购买）以及整体文化产业链的管理来构建区块链技术助力文化产业结构升级的路径，如图 6-8 所示。

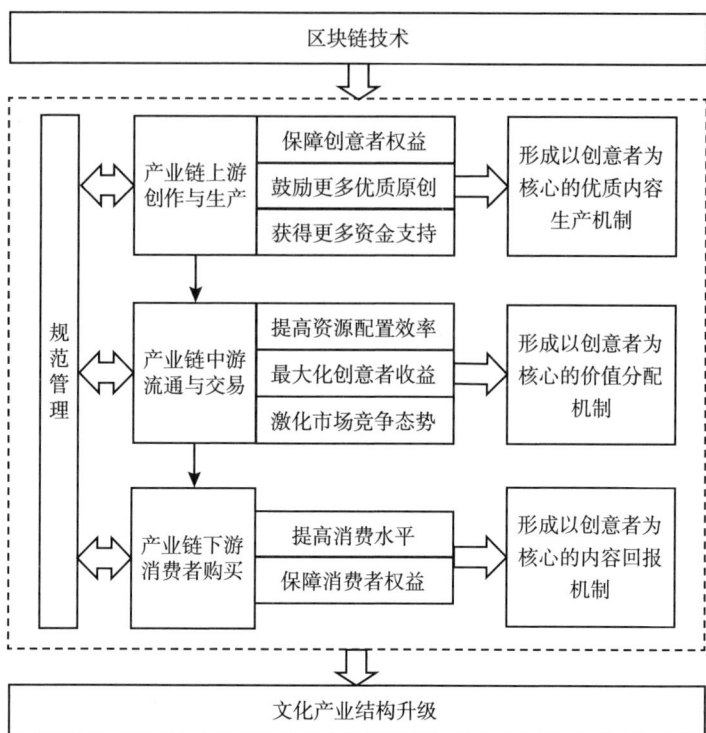

图6-8 区块链技术推进文化产业结构升级的实现路径

资料来源：由笔者绘制。

6.4.1 文化产业链上游——形成以创意者为核心的优质内容生产机制

区块链技术将变革文化产业生产形式，区块链兼具开放性和有序性，因为只有平台上的共识机制对区块链具有决策权，而非任何组织或个人，因此区块链不会因任何组织或个人自身的意志而改变。因此，这一特性改变了文化产业自上而下的传统垂直管理模式化，文化产业的生产过程在这一过程中也经历了封闭性向开放性的转变。从产业链的上游可以看到，区块链技术的应用可以最大限度地保障创意者的权益，在一定程度上刺激更多的优质原创，同时生产者陷入资金困境的情况也会有所改善，最终形成以创意者为核心的优质内容生产机制。

1. 保障创意者权益

区块链技术因为其具有公开、透明、安全、难以篡改等特性，所承载的信息易于验证，从而得到认可。尤其是在文化产业领域中，通过区块链技术，权利和义务更加明晰和易于认定，文化产业中常见的法律纠纷更易得到解决。

一方面，区块链技术保证了信息的真实性。区块链是由多个数据块构成的，所有数据块在载有信息的同时，还加盖了时间戳，并且时间戳具有不可逆、不可篡改的特性。当区块链上的某节点发生业务时，会将信息实时发送到整个信息链条，其他节点在接收到信息之后，会与其数据块中记录的历史信息进行对比核验，以确保交易的真实性。业务信息被验证后还要通过私钥对数据进行加密，以确保区块链上的信息不会被轻易篡改（熊卿和刘斌，2020）。

另一方面，区块链技术使信息永久保存。区块链技术可以解决数据分散问题，以此给多人多方的协同创作提供便利，同时区块链技术可以对创作者发布的图片、文档、动漫、游戏等进行哈希运算，并进一步将得出的哈希值和时间戳录入区块链永久保存（贾引狮，2018）。因此，现阶段区块链虽然还不能彻底、直接解决文化产业领域泛滥的盗版问题，但是区块链技术在协助惩处盗版者方面，可以提供永久有效且不可篡改的事实证据，以此提高盗版者的侵权成本，从而达到有效打击和减少盗版的作用。

例如，我国首个基于区块链的防伪平台——唯链（VeChain），发布了一款基于区块链技术的防伪芯片，该防伪通过嵌入芯片商品的方式，借助其唯一性和不可复制性，实现防伪功能，从而保障原创者的权益不被侵犯。以版权保护最为重要的数字音乐行业为例，音乐人或词曲创作者，将自己的作品登记在区块链网络上，就可以通过区块链的记录，实现对作品播放和使用的追踪，一旦出现"盗版"现象就都能被全网知晓，使得无人再购买"盗版"文化产品从而保障创意者权益。

2. 鼓励更多优质原创

区块链技术基于其去中心化以及信任机制能够缩短创意者与消费者之间的距离，缓解信息不对称。在文化产业中，区块链技术的应用可以改善目前文化产品泛而不精的问题。

一方面，区块链技术使小众文化产品焕发活力。信用是区块链的最大价值。信任正是基于去中心化的信息协同共享，降低了交易各方之间存在的信息不对称，从而实现信息对等。基于相对信息等同的认知，减少了任何交易一方隐瞒、欺诈等行为的发生。区块链技术这种模式将改变原有的基于第三方的信任机制，能够实现真正的去中心化（陈维超，2018），基于此打造一个"去中心化"的文化产品平台，平台不再成为中心，而真正有实力的原创才是中心。因此，原本没有资源、话语权的小众文化产品有可能与大众文化产品相抗衡，小众文化产品焕发出新的活力。

另一方面，区块链技术利于优胜劣汰。在区块链内容分发平台上，用户是积极的内容评估者，区块链技术的信任机制能使离散的、多元的、复杂的多方主体达成主体间的协作信任（张文娟和宫承波，2020）。平台利用区块链技术对共同创作作品数据追踪、确认和审计，可以有效减少共享主体之间的信息不对称问题（王佳航，2020）。创意者与消费者基于信任和交易意愿在智能合约下自动完成交易，只有相对优质的内容才有市场，缺乏价值的作品将不再受欢迎，因此，区块链技术应用于文化产业更有利于优质内容的生产。

3. 缓解融资困境

一切的生产离不开资金的支持，如何提升文化产业的金融服务水平、提高投资与融资效率、构建与完善文化企业信用机制，是当前在金融领域实现文化产业高质量发展的关键，区块链技术在金融方面的应用可以更好地解决文化企业难融资等问题。

一方面，区块链技术的应用将改变既有文化产业金融服务模式。在传统的供应链金融体系中，往往以中心企业为核心连接起上下游企业。

供应链金融的复杂性也主要体现在资金流、物流和信息流的交织混合，交易中的权利与义务不甚明晰，提高了查验的难度。在实际交易时，由于供应链条过长、交易信息过于复杂，难以对整个交易流程进行有效追踪，难以保证交易的透明性、真实性和准确性，最后影响了供应链金融的效率和健康发展。而区块链技术可借助统一凭证、过程记录、企业征信等手段，通过数字化的方式记录原本的纸质信息，借助区块链平台将供应链上的多方整合，通过分布式账本、加密结构、智能合约等核心技术保证了整个服务流程的真实性、安全性、明晰性、有效性。此外，区块链技术还可以减少金融企业运作所需的账户体系数量，将所有业务统一在一个账户平台下，简化金融服务流程，提升资金流转和业务开展的效率。

另一方面，区块链技术有利于知识产权的价值评估。区块链技术在知识产权的登记确权、市场评估、流通交易方面有独特的优势，从而创新性地共建一个开放的社区共识机制，让更多的中小企业把知识产权上链，并进一步形成知识产权的交易市场，完成价值评估过程，以此更好地推进知识产权资产证券化和文化产权交易等方面的应用。

区块链技术将直接助力文化产业建设其特有的信用体系和无形资产评估体系，从而形成一个健全、完善的文化产业金融服务体系，为文化产业保驾护航。

6.4.2　文化产业链中游——形成以创意者为核心的价值分配机制

区块链将重塑互联网时代的文化流通和交易环节。区块链具有点对点和去中心化的特征，任何组织和个人不再依靠中心化机构，而是通过智能合约的形式促进创意者和消费者之间的直接联系。因此，文化产业原来的以中间商为中心的流通和交易模式最终将发生变化，将数字文化创意者、生产者与消费者的直接联动推向核心位置。从产业链的中游可以看到，区块链将改变文化流通与交易体系，实现资源的高效配置，最大化创意者的收益，重塑市场竞争格局，弱化寡头或者垄断现象，最终形成以创意者为核心的价值分配机制。

1. 提高资源配置效率

区块链的各个节点是平等的，其去中心化、不可篡改、参与共识机制等优势对于建构互联互通的智能化文化流通与交易体系，以低成本实现高效资源配置至关重要。

一方面，区块链是数字货币的分布式账本，可以实现点对点的直接交易。去中心化的结算和清算环节，实现货币支付即结算、支付即清算，货币效率将大幅提升，成本将大幅下降。同时，智能合约的引入，让链上的交易可以摆脱人为操作，若满足合约规则就可以自动交易（赵刚，2018）。区块链技术打造的新流通平台重建信任机制，从信任个体转变为信任数据，提高了数字文化市场的交易效率。

另一方面，区块链技术还是数字资产流通的信用载体。区块链技术的非对称密码学以及去中心化的机制有利于杜绝"孤儿作品"的流通（王清和陈潇婷，2019）。此外，区块链技术的参与者都是对等的，链上的数字资产所有人都可以看到，消费者对于喜欢的内容通过点击就可以实现交易，流通环节中繁杂的过程将弱化，流通效率将得到提高。例如，Theta Labs 通过区块链技术和分散式对等网络，让每个终端成为缓存节点，为用户提供视频服务而无须基站，并通过 Theta 代币激励每个终端共享闲置带宽和资源，实现了内容在平台的聚合与高效流动（解学芳，2020）。

2. 最大化创意者收益

区块链对创意者的收益有着直接的影响。美国著名歌手泰勒·斯威夫（Taylor Swift）于 2014 年将她的歌曲从全球最大的正版流媒体音乐平台声破天（Spotify）撤出，就是因为没有得到与创作价值相符的回报。区块链技术的去中心化、公开透明等特点可以实现创意者利益的最大化。

第一，区块链不会区分大型公司或创作个体，任何人都可以将内容上传到区块链，自主确定价格和分销方式等。例如，格莱美奖得主伊莫金·希普（Imogen Heap）与一家希望成为独立音乐发行和支付的一站式商店 Ujo 合作，发行以太坊区块链上的第一首歌曲。智能合约的概念是以太坊的核心，让伊莫金·希普能够完全控制自己和合作伙伴的支付方式和情况（如购买下载、流媒体、混音和歌曲同步的许可）。中间商的减少使创作人可以最大化自己的收益，让用户明白作品价值的同时也提高了创作者的收入。

第二，通过智能合约和时间戳，会准确记录作品的每一次点击、下载、转发和支付等过程，避免了现有体系中的暗箱操作等不公平现象。此外，即使某个作品有多个合作贡献者，区块链技术也可以忠实地记录每个创意者的贡献次数、时间以及贡献内容占整个作品的比例，然后通过智能合约进行利益的分配（贾引狮，2018）。

第三，省去中间商的剥夺环节，创意者无须过长时间的等待可即时得到收益。2018 年，华视影业进入区块链影视应用的开发，利用区块链公开透明、不可更改的数据、标准化的智能合约，把权力放在了创意者的手中。除了可以自己确定作品的价格等一系列的交易规则外，在交易实现的瞬间智能合约会把属于创意者的分成收益转入创意者的账户之中，保证了创意者利益的最大化。

3. 重塑市场竞争格局

一般来说，传统数据库会先将数据集中起来然后再进行储存，会出现管理员权限，这也就意味着数据的管理权限会集中在一个大型企业手中，即会出现所谓的中心化机构（黄保勇和施一正，2020），大型企业容易成为市场中的寡头甚至垄断者。

目前我国著作权法在这方面的规定是：合作作品不可分割使用的，其著作权由各合作者共同享有，通过协商一致行使；不能协商一致，又无正当理由的，任何一方不得阻止他方行使除转让以外的其他权利，但是所得收益应当合理分配给所有合作作者。在理想的交易体系中，所有对价值有贡献的创作者与其他相关方都应获得公允的报酬或其他回报（谭小荷，2018），不应该出现一家独大垄断市场的现象。

区块链技术可以减少一家独大现象。一方面，区块链能够自行管理数字资产，只需权利人设置相关条件之后，系统便能够对版权进行合理评估，通过智能合约机制自动促成与需求方进行交易，不再需要权利人介入（黄保勇和施一正，2020），从而降低整个交易过程的成本，而且事后能够自动分配相关利益；另一方面，区块链技术的共识机制使数字资产不再依托中间某个大企业就可上链登记，同时非对称加密技术也提高了权利人隐私信息的安全性，使得权利人获取创意证明的方式更加直接、安全、高效，更有利于权利人维护自身权利，减少弱小创意者被垄断者欺负的现象。

区块链技术的应用省去了代理商，弱化大型企业的话语权，弥补了文化产业现有中心化模式下的弊端，突破了文化市场发展的限制，从而能更好地激活文化产业市场。

6.4.3 文化产业链下游——形成以创意者为核心的内容回报机制

区块链技术推动文化消费的转型升级，改变现有的消费模式。区块链高度开放性和公共性的特征淡化了文化产业中的角色界限，文化产业中生产者和消费者借助区块链技术更容易完成角色的转变，普通消费者也可以转变为参与者、投资者、创意所有者。因此，文化产业的参与者不再是单一身份，而是以多重身份参与整个产业结构中。在文化产业的产业链下游，区块链技术的应用可以更大程度地保障消费者权益，使消费者获得更加优质的消费服务体验。区块链技术能够为消费者精准地推送其偏好的内容，消费者支付合理价格之后可能进行分享及再创作。创意者因融入整个数字文化产业链条，可以掌握与其相关的创作与消费数据的动态和趋向，由此消费者会介入文化产品的再生产中，此时生产者和消费者互为主体的关系更加明显。最终形成以创意者为核心的参与者身份多重性的内容回报机制。

1. 提高消费水平

区块链技术独特的点对点交易、网络协同合作、智能合约、共享账本和数字资产等特性，可以使消费者权益得到更好保障，消费成本进一步降低、消费形式更加多样化、消费环境更加安全、消费体验更加优质，从而提高现有消费水平。

以粉丝经济为例，首先，粉丝经济正在经历着一个圈层化和多元化的时代，小众内容的价值挖掘正经历最好的时代，但价值中心化、中介剥削、虚假泛滥以及变现困难等问题都严重影响着正常的生态。举例来说，小众艺人由于缺乏曝光渠道以及与粉丝的互动渠道，导致无论是否拥有大量粉丝都无法大红大紫。传统的媒体结构和社区结构所造成流量、渠道的资源垄断，严重影响了这个圈子产品的流动性，同时提供价值的人与 IP 所产生的大量利益被中间方收割。区块链技术可以使没有资源没有后台的艺人们"红"起来，使粉丝有更多的偶像可以选择。

其次，在粉丝经济中最重要的一环是偶像与粉丝可直接地点对点互动，但目前这个环节需要多层中间人或者平台流转，导致艺人的内容价值与价格不匹配，且艺人提供的价值与粉丝交换的价值完全不对等。区块链技术的发展让明星和粉丝之间有了更为直接的沟通途径；同时去中心化的结构使更多的资源方联系在一起，打破了平台之间的割据局面，也免去了中间商赚取差价，降低粉丝的消费成本。

最后，从更长远的角度来看，如果区块链能运用到更广阔的空间，明星名誉和肖像权乃至内容被虚假盗用、侵权的行为也可以利用区块链的确权和标记得到保障，除了保护明星以外也能培养消费者的知识产权保护意识。

2. 保障消费者权益

在文化产业的整个链条中，消费者是关键，企业对市场的把握度、创意产品对消费者的迎合度或者产品对消费者的引领度是整个价值链生存和发展的关键（范宇鹏，2016）。在提高消费水平的过程中，消费者的权益保护至关重要。

区块链技术可以有力保障消费者合法权益。以游戏行业为例，区块链技术可以完善游戏的公平性，并且这种公平性可以得到验证和证明。玩家的虚拟资产数量透明并且能够做到即时自由交易，可以减少游戏中作弊和虚拟资产欺诈的发生。并且通过区块链技术记录玩家虚拟资产的拥有权，使玩家能享有更高的自由度，不受限制地使用和交易虚拟资产。在基于区块链技术的游戏中，用户既是游戏的参与者，又是游戏中的权益所有者，享有从游戏中获取收益的权利。在传统模式下的游戏中，虚拟资产的所有权不归玩家所有，而是归属于游戏厂商，用户之间对游戏资产的交易受到一定的限制。而对基于区块链技术的游戏而言，区块链重新界定了游戏中虚拟资产的所有权，使玩家能更加自由地进行交易，并且随着游戏的发展，虚拟资产价值增加，用户可以从中获得收益。这使得用户实现了从游戏参与者到权益拥有者的角色转变，增强了用户黏性，使游戏的忠实用户和流量急剧增长。

6.4.4　文化产业链整体——规范管理

1. 有利于文化产业链智能监管

动态权变的数据监管是区块链技术的突出优势。一方面，区块链技术有利于监管机构从源头监督管理文化产品的准入与适用范围，提高文化产品的管理水平，包括控制文化产品市场准入、授权发布许可、版本限定等；另一方面，随着区块链技术的应用，在整个产业链网络的运作过程中，监管部门可以在区块链上部署监管超级节点，监管节点实时参与单证的上链以及交易的达成，甚至能够根据监管政策以及监管黑名单分析区块链上的可信数据，自动、实时地阻止不当交易的进一步开展，从而实现了智能的穿透式监管和实时风控。监管部门节点加入后，势必会提升参与交易各方守信的动力，从而增强系统的整体信用程度（张路，2019），有利于文化产业链的智能监管。

2. 协助文化产业链纠纷解决

区块链技术确保了交易信息在交易双方之间的透明性，有利于形成完整、可信、流畅的信息流，确保交易双方及时发现交易过程中的问题，助力问题的解决和效率的提升。由于区块链数据不可篡改及时间戳技术的存在能够良好地运用于纠纷的解决，降低举证及追责的难度，因此基于区块链技术提供的维权证据，以及采用便捷的互联网法院进行诉讼有效地降低诉讼了成本。在盗版的防范上，区块链信息的不可篡改及数据可追溯特性可以有效打击假冒伪劣及盗版行为（刘斌斌和罗宽序，2020）。此外，当所有文化产品信息"上链"后，对文化产业的管理和文化产业对自身行业的管理将更为便捷。

6.5 案例分析——纸贵科技[*]

6.5.1 西安纸贵互联网科技有限公司简介

西安纸贵互联网科技有限公司（简称纸贵科技）成立于 2016 年，目前已累计完成三轮融资，建立了一支超过百人的团队。根据《纸贵区块链白皮书》，公司旗下包括四个区块链平台，分别为："纸贵信云""纸数魔方""信汇通""纸贵版权"。企业级区块链云服务平台"纸贵信云"能够快速构建区块链基础设施，提供端到端区块链行业解决方案；结合区块链、大数据、密码学等技术的数据治理平台，"纸数魔方"实现跨主体数据协作、数据隐私保护和多方安全计算；供应链金融服务平台"信汇通"实现 1 – N 级供应商的应收账款票据灵活拆分、跨级流转和快速融资；版权保护服务平台"纸贵版权"解决原创确权、版权存证、侵权取证、归属流转、权益增值等问题，为个人、机构和联盟提供多样化解决方案。未来，纸贵科技将持续围绕金融科技和监管科技，面向供应链金融、资产数字化、行业监管、司法存证、风控等场景，持续提供行业级解决方案和产品。

其中，纸贵版权致力于通过区块链技术重塑版权价值，打造可信任的版权数据库以及数字化版权资产交易平台。纸贵版权自成立以来得到

---

[*] 案例来源：由笔者根据纸贵科技的官网公开资料整理而来。

了政府以及学术界的支持，建立了较为完整的产品体系，提供确权、维权、IP 孵化和 BaaS（blockchain as a service）四大板块版权服务。2019 年 8 月，纸贵版权在 2019 智博会区块链高峰论坛上荣获"2019 年中国优秀区块链解决方案"及"2019 年中国优秀区块链应用案例"。目前已有近 200 万个的版权登记量，其中包括贾平凹、潘朴、韩鲁华等文学大家的原创作品。

6.5.2 纸贵版权利用区块链技术实现版权保护的优势分析

1. 登记确权的成本低、速度快、无空间限制

纸贵版权基于区块链的电子数据存证技术，支持文字、音频、图片、视频、网页等全类型内容上传。用户在纸贵版权平台上注册登录并完成实名认证，创作者在创作完成后在纸贵平台上选取版权存证服务并提交作品的相关登记信息，纸贵版权审核后即可写入区块链，原创作品的登记时间和数字指纹信息将存储在自主研发的纸贵联盟链（Z - Ledger）上，并完成在线版权登记。纸贵版权登记通过预言机服务确保上链信息的真实可靠，并会提供给权利人区块链版权唯一的登记证书，如图 6 - 9 所示。以上过程最快只需要 15 分钟，且无须第三方代理协助办理，相比传统的登记制度速度更快、成本更低、更加高效。此外，无论创作者身处何方，都可以在纸贵版权平台上操作，无任何的空间限制。

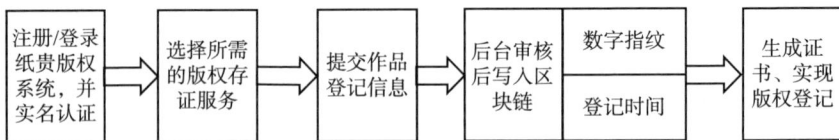

图 6 - 9 纸贵版权的版权登记确权流程

资料来源：由笔者绘制。

2. 维权的程序更简单、时间更短

纸贵版权除了提供版权登记确权服务外，还提供了侵权取证以及法律维权服务。当版权被侵权后，权利人可以在纸贵版权平台上传侵权地址，纸贵版权能够实时固化，保存侵权页面的电子数据，并上传至纸贵联盟链中。经过杭州之江公证处的公证后，将形成永久有效的、具备法律效力的侵权电子证据。在侵权诉讼中，由于新的刑事诉讼法和民事诉讼法正式将"电子数据"规定为法定证据种类之一，在纸贵下载的版权登记确权证书可作为证据。侵权证据以及自身的版权所有权可供第三方检验，从而实现版权侵权的维权，如图 6 - 10 所示。相比于传统的版权登记，区块链技术下的版权登记证书作为版权确权存证的根据，更加方便快捷。侵权电子证据的取证过程在一定程度上可以简化取证维权程序，缩短维权时间，从而帮助更多的版权侵权受害者实现维权。

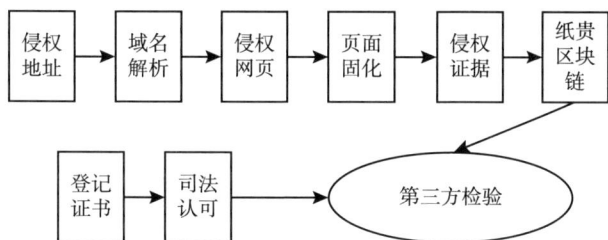

图 6 - 10　纸贵版权的维权流程

资料来源：由笔者绘制。

3. 未来的纸贵版权助力版权交易

纸贵科技的总裁唐凌曾提到目前的版权保护中存在如下三个痛点：版权登记成本高、侵权取证难、缺乏专业 IP 孵化体系。目前的纸贵版权已在登记确权以及维权取证上探索，并取得较好的效果，纸贵科技旗下的"纸贵区块链版权存证平台"荣获了 2018 可信区块链峰会十大应用案例。此外，纸贵科技在 IP 孵化中也做了不少尝试，由于其积累了丰富的 IP 资源，可在其中筛选出优质的 IP 进行孵化。未来的纸贵版权将重点着力于实现版权交易，以及帮助化解版权市场信息不对称的难点，最终让版权交易的标准化成为常态。

6.6　区块链推动文化产业结构升级的保障机制

近年来，文化与科技的融合日益加深，文化产业中不断涌现出新业态、新模式，数字文化产业方兴未艾，因此加速应用区块链技术对推动文化产业结构升级至关重要。但是，可适用性差和成熟度低是当前区块链技术亟待解决的问题，目前该技术也仅是初步应用于文化产业领域，如何使其以恰当的路径、在合适的场景落地，仍有待进一步探索。

6.6.1　完善区块链技术本身的缺陷

区块链技术自身仍处于起步状态，许多基础性的技术问题仍未克服。首先，区块链计算速度有限，带宽和存储容量限制了区块链技术的计算能力。例如，当前全球最大的支付公司 VISA 平台的计算能力可以达到 5000～8000 笔/秒，而相比之下，区块链平台的计算能力仅为 10 笔/秒。在计算速率方面，区块链显然效率更低（张永恒，2019）。其次，共识机制的制约非常多，一些区块链项目达成共识协议成本很高，共识达成水平的高低快慢除了受限于技术，节点的线下信任因素也会对其形成约束；此外，用户的共同水准也是共识机制的限制因素之一（王佳航，2020）。最后，由于链上存储有区块链的所有数据，并且无法被人为删除和篡改，加之区块链技术较为透明，一旦泄露用户数据，将无法挽回和补救。因此，将区块链技术应用于文化产业时，必须重视区块链技术现有的漏洞，并通过不断完善算法，提高计算速度等措施，开发出更合适的加密技术和共识机制。

6.6.2　平衡中心化与完全去中心化

区块链具有去中心化的特征，区块链技术的应用在带来新模式的同时也对传统的中心化机构形成了威胁，损害了版权代理商、唱片公司、音乐平台等中间商的利益。如果区块链技术应用的时机和形式不恰当，将会损害相关机构或企业利益，甚至可能扰乱产业秩序。需要指出的是，去掉中心并不是应用区块链技术的初衷，提高大众利益，免除广大普通人对信任问题的担忧才是最终目的。现有机构、组织和平台等应积极接纳区块链技术，灵活选择去中心化、弱中心化或是多中心化，寻找新机遇以实现转型过渡，共同推进文化产业商业模式创新。

6.6.3　推进区块链技术相关政策的完善

众所周知，法律具有相对的滞后性，无法及时适应新技术带来的新需求，因此经常出现现有法律难以匹配新技术的现象。作为一项新技术，区块链的应用也需要有配套的法律约束其规范发展，否则将不利于此项技术的健康应用（崔汪卫，2019）。此外，在大众接受度方面，区块链技术带来的新业态改变了原本的付费方式，原本免费模式的终结让一些消费者短期内难以接受，因此也需要制定相关的政策对这些问题进行规范，逐渐提升大众的认可度和接受度。

6.6.4　培养区块链技术和文化产业领域的复合型人才

作为一项综合性产业，发展区块链技术需要具备 IT 技术、密码学、经济学、金融学等多学科背景的复合型人才，而人才短缺也是当前区块链发展遭遇瓶颈的重要原因之一。"区块链＋文化"模式属于跨行业应用，这要求从业人员不仅要熟悉区块链这一底层核心技术，还要同时具备文化产业结构及运行机制的相关知识，然而现实中同时具备两个领域知识的复合型人才缺口非常大。因此，为推进区块链在文化产业中的应用，需要大力培养"区块链 + 文化"的复合型人才，为产业发展打好坚实的人才基础。

第7章

金融资本与文化产业结构升级

7.1　金融资本概念界定

金融资本是指企业和其他经济实体通过金融市场融集的财务资金，主要的金融资本包括股权融资、债券融资和贷款融资。金融资本是保障文化产业生存、发展、升级的关键因素，充足的金融资本保证了企业的正常经营，可以提升其运营效率，帮助企业开拓新市场，创造新的发展动力。

7.2　文化产业中的融资约束现状及问题剖析

7.2.1　文化产业融资约束现状

近年来，党和国家高度重视文化产业的发展，"十三五"规划纲要中提出要在"十三五"期间丰富文化产品和服务，基本建成公共文化服务体系，将文化产业发展为国民经济支柱性产业。发展文化产业，是市场经济条件下满足人民多样化精神文化需求的重要途径，也是适应经

161

济发展新常态、加快转变经济发展方式的重要举措（雒树刚，2015）。文化产业在我国经济发展中的作用日益突出，推动文化产业高质量发展是新时代的必然要求。

我国具有深厚的历史文化底蕴，文化资源丰富，具有发展文化产业的天然优势。但是当前我国文化产业尚处于初级发展阶段，传统文化产品所占比重较高，在全球价值链中处于中低端环节，亟须优化产业结构，推动文化产业结构升级，提升我国文化产业竞争力（周城雄，2014）。推动文化产业结构升级是实现中国经济转型升级的重要方式，也是全面建成社会主义现代化强国的必经之路。在当前"文化＋""科技＋"的背景下，文化结构升级的内在推动力量来自科技与文化的融合发展（孙国锋和唐丹丹，2019）。通过文化与科技融合，文化产业可以提升文化产品的科技含量，优化结构布局，实现经济效益和社会效益的双效提升。按照传统意义来说，一个产业的发展，需要三大要素来推动——劳动力、资本、技术。文化产业的结构升级也与这三个要素息息相关，而由于文化产业的特殊性，金融资本对文化产业的支持对于文化产业发展具有更重要的意义。

受文化企业自身"轻资产、规模小"限制，"融资难、融资贵、融资慢"是阻碍文化企业快速发展的痛点。严重的融资约束和资金短缺一直是困扰文化产业发展的主要问题之一。文化产业融资渠道可以分为间接融资和直接融资两种方式。银行信贷是最主要的间接融资方式，而文化产业的基本面特性极大地限制了文化产业的信贷融资。由于文化产业具有"轻资产"的属性，缺乏固定资产等有效抵押物，难以提供大量的有形资产作为抵押品，因此长期以来文化企业获得银行贷款普遍具有较大的难度（魏鹏举，2010）。此外，很多文化企业的资产中包含知识产权等无形资产，但是这类资产存在评估难的问题，间接导致了文化企业较难获得信贷融资（陈波和王凡，2011）。通常来看，商业银行的目标是追求确定性收益，而文化产业的这些不确定特征与其目标相悖，导致银行不愿意为文化产业提供贷款，在间接信贷融资方面存在着极大的融资限制。对于现阶段的大多数文化企业而言，间接融资不足以提供企业发展所需的资金。

在直接融资市场上，文化企业主要通过 IPO、增发以及发行债券等方式进行融资。债券融资的发行条件较为苛刻，而 IPO 同样规定了很高的上市条件，大部分文化企业难以达到要求（陈波和王凡，2011）。我国的多层次直接融资市场发展尚不成熟，直接融资规模偏小，在整体融资中占比较低。从文化企业目前的融资现状来看，大部分文化企业很难通过直接融资的方式获取企业发展所需的资金。

除了文化企业自身基本面的限制以及直接融资市场的不完善外，还存在其他一些原因阻碍文化产业的融资，主要包括以下几点：第一，当前关于文化产业融资的相关政策尚不完善，政策没有很好地对资金的流向起到引导作用，资金大多集中流向某些特定行业，而不青睐于文化产业。第二，市场上缺乏针对文化企业的融资产品。对于文化企业而言，缺乏抵押物的资产特征严重限制了其对信托、基金、股权、资产抵押质押等融资途径的运用。第三，市场上无形资产评估体系不完善。文化企业的资产中很大一部分由无形资产组成，包括著作权、创意、商誉等，目前难以准确地对无形资产价值和收益进行评估，在很大程度上阻碍了文化产业进行融资。

以文化产业的债券融资为例，表 7-1 列示了文化产业 A 股上市公司 2010～2019 年的债券融资情况，虽然近年来债券发行数量和发行金额有所上升，但从其发行占比来看，作为国民经济重要支柱的文化产业，其发行占比却呈现出下降趋势。结合 2019 年的发行情况来看，文化类上市公司共发行债券 56 只，占比为 0.14%，发行金额为 323.11 亿元，占比仅为 0.1%，由此可以看出当前文化产业面临的融资困境。

表 7-1　　　　　　　文化类上市公司债券融资概况

年份	行业	发行只数	发行只数占比（%）	发行金额（亿元）	发行金额占比（%）
2010	传媒	8	0.87	56	0.3
2011	传媒	14	0.98	65	0.24
2012	传媒	32	1.21	127.4	0.3

续表

年份	行业	发行只数	发行只数占比（%）	发行金额（亿元）	发行金额占比（%）
2013	传媒	30	0.95	184.1	0.42
2014	传媒	29	0.47	237.7	0.32
2015	传媒	62	0.46	362.5	0.25
2016	传媒	59	0.23	413.55	0.18
2017	传媒	41	0.12	301.24	0.1
2018	传媒	52	0.14	296.55	0.09
2019	传媒	56	0.14	323.11	0.1

资料来源：Wind 数据库。

文化产业属于知识密集型、资本密集型产业，充足的资金是确保文化产业持续发展的关键（王球琳和王镜然，2019）。文化产业所面临的融资约束困境，将会阻碍其发展速度以及科技创新，不利于实现其产业结构升级。关于文化产业结构升级的影响因素，此前多位学者对此进行了研究，文化资本（陈珏和何伦志，2007）、科技创新（顾江和郭新茹，2010）、制度创新（沈继松和胡惠林，2016）、创意能力及创意水平（管宁，2008）都以不同形式促进文化产业升级。结合当前文化产业的发展困境来看，融资约束是最突出的问题。

7.2.2　融资约束抑制文化产业结构升级的路径分析

近年来，科技发展推动文化产业生产方式发生了极大变革，文化与科技的融合速度和程度与日俱增，大数据、人工智能、5G、区块链等技术在文化产业领域得到了普及与应用。在创新驱动发展战略的指导下，通过文化科技融合促进传统文化产业结构调整与优化升级是文化产业发展的重点所在（孙国锋和唐丹丹，2019）。2016 年国务院印发的《"十三五"国家科技创新规划》与 2017 年全国文化产业工作会议上发布的《文化部"十三五"时期文化产业发展规划》等文化科技创新政策，强调了文化科技融合的紧迫性，其关键任务是"强化文化领域技术集成与模式创新，促进传统文化产业升级和新兴文化产业培育"（王安琪，2019）。因此，将科学技术应用到文化产业既是我国文化产业结构升级的必由之路，也是文化企业获取竞争优势的有效途径。

资源基础理论认为企业所拥有的异质性资源是造成企业绩效差异的原因之一（Peteraf and Barney，2003），企业是一系列资源的集合，资源的异质性和不可模仿性塑造了企业的竞争优势（Barney，1991），基于此，获取资源是企业可持续发展的前提基础。所以，在文化与科技深度融合的背景下，文化企业如果希望通过应用互联网技术实现结构升级、获取竞争优势，就必须以获取相关资源为前提。其中，金融资本是影响文化产业结构升级必不可少的资源之一，但是，文化企业轻资产、规模小的特点以及传统的以实物为抵押的信贷政策限制，导致了文化企业在发展过程中面临着严重的融资约束难题。在文化科技融合的趋势下，金融资源的匮乏从内涵式创新和外延式并购两个方面制约了文化产业的结构升级。

在企业内涵式创新方面，企业缺乏资金将直接引起研发投入的减少（鞠晓生等，2013），继而导致研发所涉及的实验实施、创意产生与筛选、产品测试等重要活动得不到必要资源的支撑，最终造成创新绩效的下降（任曙明和吕镯，2014），从而影响文化产业结构升级。

一方面，金融资源的缺乏限制了科技人才的聘用，群体间的知识交换受限阻碍了文化企业的创新式发展。知识基础理论（knowledge-based theory）认为知识的获取、生成、存储和使用是企业成功的关键（Hakanson，2010），知识的吸收和有效利用能够打破路径依赖，改善企业创新思维，提高创新质量，提高企业绩效（Martin－de－Castro et al.，2011），而知识是由个体而非企业创造，尤其是隐性知识内嵌于研发人员之中，知识的创造也依赖群体之间的交流，单个个体的知识创造能力较弱。因此，在文化科技融合的背景下，文化企业需要聘用科技人才，搭建创新团队，拓宽企业的知识宽度和深度，在深入学习的基础上吸收科技人才带来的显性知识和隐性知识，实现个体之间的知识交流与共享，进而增加文化产品的科技含量，实现文化产业的结构升级。但是，知识的获取、科技人才的聘用都需要金融资本的支持，格兰特（Grant，1996）认为，相比于显性知识，隐性知识的学习、复制的成本更高；与此同时，相比于普通员工，科技型人才的招聘、激励成本更高，知识的获取、科技型人才的聘用都需要资金的支持。因此，当企业面临严重的融资约束时，资金的匮乏限制了企业对人才资源的获取，使得企业落后于"文化+科技"的时代趋势，文化产品的科技含量不足，制约了文化产业的结构升级。

另一方面，金融资源的缺乏制约了实物资产的投入，知识能力的创造受限影响了文化企业的研究开发。人工智能、虚拟现实、5G等技术的出现改变了文化产业的发展模式，文化企业在实现文化与科技深度融合的过程中不仅需要软件支持，同时也需要硬件设备的辅助。例如，虚拟现实技术的应用需要以虚拟现实设备为基础，5G技术的实现需要基站、移动终端等设备支持，而这些设备的开发都需要资本的支撑，当文化企业面临严重的融资约束时，企业缺乏足够的金融资源支持相关设备的开发，使得知识能力的创造受到了限制，进而影响了文化科技的深度融合，不利于文化产业结构的升级。

在企业并购方面，金融资源的缺乏抑制了文化企业通过兼并重组的方式获得知识，阻碍了文化与科技的深度融合。内涵式创新和外延式并购都是企业成长的有效路径，融资约束不仅抑制了企业的创新投入，同样不利于企业兼并重组战略的实施。吸收能力理论（absorptive capability theory）认为，除了自主研发创造新知识外，企业也可以从其他组织借鉴新知识，然后对其进行吸收、利用，进而增强企业的创新性和灵活性。兼并重组是企业从其他企业组织借鉴知识的有效手段之一，技术并购成为企业开放式创新的重要途径（杨青和周绍妮，2019），阿胡亚（Ahuja，2000）认为，企业通过跨国并购能够吸收标的企业的R&D资源，提升企业的创新质量，石璋铭和江朦朦（2019）认为，并购产生的融合效应显著促进了高技术企业的成长。但是，当主并企业以获取标的企业的知识为目的进行并购时，标的企业的估值较高，主并企业需要支付较高的并购对价（刘焰等，2018）。因此，当面临严重的融资约束时，文化企业缺乏足够的金融资源支持其开展高溢价并购，无法获得标的公司的知识资源，限制了文化与科技的深度融合。

因此，当存在严重的融资约束难题时，文化企业缺乏金融资源支撑其内涵式创新成长和外延式并购成长，阻碍了新知识的获取，不利于文化与科技的结合，影响了文化产业结构升级的进程（具体影响路径见图 7 - 1）。

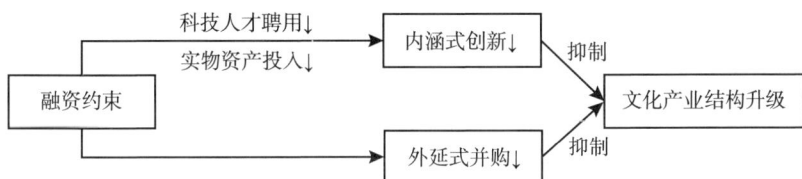

图 7 - 1　融资约束影响文化产业结构升级的路径

资料来源：由笔者绘制。

7.3　政府文化金融政策推动文化产业结构升级的实现路径

7.3.1　文化金融政策概览

近年来，我国文化产业飞速发展。据国家统计局统计，我国文化及相关产业的 9 个细分行业在 2019 年的营业收入为 86624 亿元，较上年增长 7.0%，保持平稳较快增长。经核算，2018 年全国文化及相关产业增加值为 41171 亿元，占 GDP 的比重为 4.48%，比上年提高 0.22 个百分点；而 2010 年文化产业增加值占 GDP 比重仅约为 2.75%。

文化产业是我国实体经济的重要组成部分，随着近年来中央不断完善相关政策，深化文化体制改革，加快文化产业发展，文化产业正成为经济发展新的增长点，因此，文化产业的发展迫切需要金融资源的支持。同时，当前经济社会发展的新趋势、社会公众精神文化生活需求的

167

新变化对文化产业发展提出了新要求，全面深化改革为文化金融合作提供了新机遇。推动金融业对接文化产业，增加金融支持文化产业发展的力度（何琦和高长春，2011），是解决文化产业在发展过程中遇到的"融资难、融资贵"等问题的有效工具，也是培育新的经济增长点，将文化产业培育成国民经济支柱性产业的现实需要，更是促进文化大发展大繁荣的重要保障。

1. 文化金融的界定

一般认为文化金融是关于文化产业的金融问题，而不是关于金融的文化问题。它侧重于研究金融对文化产业发展的影响，文化对金融行业的影响不在研究范围之内。

借鉴蔡尚伟等（2013）的观点，本章认为文化金融是与文化资源的开发、生产、利用、保护和经营等环节相关的所有金融活动。因此，在进行收集统计文化金融政策时所采用的文化金融的含义不仅局限于文化产业自身的金融问题，还包括文化事业建设中的金融问题，如PPP在公共文化建设项目中的作用。

2. 文化金融融合的发展历程

文化金融的融合经历了从"金融促文化"的单向支持到"文化金融互促"的双向协同发展的转变。在2010年，中国共产党中央委员会宣传部、原文化部等九部门联合印发了《关于金融支持文化产业振兴和发展繁荣的指导意见》，这是我国第一个明确提出以金融业支持文化产业繁荣发展的政策指导文件。政策内容包括了信贷、外汇管理、证券、保险等金融领域，形成了更加全面的指导文化金融融合的政策体系，推进金融中介结构、社会资本、文化产业投资基金等迅猛发展。在政策的指引下，金融机构对其进行深入研究，推出了一系列具体的方案，各类社会资本积极涌入文化产业之中，形成了多层次、多渠道、多元化的文化产业投融资体系，此外，随着上市文化企业数量的急剧增加，文化产业投资基金也呈现快速增长的态势。

在这之后，各地也出台了一系列政策加大金融对文化产业发展的支持力度，如 2011 年 7 月 5 日中共宁波市委宣传部宁波市政府金融工作办公室等多部门联合下发《关于金融支持文化产业发展繁荣的实施意见》、2012 年 3 月 22 日人民银行台州市中心支行发布《关于金融支持文化产业发展的指导意见》、2013 年 11 月 6 日江苏省人民政府办公厅转发省文化厅等部门《关于金融支持文化产业发展若干意见的通知》等，政策的内容多是鼓励金融机构为文化产业创新信贷产品与服务、拓宽融资渠道、完善配套措施、创新融资模式等，更多体现的是金融对文化产业的单向支持。

2014 年文化部、中国人民银行、财政部共同出台了《关于深入推进文化金融合作的意见》，这是第一部以"文化金融"为主题的战略性政策文本，鼓励文化企业深度参与金融业，融合发展。此外，文件还强调要加快文化产业资本向金融资本方向的拓展，体现了文化金融合作的双向性。

此后，金融支持文化产业发展的趋势更趋向于双向合作。2014 年 11 月 20 日上海市人民政府发布《关于深入推进文化与金融合作的实施意见》，2017 年江苏省文化厅印发《江苏省文化厅"十三五"文化发展规划》的通知，2018 年 11 月 26 日江西省文化和旅游厅印发《关于加快文化强省建设的实施方案》的通知，其内容不再局限于推动金融对文化产业的单方面支持，而是强调金融与文化要融合发展，提出了建立文化金融合作试验区、设立文化产业投资基金、鼓励支持文化企业上市等举措，从完善文化金融合作机制、拓展文化金融合作渠道和优化文化金融合作环境等方面进行了指导。

从整体看，目前我国文化金融政策集中在上海、北京、江苏、天津、福建等地；各地的相关政策贴合自身特点，如浙江、云南、江西等地在制定政策时侧重于旅游业，而上海等地近些年则更加侧重于文化服务中心、产业园区等的建设，安徽、浙江等地均建立特色小镇，推动文化产业与其他产业的融合发展。最近几年，各省份均在促进文化产业与相关产业融合发展、助推乡村振兴、保护知识产权、支持中小微文化企业发展等方面做出努力。

3. 中国文化金融政策统计

从中国文化产业政策库、白鹿智库与各省政府官网中对我国文化金融政策进行收集与整理,结果如表 7 - 2 所示。从数量看,中央政策集中在 2014 年和 2015 年,地方政策以上海、北京、江苏、山东等地较多,宁夏、西藏、新疆等地相对而言较少一些。

表 7 - 2　　　　　　　　文化金融政策数量汇总　　　　　　单位:项

地区	2014 年	2015 年	2016 年	2017 年	2018 年	2019 年	2020 年	合计
中央	13	19	6	9	2	9	2	60
上海	4	10	4	8	13	8	10	57
北京	1	10	15	7	7	11	5	56
江苏	5	8	11	14	6	3	2	49
山东	3	6	6	12	11	4	5	47
天津	0	7	6	12	3	2	5	35
安徽	5	5	6	8	5	1	1	31
四川	2	2	4	4	7	7	3	29
广东	2	7	3	3	6	2	5	28
福建	3	2	1	5	6	6	3	26
江西	0	2	1	10	8	4	1	26
浙江	0	5	4	7	3	3	3	25
海南	2	4	4	5	3	2	4	24
河南	3	3	4	4	7	0	1	22
广西	1	5	2	6	1	5	1	21
河北	0	4	1	6	3	4	2	20
甘肃	1	6	2	1	7	2	1	20
湖南	1	4	3	4	2	3	2	19

续表

地区	2014 年	2015 年	2016 年	2017 年	2018 年	2019 年	2020 年	合计
山西	2	6	4	4	1	0	1	18
吉林	2	7	1	2	4	1	1	18
黑龙江	2	6	3	3	1	1	2	18
贵州	1	4	0	7	3	2	1	18
陕西	0	2	1	4	7	2	1	17
青海	0	5	1	4	3	1	3	17
内蒙古	0	4	3	7	1	0	1	16
云南	0	2	2	3	2	1	5	15
湖北	2	2	1	2	1	2	3	13
重庆	1	4	2	2	3	1	0	13
辽宁	1	3	3	0	4	1	0	12
宁夏	0	1	2	3	0	1	1	8
西藏	2	1	0	0	1	1	0	5
新疆	0	0	1	1	0	0	1	3

资料来源：由笔者整理。

4. 文化金融支持文化产业发展的方式

文化产业结构升级着重在创新，尤其注重文化与科技的融合，然而目前国家与地方政府对金融促进文化科技融合发展的专门性政策不多，大多还是分散在对文化产业发展的各项支持政策中。文化金融对文化产业发展的支持主要通过提供资金与服务、开展合作等方式实现，对相关政策整理分类后可以将其具体分为拓宽融资渠道、创新金融产品、搭建合作平台、设立专项基金、培养相关人才等途径，通过这些途径，文化产业的创新与发展能够得到更好地支持与促进，图 7 - 2 总结了文化金融支持文化产业发展的具体方式。

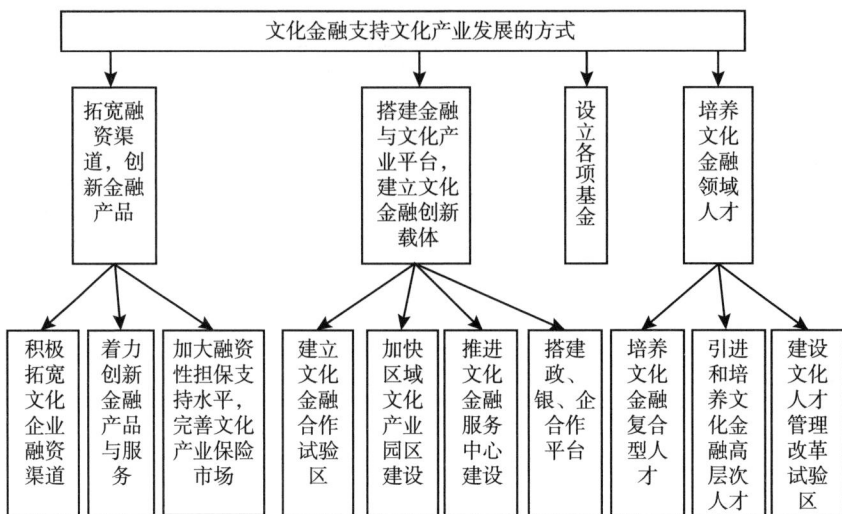

图 7 - 2　文化金融支持文化产业发展的方式

资料来源：由笔者绘制。

（1）拓宽融资渠道，创新金融产品，缓解文化企业融资难的问题。

文化产业融资难、渠道不够丰富与通畅、融资贵等难题一直是制约其发展的重要原因之一，国家及地区在制定文化金融相关政策时，都着重强调要拓宽文化产业的融资渠道，创新金融产品与服务，支持文化产业的发展与转型升级。具体方式如下。

①积极拓宽文化企业融资渠道。

文化部办公厅关于印发《2015 年扶持成长型小微文化企业工作方案》的通知中指出，支持符合条件的文化企业直接融资，进一步扩大文化企业上市融资、并购重组和债券融资规模；大力发展文化产业股权融资。宁波、江苏、湖北、哈尔滨、山东等多地相关政策中均鼓励支持有条件的文化企业上市。

第一，积极支持文化企业通过债券市场融资。推动发行文化类专项债券；推动成长型文化企业通过发行短期融资券、中期票据、中小企业集合票据等企业债务融资工具，多渠道筹措发展资金。大力推广小微文化企业集合债券、集合信托、短期融资券和行业集优债券等。

第二，完善文化产业股权融资机制。发挥风险偏好型投资者支持初创期文化企业融资发展的积极作用，逐步建立以政府资金为引导、民间资本为主体的文化产业创业资本筹集机制和市场化的创业资本运作机制。鼓励符合条件的小微文化企业通过全国中小企业股份转让系统和区域性股权交易市场进行股权融资。据中国经济网统计，2010 年和 2011 年分别有 1 家文化企业挂牌；2012 年新增 3 家；2013 年增加了 7 家；2014 年数量猛增，一年内 30 家文化企业成功挂牌；2015 年内挂牌新三板的文化企业数量破百，达到 114 家，截至 2015 年 12 月 29 日，共有 156 家文化企业在新三板挂牌。根据我国首部文化金融蓝皮书《中国文化金融发展报告（2017）》显示，2016 年新三板挂牌的文化类企业激增，约 700 家企业成功挂牌。

第三，探索设立文化产业发展基金。研究设立了由政府引导、市场化运作、多元化投资的文化产业发展基金，募集民间资金，专门投资于文化产业。

第四，鼓励多元资金支持文化产业发展。通过政策引导文化企业通过信托理财、融资租赁等方式拓宽融资渠道。一是大力发展融资租赁业务。对于设备投入大的文化企业，支持银行业金融机构与融资租赁公司加强合作，通过直接融资租赁、售后回租等方式满足企业设备购置的各项融资需求。发挥人民银行融资租赁登记公示系统作用，提高租赁物登记公信力和取回效率，为发展文化产业融资租赁业务创造了良好外部环境。二是发展供应链融资。开展对上下游企业的供应链融资，支持企业开展并购融资，促进了产业链整合。三是发展权利质押融资，拓宽文化企业贷款质押物的范围。对于具有稳定物流和现金流的企业，发放应收账款质押、仓单质押贷款；建立文化企业无形资产评估体系，大力推广知识产权质押贷款；开展专利权、著作权以及经过评估的文化资源项目、销售合同、门票等现金流量为保证的未来收益权质押贷款，逐步扩大收益权质押贷款的适用范围。四是建设文化类小额贷款公司。充分发挥小额贷款公司"小额、灵活、方便、快捷、关怀"的经营特色，引导社会资本支持中小文化企业和文化项目。五是拓宽社会资本进入文化领域的范围，放宽文化市场准入条件，为社会资本进入文化领域提供了公平机会。

第五，支持文化企业开展跨境投融资。开发推广适合对外文化贸易特点的金融产品及服务，鼓励文化企业利用内保外贷、外保内贷等方式开展境内外双向融资。支持文化企业海外并购、境外投资，推进文化贸易投资的外汇管理和结算便利化，完善金融机构为境外文化企业提供融资的规定，探索个人资产抵质押等对外担保的模式，提高文化企业外汇资金使用效率，防范汇率风险。

②着力创新金融产品与服务。

除了获取资金的渠道，各金融机构提供的产品与服务对于产业的发展也相当重要。2019年8月13日科技部、中央宣传部等六大部门联合制定印发了《关于促进文化和科技深度融合的指导意见》，意见鼓励并支持金融机构以及相关中介服务机构开发针对文化科技企业的投融资产品、风险控制技术、数据库等，推动文化科技金融工具的创新发展。通过对金融产品与服务的创新，文化产业的转型升级发展能够得到更有针对性的支持。对文化产业信贷产品以及贷款模式的创新，针对文化企业提供的各项服务，使得文化企业在各个阶段获取资金更加畅通与多样化，也有利于文化企业创新发展。

第一，创新文化产业信贷产品。根据2009年制定的《文化部文化产业投资指导目录》，对纳入"鼓励类"的文化产业项目，各金融机构优先予以信贷支持，对"限制类"的文化产业项目从严审查和审批贷款，营造良好的文化产业发展的政策环境。金融机构根据文化企业的生命周期、贷款需求等文化消费特点，开发设计个性化、专业化、灵活多样的信贷产品。如中国银行南京、浙江等各地分行针对影视文化类中小企业，专门设计了为其提供流动资金贷款的短期授信产品"影视通宝"；江西推出"科贷通"业务与"文企贷"信贷产品，加大了对文化产业的信贷支持力度。

第二，探索适合文化产业项目的多种贷款模式。对于文化产业示范园区、重大文化产业项目等文化产业的重点发展领域和重要项目，全国性银行分支机构通过银团贷款、联合贷款、同业合作等方式重点给予资金支持，并积极争取上级银行直贷或直接申请单列规模。对处于产业集群或产业链中的中小文化企业，各金融机构通过联保联贷等方式提供金融支持。

第三，对有条件上市的文化企业，提供各项服务。加强与地方政府相关部门的沟通协调，开展对文化企业利用金融工具筹资的宣传和培训工作，支持、引导处于成熟期、经营较为稳定的文化企业上市融资。推动证券机构配备熟悉文化产业领域的投行人员，加强对适合上市融资文化企业的筛选和储备。建立拟上市文化企业资源库，加强对拟上市企业的政策支持和改制辅导，推动符合条件的文化企业在主板和创业板上市。

第四，提供各种工具相融合的"一揽子"金融服务助力文化产业发展。鼓励银行业金融机构与非银行金融机构加强合作，综合利用多种金融业务和金融产品，推出信贷、债券、信托、基金、保险等多种工具相融合的一揽子金融服务，做好文化企业从初创期到成熟期各发展阶段的融资方式衔接。

③加大融资性担保支持水平，完善文化产业保险市场。

金融对文化产业提供融资支持的另一个主要方面是风险分担与补偿。国家和各地政府颁布各项政策，通过建立补充担保机制以及风险分担与补偿机制，创新保险产品与服务，使得文化产业保险市场更加完善，更加有利于文化企业开展各项贷款活动，为文化产业的创新发展提供了助力。

第一，逐步建立文化企业信贷担保机制，完善信贷管理机制。在政府的引导下，社会资本、金融中介等积极参与，构建了多元化的投资参与、多类型经营形式并存的融资担保体系，提高了对文化企业融资担保的力度。一是加强政府引导，鼓励文化企业以行业协会、商会、市场、园区等为主体，成立小微企业互助基金，为成员企业提供贷款担保。二是推广中小文化企业贷款保证保险、贷款担保责任保险等新型保险产品，为文化企业提供贷款保障。三是完善文化贷款利率定价机制和风险管理机制，针对文化企业或文化项目的资金流特点和风险特征，实施差别化定价，合理确定贷款期限和还贷方式。四是鼓励银行业金融机构建立和完善针对文化企业或文化项目融资的信用评级制度，充分借鉴外部评级报告，提升对文化企业或文化项目贷款的信用评级效率。

第二，不断地完善贷款风险分担和补偿机制。鼓励各类担保机构为文化产业提供融资担保，通过再担保、联合担保以及担保与保险相结合等方式多渠道分散风险。鼓励有条件的地区成立文化企业融资担保基金或国家级园区专项担保基金，对担保贷款给予一定的保费补贴和损失代偿。推动各地设立风险缓释资金，促进中小微文化企业在直接债务融资发行方面取得突破。如 2020 年 2 月 22 日，北京市文化改革和发展领导小组办公室发布《北京市文化产业"投贷奖"风险补偿资金管理办法（试行）》，对在"投贷奖"平台上开展的文化企业融资业务进行补偿，重点支持针对小微文化企业的信用贷款及基于无形资产的金融业务。

第三，创新保险产品和服务方式。一是支持保险机构开展针对大型会展、演艺活动的公众责任保险，开展艺术品、影视、动漫游戏等文化艺术产品综合保险。探索开发以出版权、著作权、专利权、商标权等无形资产为标的的保险产品。鼓励保险机构提供融资增信、信用增级服务，有效解决文化企业可供抵押的担保物较少、无形资产评估难等问题。二是对重点扶持的文化企业和文化产业项目，保险机构提供承保、理赔"绿色通道"，对信誉好、风险低的文化企业和文化产业项目，在国家有关规定范围内给予适当的费率优惠；开展文化企业的"信贷 + 保险"业务，提高保险在文化产业中的覆盖面和渗透度，有效分散文化产业的项目运作风险。三是鼓励保险机构为文化企业制订"一揽子"保险计划，提供"一站式"服务，逐步建立文化产业保险市场运行机制和制度。四是建立文化产业保险风险数据库，按照收益覆盖风险的原则合理确定保险费率。

（2）搭建金融与文化产业平台，建立文化金融创新载体。

通过建立文化金融合作试验区与文化产业园区搭建金融与文化产业的合作平台，为文化金融创新提供载体，进一步加强文化与金融之间的合作，促进文化企业的创新发展。通过建设文化金融服务中心与政企银合作平台，为文化金融的合作提供一定的支持与保障。

①以试点建立文化金融合作试验区为基础，推动文化产业发展。

开展文化金融合作试验区省级试点。政策要求根据各地文化金融的发展水平和需求，选择合适的地区开展省级文化金融合作试验区建设先行试点。在省级试验区内，引导金融机构、文化企业聚集形成区域优质资源集中优势，健全区域文化产业投融资体系和文化金融公共服务体系，完善文化金融合作创新机制和政策环境，形成可复制、可推广的有效做法和成功经验。在此基础上，创建国家级文化金融合作试验区。北京、江苏等地纷纷在省内选拔设立文化金融合作试验区，2019 年 4 月 17 日，全国首家文化与金融合作试验园在广州挂牌。

②以加快区域文化产业园区建设为基石，引导文化产业发展。

加快区域文化产业园区建设，通过园区的虹吸效应、示范效应、专业效应助推文化产业的发展。向企业提供开户、结算、融资、理财、咨询、现金管理、国际业务等系统化金融服务。发挥园区先行先试优势，加快构建文化与金融结合的政策体系，大力开展各类金融创新实践活动。根据 2019 年《文化发展统计公报》统计，截至 2018 年底，全国共有 1 个国家文化产业创新实验区，1 个国家动漫产业园，10 个国家级文化产业示范园区，10 个国家级文化产业试验园区和 335 个国家文化产业示范基地。

③推进文化金融服务中心建设，保障文化产业发展。

推进文化金融服务中心建设。通过财政注资引导、鼓励金融资本依法参与等方式，建立服务文化企业的投融资平台。搭建集融资、信息、培训、招商协作、成果展示等为一体的功能平台，整合银行、创投、保险、担保、信托、小额贷款公司以及文化产权交易所等机构资源，形成一站式全方位金融服务链，针对文化企业不同发展阶段，提供差别化融资和交易服务。适当放宽准入条件，推动风险投资基金、股权投资基金与文化企业对接。2018 年 8 月 28 日，北京市首个文化金融服务中心正式投入使用，为文创企业提供文创普惠贷、蜂鸟贷、创业快贷、银担通、税易贷等 30 余种特色金融服务产品，给文创企业提供一站式的金融服务。

④搭建政银企合作平台，促进文化产业发展。

搭建政、银、企合作平台。政策要求各金融机构要畅通政、银、企交流渠道，通过联合举办银企洽谈会、融资推进会等多种形式，加强文化项目和金融产品的宣传、推介，积极主动促进银行与企业和项目融资对接。

（3）设立各项基金，发挥财务杠杆的作用。

国家不断加大财政对文化金融合作的扶持力度，支持文化企业在项目实施中更多地运用金融资本，实现财政政策、产业政策与文化企业需求的有机衔接。充分发挥财政政策的引导和带动作用，完善和落实信贷贴息、保费补贴等政策措施，此外，部分有条件的地区还对文化企业融资担保和保险费用进行补贴，促使增信机构与金融机构密切合作，进一步形成费率利率联动机制，降低文化企业融资成本。

（4）培养文化金融领域人才。

文化金融领域人才对相关计划的制定、实施、监督与改进促进文化产业的升级发展，因此国家和地方制定一系列的政策来保障人才的供给，如引进和培养文化金融复合型人才与高层次人才，建立文化人才管理改革试验区等。

第一，培养文化金融复合型人才。

将文化金融人才纳入"五个一批"人才培养计划，鼓励高等院校加快建设与文化金融相关的重点专业和学科，鼓励文化系统、金融机构、高等院校和文化企业联合建设文化金融人才培养基地，加强金融机构对文化产业的产品设计、专业分析和风险管理能力，提升文化系统、文化企业利用金融市场和金融工具的能力。充分发挥文化国有资产监督管理委员会的职能作用，加强对文化经营管理及文化金融专业人才的培养。

第二，大力引进和培养文化金融领域高层次人才。

国家和地方制定优惠政策措施，吸引财经、金融等领域的优秀人才进入文化产业领域，加快海外文化金融高端人才引进。同时，鼓励大型金融机构引进和培养文化金融产品开发、定价、风险管理等领域的高级经济学家、风险评估及预测专家、高级金融分析家等高层次人才，针对文化创意产业的发展特点，培养一批基金管理、风险管理、市场开发、保险精算、投行业务、高级财务等方面的急需紧缺人才，为产业发展提供智力支撑。

第三，建设文化人才管理改革试验区。

以创新文化金融人才发展体制机制为着力点和突破口，依托综合收入过百亿元、超千亿元的文化金融试验区、文化产业功能区，率先探索促进文化人才全面发展的有效措施，打造文化人才管理改革试验区，引领文化创新。

7.3.2　文化金融政策促进文化产业结构升级的机制分析

为了指引与加快文化产业的长期有序发展，政府以市场经济模式为基础，制定并且执行文化金融政策（郑敏和周小华，2014）。基于文化产业区别于传统产业的独特性，文化金融政策在引导和规范产业发展，促使产业转型升级的同时，引进前沿的管理方法、成熟的市场体系和全新的经营理念。

文化金融政策的信号引导效应、杠杆效应和成本效应影响了文化产业的结构升级。

第一，文化金融政策具有信号引导效应。文化金融政策的信号引导效应是指，政策本身向市场传递国家重点发展产业的战略方向和未来政策变动倾向的信号，从而为企业带来"认证效应"和"光环效应"（郭晓丹和何文韬，2011），降低金融机构和社会投资者在信息不对称情况下选择项目的难度，从而提高其投资可能性，引导资本流向。信贷配给理论认为由于信息不对称、委托代理问题的存在使得信贷的供给和需求存在不均衡，在政府文化金融政策的隐性担保下，能够帮助文化企业获得较高的信用担保预期，进而帮助文化企业解决产业结构升级过程中的融资约束困境。

在引导国外资本流向方面，文化金融政策能够吸引国外资本的流入，为出版、影视、旅游等文化产业的发展提供金融服务。文化企业因其意识形态的自有属性受到国家管控，国外资本投资文化产业仍会受到一定的约束（徐鹏程，2016）。但伴随国家文化产业战略发展目标的转变，《国务院关于非公有资本进入文化产业的若干决定》等政策相继出台，旨在不影响国家文化安全的前提下，减少国外资本投资文化产业的阻碍，支持国外资本以合作等多种方式进入文化产业。河南省早于2005 年起便启动实施了文化产业"910111"工程和文化产业项目年活动，将新西兰商会与开封市政府合作的朱仙镇文化产业园、美国摩根世界基金与河南长期置业合作的荥阳世界茶坛等项目引入国内（李艳燕，2013），极大地促进了当地文化产业发展。

在引导国内资本流向方面，文化金融政策能够引导银行等金融机构推出具有文化产业特色的金融产品，结合产业特征改进贷款审批、知识产权质押等业务的手续，提升对于文化产业的支持力度，缓解文化企业融资难题，从而促使其利用资金进行研发，提升产品科技含量，推动文化产业结构升级。

第二，文化金融政策具有杠杆撬动效应。文化金融政策的杠杆撬动效应是指在其他条件不变的情况下，财政对于文化企业投向的结构性变化，所产生降低或放大的吸引社会资本的效用。文化金融政策通过风险补偿、税收优惠、担保业务补助等增信方式鼓励和引导银行业金融机构加大对文化企业的信贷支持力度，激发其支持文化企业的积极性，文化金融政策将会提高文化企业获得贷款的可能性（吴宇等，2014），并可能以此为契机进一步发展风险补偿基金，减少银行等金融机构的投资风险，吸引资本流入，从而发挥财政杠杆作用。具体来讲，财政担保模式、财政引导模式与基金化运作模式在文化企业的应用可以增强财政杠杆效应。在财政担保模式下，增信支持与金融产品的融合能够发挥政府资金的市场作用。在财政引导模式下，政府的股权投资跟投行为可以提振金融机构的信心。在基金化运作模式下，管理体系更加细化，公众的文化创新更容易得到支持，有助于发掘创新人才，推动文化产业发展（王家新，2013）。

第三，文化金融政策的成本节约效应。成本节约效应是指根据交易成本理论，适度的政府干预能够降低交易成本（王战营，2010）。文化产业金融政策可以加强知识产权保护，完善价值评估流程，增加中介机构对文化产业的关注，借助互联网技术打造文化产业信息平台，保障文化企业得到较好的金融服务（李忠峰，2014）。信息平台的应用可以减缓信息不对称的影响，减少文化企业与金融机构之间的信息沟通成本，保障合适的交易价格。

通过发挥文化金融政策的信号引导效应、杠杆撬动效应和成本节约效应，拓宽文化企业的融资渠道、扩大融资规模、降低融资成本，加快文化产业投融资体系的建立。在融资需求得到满足的前提下，文化企业通过创新要素的整合和创新效率的提升两条路径加大文化产品创新，推动文化产业结构升级。

一方面，在文化金融政策的支持下，文化企业通过整合创新资源推动文化产业结构升级。资源基础理论认为，企业是一系列资源的组合（Barney，1991），创新资源要素的获取是企业创新的前提基础（黄苹和蔡火娣，2020）。文化金融政策能够促进金融体系的搭建，缓解文化企业融资约束，整合人才和技术资源。

金融资本的获取有利于企业吸纳高科技人才，释放人力资本价值。研发团队的创新动力与实力影响到企业的创新水平，充足的资金可以激发研发团队的创新动力。此外，文化金融政策能够降低企业融资成本，减少创新引起的资金风险，从而减少管理层的决策压力，发挥人力资本要素的效用，提升企业创新能力（段海艳，2016）。

金融资本的增加会促进研发投入的增加，有利于专利产出的增长，进而对企业技术创新水平提升产生积极的作用（范红忠，2007）。此外，完备金融体系的构建可以缓解信息不对称，降低企业的融资难度，促使企业借助外部融资实现创新研发（张倩肖和冯雷，2019）。而金融产品的创新，能够增加投资者信心，吸引资金投入文化企业，减少资金不足的风险，引导技术创新。人才资源和技术资源的有效整合，改变现有文化产品，提高了其技术含量，推动了文化产业结构升级。

另一方面，在文化金融政策的支持下，文化企业通过创新效率提升促进文化产业结构升级。企业创新具有很高的不确定性，主要表现为投入规模大、研发周期长、研究成果稳定性弱等特点，创新的不确定性限制了企业创新的积极性。在文化金融政策的扶持下，文化企业能够在资本市场上获得所需要的资金，通过并购的方式克服创新的不确定性，缩短研发周期，抓住市场机遇，塑造企业的核心竞争力（Buckley et al.，2011）。此外，企业创新具有高风险性，前期研究阶段的技术风险以及后期成果转化阶段的市场风险使企业创新的积极性降低，而文化金融政策中的税收优惠和政府补助条例，向文化企业完成了收入的实质性让渡，降低创新成本，进而提升文化企业的创新效率。文化产品具有正外部性及公共性特征，新研发产品在被公开后会引起竞争对手追随，因而提高了其创新成本。同时，创新产品的正外部性导致创新企业最终只得到创新产品收益的少数部分，剩余部分归属公共社会收益及被同行业其他公司掠取。所以，公司的创新积极性大打折扣，基于"市场失灵"理论，文化金融政策中的税收优惠和政府补助政策会提升高新技术公司的创新效率（常青青，2020）。

综上所述，文化金融政策推动文化产业结构升级的路径如图 7 - 3 所示。

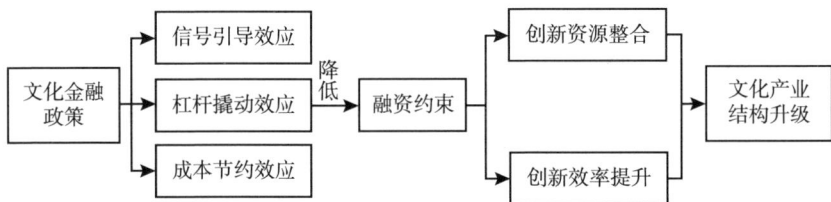

图 7 - 3　文化金融政策推动文化产业结构升级的路径
资料来源：由笔者绘制。

7.4　企业金融资本推动文化产业结构升级的实现路径

党的十八大报告提出要"促进文化和科技融合，发展新型文化业态"。在创新驱动战略下，文化产业在成长过程中应当融入先进科技，实现产业结构调整（孙国锋和唐丹丹，2019）。随着社会发展，文化企业生产方式在科技进步的推动下发生了深刻的变革，众多文化企业正在尝试"文化＋科技"，将大数据、云计算、区块链、5G、VR 等先进技术与传统文化产品相结合，从而实现文化产业结构升级。而文化企业的技术创新在很大程度上依赖于企业获得外部融资的多少。换言之，文化企业及其所在行业融资约束的强弱能够通过对企业和行业的自主创新活动发挥作用，进而对产业结构产生影响（丁一兵等，2014）。

文化企业的行为决策会受到融资约束的影响，严重的融资约束不利于企业的科技创新活动。MM 理论认为，在成熟的资本市场中，资本是完全流通的，不会阻碍企业的投资活动。然而，在现实的经济生活中，并不存在完美的资本市场，企业的投资行为势必会受到外部融资的影响，严重的外部融资约束会限制投资活动，在我国的资本市场中这种现象较为常见。企业的创新投资也是投资类型中的一种，外部融资和金融资本自然也会对企业的创新活动产生影响。

纵观历史改革实践，产业结构升级与技术创新离不开金融资本的强有力支持（聂高辉等，2018）。文化企业的资金来源主要包括内部融资和外部融资两个渠道，内部融资的增加主要来源于企业自身的资本积累，而外部融资的增加则取决于企业的外部融资约束程度。严重的外部融资约束是文化企业面临的现实困境，因此大多数文化企业只能选择通过内部融资从事创新研发活动。如果研发活动的资金主要来源于企业内部，那么研发活动的高额投入势必会造成企业内部资金的减少与流动性下降，甚至阻碍主业发展，因此企业可能并不倾向于进行技术研发。如果融资难题能够得到缓解，充足的金融资本将可以保障文化企业在正常经营的同时参与科技创新，努力提升现有文化产品中的科技含量，研发高端文化产品，改变现有产业结构，进而推动文化产业结构升级。本章将沿着"金融资本→科技创新→文化产业结构升级"这一脉络具体分析金融资本如何促进文化产业结构升级。

关于金融资本与企业创新活动的关系，国内外的观点大体相同。金德尔伯格和查尔斯（Kindleberger and Charles，1974）提出良好的金融环境有利于科技创新。多位其他学者也得出了相似的结论。本章认为，在文化企业内部，金融资本主要可以通过提升文化企业创新意愿、提升创新能力、增加企业内高端人才的比例等多条渠道驱动文化企业参与科技创新，进而实现产业结构升级。

首先，金融资本可以弥补文化企业在文化与科技融合过程中面临的资金"缺口",提升文化企业科技研发能力。企业创新行为会消耗较多资金,内部资金的短缺与外部融资的限制会阻碍创新行为(周煜皓,2017)。5G、AI、区块链等技术于近年兴起,产业化尚没有形成完整成熟的模式,文化企业将高新技术应用于传统文化产品势必需要投入大量资金,仅仅依靠内部金融资本,可能无力承担这样高投入的研发活动。此外,充足的现金流是企业进行创新的前提(Hansen and Birkinshaw,2007),对很多企业而言,如果仅仅依靠内部资金开展研发活动,势必会造成企业的现金持有量减少、流动性下降,不利于企业经营活动的发展,因而难以顺利实现技术创新。外部金融资本直接增加了企业经营活动可用的现金流量,可以在客观上促进文化企业的创新活动。通过外部金融资本提供额外的现金流,可以稳定推进文化企业的创新进度。尤其是现阶段我国文化企业规模普遍偏小,无法仅依靠内部融资支持持续的研发活动,必须要通过外部金融资本提供充足的资源,推动企业"文化+科技"的顺利发展。

其次,金融资本有助于提升文化企业的创新意愿。这一影响路径主要可以分为两个方面:充足的金融资本使文化企业免受"企业生存威胁"的影响,进而提升创新意愿;金融资本也可以提升文化企业的风险承担能力,使文化企业愿意承担风险去开展创新活动。我国的文化企业规模普遍偏小,且上市的文化企业数量很少,大部分文化企业都处于企业生命周期的导入期阶段,面临"求生存"的挑战。根据"生存威胁刚性"理论,当企业面临生存威胁时,会更加关注自身短期的运营能力,先使企业生存下去。创新活动本身需要高额的资金投入,需要承担较大的失败风险,当企业面临较高的融资约束时,企业的资金供求难以得到适度平衡,从而会相应降低创新投入(季良玉,2018)。此外,严重的外部融资约束会降低企业的风险承担能力(何威风等,2018)。高度的产出不确定性是创新活动的一个关键特征(Hall,2002),科技创新项目需要的周期长,且失败的风险较大,创新活动对于失败需要有更高的容许度(周铭山和张倩倩,2016)。文化企业进行技术创新面临着很大的风险,如果企业的风险承担能力较弱,就会倾向于规避创新活动。外部金融资本可以缓解文化企业的融资约束,进而提高企业的风险承担能力，促使企业有更大的意愿参与创新活动，积极跟随技术的发展改进文化产品，推动产业结构升级。

最后，金融资本有助于增加文化企业中科技人员的比例，通过金融资本带动人力资本进行创新资源配置，进而促进产业结构升级。人才是发展文化产业的决定性因素之一，文化产业是以人力资源创造高附加值的现代服务业，在多个核心要素中，人才至关重要。高科技人才能够利用他们掌握的专业知识进行创造性的劳动，提出新的理论和新的解决方法，并转化为新的生产力，推动文化产业结构升级（周城雄，2014）。创新人才属于高成本资源，文化企业需要花费大量资金去挖掘和培养高端人才，也需要给予足够的激励减少人才的流失。文化企业的高端创新人才可以直接推动企业的研发创新活动，在金融资本的支持下，文化企业有充足的资源保持企业内高端人才的比例，通过对人才的培养，从创意端、技术端改进企业现有的文化产品，提高产品科技含量。

综上所述，对于文化企业而言，金融资本可以通过以上三条路径加速研发进程，实现科技的应用。从宏观层面看，借助科技创新活动，文化企业可以将科技渗透到传统文化产业链中，模糊文化产业与科技产业边界，往往会带动新兴文化业态的出现（孙国锋和唐丹丹，2019），改变现有的文化产业结构。从微观层面看，通过科技创新活动，文化企业可以将最新的技术与文化产品结合，将经典文化与现代科技相嫁接，实现企业现有商业模式的颠覆性改变，进而对现有文化产业结构产生影响。具体的作用路径如图 7-4 所示。

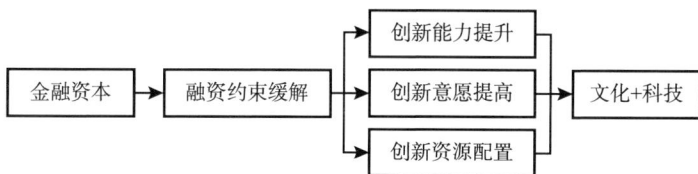

图 7-4　金融资本推动文化产业结构升级的路径

资料来源：由笔者绘制。

7.5 案例分析——北京市"投贷奖"政策和完美世界

7.5.1 政府文化金融政策推动文化产业结构升级——北京市"投贷奖"案例分析

1. 北京市文化创意产业的发展现状

根据北京市人民政府官网资料,北京市文化产业注重科技的应用,重视网络出版、移动娱乐、艺术设计等文化创意产业的成长。北京市有较多自媒体文化创意企业应用了先进科技。在文化产业政策指引下,这些企业更容易获取发展优势。除了金融业,文化产业是北京市最大的产业。在2018年和2019年,北京市规模以上的文化产业收入增长比例分别为5.4%和8.2%,产业发展状况良好。

2. "投贷奖"政策的出台背景

结合文化产业占用资产少,所需创意多的特点,北京市有针对性地搭建信息平台,带动金融资本流入文化产业,减少相关企业面临的信息不对称,促使文化企业有效获得所需资金,从而推动文化产业结构升级。在2017年11月,北京市为了进一步发挥金融业的服务作用、建设文化产业,实施了"投贷奖"政策。[①]

3. 机制举措

具体来说,文化企业从金融机构平台获取资金,而且可以享受利率

---

① 北京市国有文化资产管理中心2021年12月2日发布的关于印发《北京市支持文化金融融合发展资金管理办法》的通知。

优惠，获得速度优势和成本优势。对于顺利获取债权或股权融资的文化企业，政府部门还会向这些企业提供多项资金支持。对于向文化企业提供融资服务的金融机构，也可以得到一定的财务补助。同时，政府部门支持融资平台对企业的信用做出评估。

4. 支持方式

（1）贷款贴息。

贷款贴息是指对文化创意企业从贷款机构处获得信贷资金所发生的利息进行资金支持。通过平台从银行、小额贷款公司等债权类金融机构获得信贷资金的文创企业，评审通过后给予申报企业贷款利息 20%～40%的资金支持，年度最高不超过 500 万元。

（2）融资租赁贴租。

融资租赁贴租是指对文化创意企业从融资租赁机构获得融资资金所发生的租金（包含租息和手续费）进行资金支持。评审通过后给予申报企业融资费用（包含租息和手续费）20%～40%的贴租支持，年度最高不超过 500 万元。

（3）发债融资奖励。

发债融资奖励是指对通过证券公司成功出售相关债券获得资金的文创企业，给予发债融资资金支持。参照票面利息的 40%给予补贴。单家文创企业年度直接融资的利息补贴不超过 50 万元。同一笔直接融资业务的利息补贴不超过三年。

（4）股权融资奖励。

股权融资奖励是指对获得股权融资的文创企业给予资金支持。补助金额与融资额相关，融资额超过 2000 万元时，补助金额最多为 50 万元；此外，在融资额不低于 500 万元时，补助金额最多为 30 万元。

5. 实施效果

（1）宏观层面。

北京市结合政府授权的途径，使文化产业在市场发展中获取较多优势，有利于文化企业的良好成长。另外，考虑到文化企业的特征，北京市的金融机构提供了丰富的产品与专业的服务，发挥了资金的杠杆撬动效应，缓解了文化企业的融资困境。从 2017 年到 2018 年，"投贷奖"政策支持的项目数量从 655 个增加到 699 个，相关金额从 3.70 亿元增长到 4.25 亿元，带来的投资额从 326 亿元提升至 375 亿元，说明政策具有良好的宏观成效。

从融资费用的视角来看，这一政策降低了融资成本。在 2018 年，受到政策支持，多家文化企业享受到了贴息与贴租的优惠。一方面，贴息使平均贷款利率从 5.53% 减至 3.32%；另一方面，贴租使平均利率从 8.16% 减至 4.89%。贴息与贴租均使文化企业享受了接近 50% 的利率支持，改变了融资成本过高的状况。

同时，这一政策也在很大程度上关注了中小企业的发展。在 2018 年，受到政策支持的中小企业合计达到 557 家，占所有类型企业的比例高达 86.09%，说明较多中小企业得到了政策支持。在产权性质方面，非国有企业的占比大约为 91.34%，绝大部分企业为私营企业。在补助金额方面，中小企业总共获得近 21919.83 万元的资金补助，占所有补助金额的比例达到 67.91%，接近全部金额的 2/3，说明中小企业获得的政策补助力度较大，有利于促进中小企业持续发展，保障这些企业员工的就业稳定。

还有，这一政策有利于文化产业实现高质量发展。从 2017 年到 2018 年，在上交所与深交所上市以及在新三板挂牌的企业数量从 113 个增至 170 个，增长幅度达到 19.46%。在 2018 年，在沪深 A 股上市的企业数量为 34 个，在新三板挂牌的企业数量为 136 个，两者之和占所有企业总数的 1/4。另外，这一政策带来的金融平台对接了 10000 多个文化企业，以及 1000 余个金融机构，有效发挥了金融的服务功能，吸引了较多的社会资本。在避免政府直接干预的同时，这一政策有力带动了文化企业的成长。在一年之后，北京市的文化产业贡献了 500 多亿元的税收，其产业增加值也实现了快速的增长，成为关键产业之一。所以，"投贷奖"政策在近年来的实施有效促进了文化产业的持续成长。

（2）微观层面。

"投贷奖"的出台，在微观企业层面起到了重要的作用，对于小微文化企业，可以帮助他们快速获得贷款，缓解融资难的问题，增强小企业进行"文化＋科技"的能力；对于大型文化企业，"投贷奖"通过对符合条件的发债融资和股权融资的企业进行奖励，进一步激发其创新意愿，积极提高文化产品中的科技含量，推进产业结构升级。本章将结合具体的企业阐述"投贷奖"在推动文化产业结构升级中的具体作用。

"投贷奖"融资反应快、额度高，对于小微文化企业的研发创新活动起到了扶助作用。例如，北京维予传播有限责任公司创办不足两年，主要进行创意影视的制作，而且对创新的需求较高。但是由于企业规模小，成立时间短，且缺乏抵押实物资产，因此在银行信贷方面受到很大的信贷歧视，融资约束严重，难以满足支撑企业创新发展的资金需求。"融资难、融资贵、融资慢"是阻碍北京维予传播快速发展的痛点。"投贷奖"政策的出台有效帮助北京维予传播突破了融资困境，快速获得了银行贷款。2017 年 9 月初，北京维予传播的负责人孔祥亮通过北京"投贷奖"体系下设的北京市文创金融服务网络平台上反映了融资需求，相关金融机构较快进行了回复与相关调查。不出一月，公司便取到 50 万元的资金。在"投贷奖"的支持下，北京维予传播快速获得了银行贷款，得以继续发展和从事创新活动。

"投贷奖"除了加快银行信贷融资外，也可以通过撮合资本机构的对接，帮助文化企业获得股权融资。北京陶冶正和旅游文化有限公司主要提供室外体育场所服务，随着企业规模的扩张，其迫切需要金融资本的助力，但是企业通过 IPO 上市融资还具有较大的困难。在"投贷奖"政策发布后，企业在金融服务平台上公开融资需求，在平台的帮助下，企业顺利融到数千万元的资金。充足的外部金融资本助力企业进一步高质量发展，积极发展新的文化业态，打造未来户外运动新生活方式。

上述两个案例通过在微观企业层面的具体分析阐述了"投贷奖"政策在帮助企业获得银行贷款和股权融资方面的重要作用，通过政策的出台，极大地缓解了文化企业的融资困境，帮助文化企业不断创新和发展，进而实现产业结构的整体升级。

"投贷奖"还对融资成功的企业给予奖励，进一步对文化企业进行资金支持，促进其创新活动，如"投贷奖"政策规定了发债融资奖励。文化企业在发行相关债券后，通过得到奖励，又一次激发文化企业发行这些债券的动力，奖励得到的资金也可以进一步加强文化企业参与创新活动的意愿。掌趣科技成立于 2004 年 8 月，并于 2012 年 5 月在创业板上市，相对于中小型文化企业来说具有较强的融资能力，上市以来多次进行定向增发并于 2016 年发行公司债。在"投贷奖"政策下，掌趣科技符合政策奖励范围，企业于 2018 年和 2019 年分别收到北京市国有文化资产监督管理办公室拨付的北京市文化创意产业"投贷奖"支持资金储备项目 50 万元，两年时间共计收到 100 万元的政策奖励资金。对于企业融资的奖励将会进一步激发企业融资的动力，同时资金也可以用于创新研发活动，在金融资本的支持下，掌趣科技近年来积极布局"文化＋科技"，与索尼达成战略合作，启动 VR Project 并同步设立 VR Lab，通过引入优质开发团队、提供资金和技术支持等活动，发掘优秀内容并推进开发。同时，企业也始终自研 VR、AR 游戏，研发的 AR 手机游戏《初音未来》受到了用户的广泛欢迎。企业不断提高现有文化产品中的科技含量，推动产业结构升级。

7.5.2　金融资本推动文化产业结构升级——完美世界案例分析[*]

前文从理论上剖析了金融资本利用、技术创新与文化产业结构升级作用机制，技术创新的主体是微观文化企业，本小节将结合具体的企业案例来深入分析金融资本对企业科技创新活动和结构升级的驱动作用。根据申万行业分类，当前 A 股上市文化企业共有 148 家，但是不同文化企业间存在着较大差异。一些文化企业金融资本充足，积极进行文化科技融合，将大数据、云计算、5G、VR 等与传统文化产品结合，极大地提高了现有文化产品中的科技含量，从技术维度推动了文化产业结构升级；而部分企业则受限于自身实力以及融资约束，其开发的文化产品仍然较为传统，科技含量较小，不利于整个产业的结构升级发展。本小节选取了游戏行业的完美世界，并与电魂网络、冰川网络、吉比特等企业进行对比分析，试图从微观视角探析金融资本在文化产业结构升级中的驱动作用。

---

[*] 案例来源：由笔者根据完美世界的官网公开资料整理而来。

1. 完美世界案例阐述

（1）完美世界概述。

完美世界是国内文化娱乐行业的龙头企业，其经营范围主要包含游戏的研发以及影视的制作发行。完美游戏成立于 2004 年，2007 年于美国纳斯达克上市。2008 年，完美影视成立，并于 2014 年借壳金磊股份在深交所上市，公司更名为完美环球。2015 年 7 月，完美游戏从纳斯达克退市。2016 年 4 月，完美环球通过发行股份购买资产的方式成功获得完美游戏。同年 7 月，完美环球更名为完美世界，逐步奠定其在文化行业的龙头地位。2011～2019 年，完美世界 8 次被认定为中国文化企业 30 强，实力卓越。

中国文娱产业持续发展，相关的行业监管也更加严格，所以产业的运营更加规范，更为注重文化产品的质量与价值。完美世界一直以来的公司发展战略包括精品化战略、国际化战略、多元化战略、技术赋能战略以及多板块联动战略，凭借着卓越的战略规划，完美世界近年来成绩斐然。尤其是在当前中国文化产业结构普遍较为落后的情况下，完美世界逆势向前，始终坚持技术赋能，着力推动文化与科技融合，以科技为引擎，优化自身产业结构。站在科技的最前沿，完美世界致力于打造"5G + VR + 云游戏"，带来游戏行业的颠覆式创新。而纵观完美世界的发展历程，金融资本在企业升级的过程中起到了极大的推动作用。

（2）完美世界融资概况。

完美世界于 2014 年借壳上市，从其上市后的外部融资额来看，外部融资约束一直较为宽松，金融资本充足。从直接融资情况看，完美世界进行了三次定向增发，2014 年 12 月进行定向增发融资 22 亿元，2016 年 4 月定向增发融资 120 亿元，2016 年 6 月再次进行定向增发，融资 50 亿元。2014～2020 年，完美世界在资本市场上通过直接融资的方式累计融资超过 190 亿元，极大地增厚了公司实力。而在间接融资方面，截至 2020 年 3 月 31 日短期借款已经达到 14 亿元，长期借款为 1.2 亿元。据统计，完美世界的融资数量在 A 股所有上市文化企业中处于前10%，有较为充足的金融资本予以支持。完美世界直接融资和间接融资详细情况如表 7 - 3 和表 7 - 4 所示。

表 7 - 3 完美世界直接融资概况

公告日期	融资方式	年度	发行价（元）	募资总额（万元）	募资净额（万元）
2016 年 6 月 15 日	定向增发	2016 年	23.53	500000.00	495117.43
2016 年 4 月 27 日	定向增发	2016 年	19.53	1200000.00	1200000.00
2014 年 12 月 18 日	定向增发	2014 年	7.66	220383.56	220383.56

资料来源：完美世界发行股份购买资产并募集配套资金暨关联交易实施情况暨新增股份上市公告书。

表 7 - 4 完美世界间接融资概况

报告期	短期借款（万元）			长期借款（万元）		
	期初	期末	本期增加	期初	期末	本期增加
2020 年 3 月 31 日	113863.95	144207.95	30344.00	22531.67	12237.08	- 10294.59
2019 年 12 月 31 日	127002.32	113863.95	- 13138.37	79374.72	22531.67	- 56843.05
2018 年 12 月 31 日	61790.22	127002.32	65212.10	50000.00	79374.72	29374.72
2017 年 12 月 31 日	44070.70	61790.22	17719.52	203261.85	50000.00	- 153261.85
2016 年 12 月 31 日	30881.21	44070.70	13189.49	64286.28	203261.85	138975.57
2015 年 12 月 31 日	8825.70	30881.21	22055.51	26731.00	64286.28	37555.28

资料来源：完美世界发行股份购买资产并募集配套资金暨关联交易实施情况暨新增股份上市公告书。

（3）完美世界金融资本与技术创新。

5G、AR、VR 等科技不断完善，为游戏行业的成长带来了良好的机遇，打造 VR/AR 游戏以及研发 5G 时代的云游戏是行业未来的发展趋势。伴随着科技的进步，游戏产品可能有更多的升级。但是很多技术兴起时间较短，尤其是 5G 等新兴技术，于 2019 年才开始商用，文化企业对于新兴技术的认知尚不充分，将这些技术与文化产品融合对于文化企业而言具有极大的挑战。在"文化 + 科技"这一新兴领域，需要文化企业投入大量的资源去探索文化科技融合的可能性，经过不断的试错，才可能开发出受市场欢迎的新产品。

对于完美世界而言，其宽松的外部融资环境为企业提供了充足的金融资本，在一定程度上提高了企业的创新意愿，增强了企业技术创新的能力、同时也保障了企业高端人才的供给，促进完美世界持续研发具有科技含量的文化产品，催生新型文化业态，优化产业结构。

宽松的融资环境提高了完美世界不断进行创新、持续推出科技含量较高的文化产品的意愿。完美世界的融资额一直以来在行业中都处于领先地位，这也激发了高管团队的创新意愿，数年来潜心致力于技术研发活动，实现企业不断发展。完美世界的高管团队曾在不同场合多次公开表示过企业希望拥抱技术，推动文化产品与科技融合。根据完美世界官网资料，完美世界控股集团董事长池宇峰表示："未来，在泛娱乐时代，完美世界控股集团将以内容为核心，坚持技术研发，整合全球优质资源，链接文化娱乐细分领域，为用户提供更多精品，不断将中国文化精髓推向全球，促进中外文化交流和文明进步。"完美世界 CEO 萧泓表示："完美世界是一家全球化的文创企业，我们的竞争不仅在国内，也包括国际市场。从全球范围来看，只有积极拥抱新技术，我们才能紧跟时代，持续保持强大的竞争力。"萧泓同时表示："在游戏领域，完美世界目前已经在多款游戏中运用 AR 等新技术，试图让游戏更具现实体验感。而在教育领域，完美世界教育也在产品中融入了许多新技术，希望让下一代尽早接触新技术，适应甚至引领时代潮流。"完美世界高级副总裁兼发言人、完美世界教育董事长王雨蕴同样表示："完美世界一直致力于推动 VR、AI 等新技术的创新应用。"从高管层的公开发言中，可以看出完美世界进行文化科技融合以及技术创新的意愿很强。

外部金融资本也极大地增强了完美世界科技创新的能力。借由外部金融资本助力，完美世界可以每年投入大量的资金进行研发活动，保障企业持续推出 VR、AR 等高科技含量的游戏产品。完美世界自 A 股上市以来，每年均发生高额的研发费用，与同行业规模相似的企业三七互娱、游族网络以及巨人网络对比，完美世界的研发费用始终处于行业领先水平。自 2016 年上市以来企业每年的研发投入均超过 10 亿元，2019 年年报显示完美世界的研发投入更是达到 17.99 亿元，而同行业的三七互娱和巨人网络的研发投入均为 8 亿元左右。作为端游时代的精品研发商，完美世界始终坚持自研产品，投入高额的研发费用为公司的新产品保驾护航，保证公司紧跟行业发展趋势，稳定输出精品游戏。

金融资本也保障了完美世界人才资源的持续供给。我国游戏行业成长迅速，也带动了文化以及互联网产业的成长。较快的发展也带来了人才缺口，游戏行业人才的薪酬有所上升。根据《2017 年中国游戏产业人才薪资调查报告》，该行业的人均月工资在整个文化产业中较高，达到 1 万元。游戏行业的平均高薪酬无疑增加了游戏企业雇佣员工的成本，而由于游戏行业中的高端人才较为稀少，因此企业需要付出更多的资源招徕人才。人才是游戏企业进行研发创新的核心力量，也是企业保持行业领先地位不可或缺的因素。充足的外部金融资本可以使完美世界有能力大规模地雇佣人才进行研发创新活动，保障企业文化科技融合的顺利进行。根据完美世界的年报显示，企业近年来一直在大力引进人才，研发人员总数量以及占比不断上升，2019 年，完美世界研发人数达到 3202 人（见表 7－5），远高于同行业其他企业。此外公司人均研发投入也处于较高水平，说明公司研发人员工资薪酬较高，且用于研发的资源投入也较为可观，有助于吸引优秀游戏研发人才，驱动精品游戏的持续研发。图 7－5 为完美世界及可比公司研发人员数量对比，从图 7－5 中可以看出，完美世界的研发人员数量远远高于其他企业，为研发人员付出的资源必然是企业巨大的成本，金融资本可以保障企业有能力持续进行人才引进。

表 7－5　　　　　　　　　完美世界及可比公司研发概况

项目	2016 年	2017 年	2018 年	2019 年
研发支出合计	1351274826.83	1311305832.89	1413111221.56	1798615725.36
研发支出总额占营业收入比例（%）	21.94	16.54	17.59	22.37
研发人员数量	2490	2563	2823	3202
研发人员数量占比（%）	46.85	51.62	65.65	66.13

资料来源：完美世界财务报表。

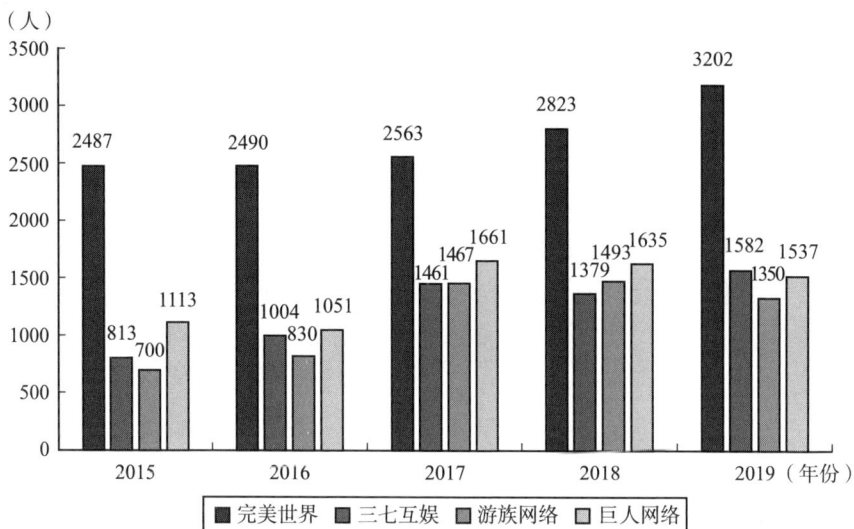

图 7 - 5　完美世界及可比公司研发人员数量

资料来源：由笔者绘制。

综上来看，完美世界在外部金融资本的推动下，其创新意愿、创新能力等都得到了显著的提升。在 5G 的浪潮之下，完美世界迅速推进"5G + VR + 云游戏"战略，用科技为文化企业赋能，取得了一系列成就，引领游戏行业，推动行业变革。在游戏这一领域，完美世界始终致力于提高游戏产品中的科技含量，通过 VR、AR、5G 等技术，为玩家带来更酷炫、更具沉浸式的游戏体验。具体来看，在金融资本的推动下，完美世界的"文化 + 科技"取得了如下成果。

在游戏领域，VR 和 AR 是最为热门的技术。由于 VR、AR 技术当前已经较为成熟，众多游戏企业纷纷布局 VR、AR 游戏。完美世界抢先推出多种"文化 + AR/VR"游戏产品，受到了用户的欢迎。在国内，完美世界是 VR 技术应用游戏的最早实践者，2017 年，完美世界在回归 A 股后推出首款 VR 游戏《深海迷航》，可以让玩家驾驶潜水艇自由探索海底世界，首周升至 Steam 畅销榜第二，好评率 93%，中国区首周销量突破 10 万套，在全球多个平台累计销售超过 523 万套，销量口碑数据表现出色，此后又陆续针对 VR 游戏进行了一系列研发。虽然 VR 与游戏结合在技术层面相对易于实现，但 VR 游戏存在一些固有的缺陷，在使用 VR 设备体验游戏时玩家很容易产生眩晕感，因此完美世界又致力于推动 AR 与游戏的结合，为玩家提供更具体验感的高科技游戏。相比于 VR，AR 将现实场景加入进来，技术难度更大，AR 游戏也更难开发，目前国内少有文化企业能够向市场推出 AR 游戏。

完美世界连续几年都投入高额的费用进行 AR 游戏的研发，成功攻破技术壁垒，陆续向市场推出多款 AR 游戏，受到玩家的欢迎。其中，完美世界推出的《梦间集天鹅座》游戏借助 AR 技术，将玩家的表情体现在虚拟角色中，而且玩家可以使用外部设备来增强体验。完美世界还与一些工厂达成协议，在游戏开发的过程中拓展 AR 的新玩法，进行更多的创新。

5G 时代的到来也为游戏行业带来了新的机遇，5G 的商用带来了更多创新。完美世界较早洞察到 5G 时代的机遇，率先进行了实际应用，《我的起源》游戏便是其中一项创新成果。此外，公司率先将高帧率、高分辨率技术移植到移动游戏领域，发布《新笑傲江湖》及《神雕侠侣2》手游，展现了公司"文化＋科技"的卓越成果。

此外，完美世界也结合 5G 的热潮，开始打造云游戏，强势抢占云游戏市场。依托 5G 网络时代高速率、大容量、低延时的优势，游戏的内容和形式都会产生很大的变革，云游戏的落地将成为现实，玩家可以从云游戏中得到更完美的游戏体验。通过 5G 提供的网络环境，玩家所使用游戏设备的门槛将大大降低，不再需要购买价格昂贵的游戏设备，只需通过云游戏平台便可在 PC 及移动端获得高品质游戏体验。完美世界投入高额费用致力于云游戏的研发，自 2019 年 6 月工信部发放 5G 商用牌照仅仅一年后，公司就与中国电信联合推出了行业标杆性云游戏《新神魔大陆》，在天翼云游戏平台上线。这款游戏应用了先进技术，玩家可以较为便捷地下载使用。凭借 5G 技术与传统游戏产品的完美结合，在上线一周后，这款游戏即成为畅销榜前五，受到玩家的广泛欢迎。

而在云游戏之外，完美世界又正式宣布将在云游戏基础上，进一步拓展开发 VR 云游戏，实现 5G 技术的应用，继续研发新的玩法。完美世界还与谷歌达成合作协议，将市场大力向国外进行扩张，与谷歌合作研究 AR、VR、云游戏。

从完美世界的"文化＋科技"发展历程来看，无论是多款 VR、AR 游戏的研发，还是 5G 技术储备和旗舰级云游戏的推出，都需要投入高额的研发费用不断进行试验，完美世界的研发费用多年来都处于行业领先地位。持续性的费用投入离不开外部金融资本的支持，在金融资本的推动下，完美世界有能力进行创新活动，将新兴技术与传统游戏产品深度结合，催生新文化业态，引领行业发展趋势，推动了文化产业结构升级。

2. 企业对比：电魂网络、冰川网络、吉比特

在游戏行业中，不同企业之间外部融资额存在着较大的差异，部分企业由于没有充足的外部金融资本支持而无法投入高额费用进行科技创新，推动企业文化产品与科技相融合。游戏行业的 A 股上市企业呈现出较为鲜明的对比，头部企业外部金融资本和内源融资充足，研发实力雄厚，能够站在技术的风口，迅速向市场推出 AR 游戏、云游戏等新产品；而部分中小企业外部融资额几乎为 0，企业的游戏产品仍以传统手游和端游为主，尚无实力研发出融合新技术的游戏产品，也无法及时跟随行业发展趋势。

以电魂网络为例，电魂网络是一家主营业务为网络游戏产品的研发、制作和运营的游戏公司，同时也是中国游戏公司中为数不多在国内 A 股主板上市的游戏公司。电魂网络目前主要布局客户端游戏和移动端游戏，研发方向为 H5 游戏、VR 游戏、主机、单机游戏、App 平台、漫画和电竞赛事等。在企业发展过程中，电魂网络也洞察到了行业未来的格局和趋势，意识到了新技术对游戏行业带来的冲击，开始尝试进行文化科技融合，布局 VR 游戏，VR 游戏也是现在电魂网络的主要发展方向之一。但与完美世界不同，电魂网络自上市以来就面临着融资约束的困境，2016 年电魂网络在主板上市，首发融资 8.72 亿元，IPO 之后再未进行过任何外部融资，2019 年企业年报显示短期借款和长期借款均为 0，企业的发展主要靠内部融资支持。单一的融资渠道和外部融资

约束在一定程度上阻碍了企业的技术创新和研发活动。虽然电魂网络是行业内较早进行 VR 游戏开发的企业，但截至 2020 年，电魂网络仅上线了两款 VR 游戏《瞳：祈愿》和《净界之涤》，与行业内的龙头企业相去甚远。同时，由于 AR 游戏在移动端更为灵活，所以顶级企业纷纷选择拥抱 AR 技术，但目前公开资料显示电魂网络尚未在 AR 游戏领域有所成果。在 5G 的热潮下，行业内的头部企业也纷纷选择布局云游戏，完美世界抢占先机，已经推出了旗舰级云游戏《新神魔大陆》，而电魂网络目前并未有相关的研发成果。

冰川网络、吉比特等与电魂网络情况相似，同样面临融资困境和研发乏力，难以提高游戏产品中的科技含量。冰川网络自上市以来除首发融资外并未进行直接融资和银行信贷融资，吉比特上市以来仅仅只新增了 4413.97 万元长期借款，它们都面临着严重的外部融资约束，这也阻碍了企业进行文化科技融合，不利于当前的产业结构优化。这些企业对于技术创新及文化科技融合的意愿不强，在冰川网络的深交所互动易投资者问答平台中显示，投资者问及在 5G 时代公司是否有意愿出品一些 AR 游戏时，企业则回复称冰川网络目前并没有 AR 类游戏立项的安排，可以看出冰川网络目前对于进行 AR 技术研发并没有很强的意愿，外部融资约束是重要的原因之一。而吉比特也类似，受限于融资不足，虽然较早开始布局 VR/AR 以及云游戏，但目前产出的成果仍然很少。

完美世界与电魂网络、冰川网络、吉比特等企业在文化科技融合方面存在着鲜明的差异，这一差异固然有企业本身实力不同的原因，但是外部金融资本无疑也是重要的影响因素。电魂网络、冰川网络、吉比特等都受限于外部融资，或者进行文化科技创新的意愿较小，或者没有足够的资金支持企业持续进行研发，延长了技术研发以及成果转化的时间，很难向市场推出新产品。从这一组游戏行业的对比案例可以看出金融资本在推动企业文化科技融合和产业结构升级中的重要作用。

7.6　金融资本推动产业结构升级的保障机制

促进文化产业结构升级一直是我国当前发展的重点，也是加快转变经济发展方式的重要举措。"文化 + 科技"是推动产业结构升级的重要措施，而目前文化产业普遍受到较为严重的融资约束，极大地阻碍了文化企业参与创新活动，也阻碍了文化企业将新兴技术与传统文化产品结合，不利于产业结构的优化和整体发展。外部金融资本的支持可以缓解企业的融资约束，为企业提供充足的资金参与技术创新，进而推动文化产业结构升级。

对于文化产业现阶段的发展而言，无疑应当放松融资约束，支持企业持续提高技术创新投入，从而促进文化产业的升级。在现阶段，应通过增加企业的融资资源渠道和资金来源、发展地区金融市场、推行产业政策等方式缓解企业面临的融资约束，增加外部金融资本的可得性。

第一，改善金融环境与融资流程，降低文化企业获取外部资金的难度。在做好文化产业间接融资的基础上，加强对于直接融资市场的发展，鼓励符合条件的文化企业通过 IPO、再融资、发行债券等途径获取资金。还有，支持金融工具创新，完善融资平台建设。融资环境的改善可以保障文化企业进行创新，有利于实现文化产业结构升级。

第二，推行文化金融政策，引导资金流向文化企业。文化金融政策可以从宏观层面引导资金的流向，缓解文化企业当前面临的融资困境，例如，北京市推行的"投贷奖"，有力地撬动了金融资本投资文化产业。各地区的文化产业发展状况也存在差异，地区政府可以结合当地的现状差异性地推行文化金融政策，为文化企业提供低利率、高效率的贷款服务，对成功获得股权融资、债权融资的文化企业予以奖励，对因技术创新需要资金的文化企业予以支持，改善当前文化产业所面临的融资困境。

第三，完善文化产业信用体系和无形资产评估体系。当前文化产业融资困境的原因在于其"轻资产"的属性产生的评估难、不确定性高的问题，政府部门应当鼓励打造信用平台，支持成立专业的资产评估机构，重视文化产业人才的培育，推动文化产业结构升级。

第 8 章

人力资本与文化产业结构升级

8.1　文化产业中的人力资本

文化产业作为一种知识密集型产业，兼具知识性与经济性。人是产业的经营者与创意的载体，因而人力资本是支撑文化产业发展的重要战略资源。文化产业中的人力资本分为管理人才与创意人才。

8.1.1　管理人才

1. 管理人才的概念

管理人才是指组织中拥有丰富管理知识和管理经验、具有一定职权和责任的从事组织设计、战略规划等管理活动的优秀管理者，他们往往具备较强的组织协调能力和人际沟通能力，深刻了解员工行为及心理，能够制定明确的行动目标，做出清晰规划，通过调动一切可得资源落实组织战略。

除了杰出的企业领导者，如企业的董事长、CEO 等高层管理人员，管理人才还包括负责执行高层决策的优秀中层管理人员以及一线基层管理人员。高层管理人才一般负责企业战略层面的管理，为企业的发展方向掌舵，因此本章主要基于高层管理人才研究其对文化产业结构升级的影响。

2. 管理人才的特征

管理者往往在企业中具有举足轻重的地位，影响着企业的战略规划与决策，在企业中具有与普通员工不同的权力和责任，并通常表现出以下几个方面的特征。

（1）强烈的学习渴望。

管理人才来源于组织的管理实践并服务于实践活动，实践的变化发展决定了管理人才拥有强烈的学习渴望，这种学习热情表现为向先进的同行学习、向高端领域学习、向客户学习等多个方面，为管理人才的改革创新提供有力支撑。

在强烈学习渴望的驱动下，管理人才会对外部进行持续学习，更易于发现企业现阶段存在的问题，不断进行自我批评与自我突破，希望改革现有落后的体制机制与组织弊病。同时，在向先进同行的学习中，管理人才会不断进行创新，寻求企业在技术、产品、服务、市场等领域的差异化和竞争优势，并通过不断地学习强化维持这种优势地位。

（2）极大的人格魅力。

人格魅力是个体的自身气质以及和周围人交往过程中表现出来的特征，管理人才的人格魅力是其情怀、性格以及能力的集中体现，显现于管理人才对组织内外其他个体产生的影响之中。

管理人才的个人情怀特征表现为具有更远大的追求与更宽广的心胸，作为组织的负责人与领导者，管理人才拥有一定的权力，也承担着确定组织发展方向、全面战略部署等职责，是组织问题的解决者，决定了优秀管理人才应拥有长远的视野和追求。此外，管理人才具有极强的亲和力，善于与组织内部成员进行沟通交流，充分尊重与理解企业员工，以此更好地激发员工工作积极性和增强组织凝聚力。

（3）卓越的领导才能。

管理人才的另一重要特征是其具备卓越的领导才能，拥有组织领导权力，可以承担相应职责，推动企业不断成长与发展。

管理人才通过有效的管理对组织内外部的利益相关者产生一定的影响。他们往往更具有远见卓识和统筹规划能力，擅于统筹谋划，在企业整体层面上确定组织发展方向以及组织的短期、中期及长期目标。同时，他们具备良好的沟通交往能力和组织协调能力，负责组织调动系统内外能利用的生产要素，使生产要素发挥效能并取得更高的产出；他们还要及时解决组织出现的问题，通过沟通协调保证组织顺畅运行，降低运行成本。

8.1.2　创意人才概述

1. 创意人才的概念

创意人才是具备创新能力、创新精神和高水平知识，并运用自身创造性思维、创作技能和手段来进行创意生产、策划和经营管理的劳动者。

创意人才是普通人群当中的特殊群体，其特殊性在于其专业度和创新性。经济、科技、文化、艺术等领域均存在创意人才。以文化领域为例，在文化产业中发挥想象力和创造力，通过特殊技能将特有的表达内容转化为新的文化产品和服务的人才即文化产业中的创意人才。

按照不同的标准可对文化产业创意人才做不同的分类。从产业链的环节来看，创意人才大致可分为创意生产者、创意策划者和创意经营者。

2. 创意人才的特征

（1）创造性。

创造性是创意人才最重要的特征。创意人才富有想象力和创造力、具有创新精神，表达并产生源源不断的创意是创意人才实现自我价值的原始动力。

（2）集中性。

集中性指创意人才在某个城市或某个特定区域集聚并形成辐散。该城市或区域通常蕴藏着创意资源、发展契机等吸引创意人才汇集的元素，而创意的集聚和人才的集中有利于实现密度效应、群体效应、邻近效应，为文化创新、科技创新、经济增长等带来一定的优势。

（3）流动性。

由于创意人才的稀缺性、价值性和不可替代性，其选择权和自由度较高，加之创意类工作通常无固定流程，创意人才在企业内和城市间的流动性和弥散性较强。而文化产业庞杂的门类之间既有差异又存在交融与共生关系，为各门类之间创意人才的流动提供了客观可能性。创意人才间的观念分享、相互交流，以及团队化形式的创作，在一定程度上也会带来人际上的流动。

创意人才的流动性也体现在文化产业链条上的创意融合与思维越界，例如，艺术家从事某个创意项目的创作工作时，不仅需要独特的艺术理念，还需考虑到经营管理等市场因素，创意人才的艺术观点与商业理念的融合与碰撞在这一过程中相互流动。

（4）开放性。

人人皆有创造力，由此经验、学历、职位、文化程度的高低并不会成为创意人才发展的限制和障碍。此外，创意人才的开放性也表现为其多视角、全方位看问题的思维方式和对新生事物认识认知的高层次态度，能够突破传统的狭隘眼界和封闭式思维，学习、分析和借鉴不同产业、不同领域的知识，并进行融合性消化吸收和再创新。

8.2 人力资本与文化产业结构升级的关系解析

8.2.1 管理人才驱动文化产业结构升级关系解析

1. 管理人才驱动文化产业结构升级的迫切性

（1）管理人才充足率低、供需矛盾突出，制约文化产业结构升级。

管理人才缺乏是目前文化企业面临的突出困难。一方面，管理人才充足率低，高学历、高层次管理人才稀少且分布失衡。高级管理人才往往集聚于大型文化企业，而中小文化企业中高层次管理人才数量稀少，且往往需要付出高额人力成本。另一方面，管理人才供需结构矛盾突出，具有丰富管理经验的人才供不应求，而"零经验"的应届生就业相对困难。根据前瞻产业研究院发布的《2019 年就业指导蓝皮书》，2018 年第三、第四季度，高级管理、项目管理、物业管理、生产管理及 IT 管理等主要管理岗位的 CIER 指数（市场招聘需求人数/市场求职申请人数）均接近 1（见表 8-1），尤其是高级管理这一职业位于就业景气度最差的十大职业之首，就业景气度欠佳，加剧了文化企业尤其是中小文化企业的人才缺口。高级管理人才的匮乏制约了文化企业内部的发展以及产业结构的优化。

表 8-1　　　2018 年第三、第四季度就业景气度最差的十大职业

职业	2018Q4 CIER 指数	2018Q3 CIER 指数	数值变化
高级管理	1.07	1.39	-0.32
公关/媒介	1.36	1.19	0.17
项目管理/项目协调	1.41	1.39	0.02
销售行政/商务	1.42	1.27	0.15
物业管理	1.45	1.24	0.21
生产管理/运营	1.45	1.35	0.1
信托/担保/拍卖/典当	1.46	1.18	0.28
IT 管理/项目协调	1.55	1.65	-0.1
汽车制造	1.8	2.29	-0.49
环境科学	1.81	1.4	0.41

注：CIER 指数 = 市场招聘需求人数/市场求职申请人数。
资料来源：前瞻产业研究院。

（2）国有文化产业管理人才思维固化陈旧，阻碍文化产业体制升级。

国有文化企业是我国经济社会发展的主要力量，在国民经济中具有

重要地位。国有企业的发展离不开高素质人才的支持，尤其是高层管理者的领导。高层管理人员的思维方式及主观能动性直接关系到国有文化企业的经营管理水平。

结合国有文化企业的发展现状来看，一些国有文化企业高层管理者依旧存在着经济管理理念相对落后的问题，没有建立或完善现代化的企业管理制度，内部管理上仍然存在着管理分工过细以及管理职能交叉等现象；部分国有文化企业仍然固守发展成本较高、投入较大的传统领域，对于技术创新以及人才引进等方面不够重视，不利于国有文化企业的转型升级（宋拥军，2020）。高层管理者对于体制机制改革的保守与迟缓，不利于文化企业增强市场运作能力，进而易导致缺乏创新活力，阻碍文化产业结构升级及竞争力的提升。

（3）国企管理层任命制阻碍管理人才晋升，不利于文化产业价值链攀升。

国有文化企业经由国有经营性事业单位"转企改制"而来，在短时间内并未真正建立起现代化企业制度，董事长、总经理等高级管理人才很多仍由上级主管部门任命，同时体制内"论资排辈"现象依旧存在。一些具有管理能力与创新意识的年轻管理人才由于缺乏上升通道和发展空间，难以在组织内施展自身管理才华，而他们往往更具创新型思维和视野，是推动文化产业内容创新的生力军。此外，具有文化产业从业经验或相关知识技能的管理人员匮乏，部分管理者的知识结构与文化产业的运营和发展规律不相符合，难以对新时代文化产品和文化价值链形成更深入的理解，这进一步阻碍了国有文化企业战略管理、业务管理及文化管理的创新（朱锦霞，2020），不利于文化产业价值链向高端攀升。

2. 管理人才驱动文化产业结构升级的重要性

从价值链升级角度来看，文化产业转型升级表现为逐步由文化产业价值链低端向高端的攀升；从文明形态发展角度来看，文化产业结构升级体现于传统文化产业向现代新兴文化产业的演变（沈继松和胡惠林，2016）。文化产业提供的是文化产品与服务，是以创新为动力、以创意为核心的典型的内容型产业，是以智力资本、高新技术与产业资本为主要驱动要素的创新型产业。文化产业结构升级需要依靠文化产业体制改革以及文化内容的持续创新，增加优质文化产品供给，平衡文化消费供需结构，进而实现文化产业结构升级。

高层管理人员是企业的核心决策层，对企业的发展起着关键作用。管理人才所具有的变革和创新观念等思维特征，所拥有的协调能力、应变能力和合作沟通能力等能力特征，所具备的情怀及精神追求特征是驱动文化产业结构升级的重要推手和有力保障。通过制度创新，可以改变落后的体制机制，推动文化产业的体制升级；通过技术创新与内容创新，可以实现文化产品和服务的更新，进一步驱动文化产业价值链攀升；通过价值塑造，可以推动新兴业态产生和业态融合，实现文化内容提质，促进文化产业供给侧结构性优化。综上所述，管理者的个人特征在推动文化产业结构升级中具有重要作用。除管理者的个人特征外，管理层权力也是管理者的重要属性，影响着产业结构升级。管理者能否在企业中将自己的战略规划顺利推行会受到管理层权力的影响，如果管理者在企业中所拥有的话语权较小，那么很难实现自己的意图，因此管理层权力也是文化产业结构升级的重要影响因素。

8.2.2 创意人才驱动文化产业结构升级关系解析

1. 创意人才驱动文化产业机构升级的迫切性

（1）创意人才总量匮乏制约高端产业集群发展。

《中国文化产业蓝皮书（2014）》数据显示，来自中国的文化产品占据世界市场份额的 19%，表明我国的文化产品加工能力日趋成熟。然而就文化创造力而言，我国从事创意产业的人员比例不到 1‰，其中我国创意产业就业人员大部分是技能型创意执行人员，真正意义上以自主知识产权为根本，通过个人创意、技巧及才华进行文化和财富创造的创意人才则极为匮乏，这不但不能满足我国文化产业的发展需求，更无法发挥创意人才集中性特征带来的邻近效应、密度效应及群体效应。

在 2015 年一项以国家扶持创新力度、企业家精神、创新产业形成和吸引创意人才能力为主要指标的全球创意指数排名中，作为对世界经济增长贡献第一的中国仅排在第 62 位。该指数基于加拿大多伦多大学教授佛罗里达提出的"3T"理论，即有利于创意城市经济发展的"人才（talent）、技术（technology）、包容（tolerance）"三项因素指标，其中我国的人才指数更是仅位列第 87，表现出较大的劣势，由此也可知创意人才的稀缺是目前我国文化产业发展的一块短板。因而，创意人才总量的匮乏将会成为影响我国文化产业发展和产业结构升级的最重要因素，尤其制约着高端产业集群的发展。

（2）创意人才结构失衡影响多元业态融合。

除数量不足外，我国创意人才的构成存在着分布不均衡的问题，主要表现为新兴行业的人才较成熟行业明显处于供不应求的阶段，且随着行业不断发展，该供需矛盾日益加剧；相比于创意执行人员，研发、策划人才则更为短缺。

从产业链或价值链上的分布来看，作为创意原动力、处于产业链前端的创意生产者较为匮乏，而创意策划者这一角色则由普通创意人才充任，创意经营者虽占比不高但分布比例远大于创意生产者，同时作为创意生产者和创意经营者的复合型人才十分稀缺；从学历结构来看，据 2010 年国家统计局公布的我国文化产业数据显示，文化产业从业人员中本科及以上学历占比不到 50%；从技术水平来看，文化产业从业人员中具有中级职称的创意人才占比不足 5%，而高级职称的人才仅占 1.9%；从专业结构来看，尽管许多企业设立了设计、策划、编辑等岗位，但从事这些工作的员工往往只根据领导指令办事，能够有自己的创新并付诸实践的人才甚少，同时拥有创意管理、创意经营和创意技术能力的人才更是凤毛麟角。

以上数据均反映出在我国文化产业发展过程中，创意人才的分布明显失衡。而多业态融合作为文化产业结构升级的重要影响机制，通常经历技术融合、业务与管理融合、市场融合三个阶段，仅有技术融合并不能真正为两个产业带来价值增长，只有进行业务和管理层面的整合，培育新的融合产品，并开辟新的市场，才能实现新的增长。因而，创意人才结构的不尽合理会阻碍培育跨界性质的文化产品或服务，难以激发新的文化消费需求，导致多元业态融合发展缓慢，不利于我国文化产业结构调整升级。

（3）创意人才培养机制缺位阻碍文化产业价值链攀升。

就高校层面创意人才的培养而言，据搜狐网传媒大眼影视测评组提供的资料，目前我国设立创意产业相关专业或成立创意相关研究机构的院校不足百所，其中三成仍处于起步和探索阶段，只有半数高校培养本科生和研究生，并且高端创意人才的培养呈现出明显聚集态势，主要集中在北京电影学院、中国传媒大学、中央戏剧学院、上海戏剧学院这四所院校。这种小基数下的分布不均，以及数量规模和专业设置等培养机制的缺位问题，既不能满足我国文化产业对高端创意人才数量的需求，又抑制了创意的多元化，不利于创意人才质量的提升，导致创意人才无法达到当前我国文化产业发展所需的客观条件。

文化产业价值链是指以文化资源为开端，以创意内容为轴心，增加文化产品或服务的价值，最终满足消费者需求，包括创意策划、产品生产、推广传播、文化消费等环节，涵盖了文化产品或服务，从最初原创设计到最终销售的所有阶段。目前，我国相关院校的专业设置已经涵盖了整个文化产业链，但各个环节的人才数量差距却很大。具体表现为生产加工环节人才过多，创意策划、原创设计和推广营销环节人才严重不足，熟悉价值链所有环节的专业创意人才甚至更少。尽管近年来创意设计环节的人才培养已引起足够重视，但由于传统人才培养模式的影响根深蒂固，现有模式基本上是沿袭历史的一种惯性，因此该领域的人才稀缺未能得到有效改善和扭转。

此外，大多数针对创意人才的社会培训和服务体系并不完善，仍处于建设和发展阶段，作为官方教育补充和辅助的社会培养机制很难发挥重要作用。上述现状均表明，我国目前在培养创意人才上不尽如人意，对于创意人才培养的迫切性和必要性仍存在认知上的不足，在培养什么样的创意人才以及如何培养创意人才等方面，缺乏深入的研究和系统的架构。目前，我国文化产业处于价值链低端，附加值不高，创意人才开发和培养机制不健全将对提升文化产业的发展质量产生一定的负面影响，进而阻碍文化产业向价值链高端攀升。

2. 创意人才驱动文化产业结构升级的重要性

一方面，从文化产业的概念来看，创意人才对文化产业结构升级有着不可小觑的作用。在英语国家，"文化产业"（culture industry）常常被译为"创意产业"（creative industry）、"思想产业"（mind industry）或"意识产业"（consciousness industry）。众多译法表明文化产业是以文化资源为依托，以创意和智慧为核心，高度尊重个人知识产权和创造力的知识密集型产业（胡惠林和单世联，2006）。虽然文化资源存在有限性，但人类的创造力和创意却是无限的，文化资源如果失去创意，就无法体现出其真正价值。创意人才利用自己的智慧理念、知识储备和对外界的感知能力进行创意和生产，在文化产业中赋予产品或服务新的精神内涵，为文化产业发展提供强大的创新驱动力。文化产业的转型升级表现为两种演进方式：从价值链角度来看，在嵌入全球价值链的过程中，其结构演变是从劳动密集型的文化产业价值链低端向资本密集型和知识密集型的文化产业价值链高端不断攀升；从文明形态层面来看，文化产业转型升级表现为我国文化产业逐步从传统文化产业向现代文化产业和新兴文化产业的演变。两种演进方式的共同点即文化产业结构升级是文化产业从低级逐渐向高级推进的循序渐进的螺旋式发展过程（沈继松和胡惠林，2016）。因此，创意人才可以通过创新效应、关联效应、增加文化产品附加值、衍生新兴业态等方面提升我国文化产业的质量，增添文化产业发展的创造性活力与动力，促使文化产业从低级逐渐向高级螺旋式推进发展，驱动文化产业结构优化升级。

另一方面，马克思主义理论、创新理论、内生增长理论等也为创意人才驱动文化产业结构升级的重要性提供了一定的理论基础。

首先，马克思主义理论阐述了"人"在社会发展中的重要地位，尤其是创新型人才对文化产业等现代社会支撑产业的发展具有极大的助推作用。"人"有思想、有生命、有情感、有创造力，区别于任何其他类型的资源，这也证明了"人"对于社会发展的重要性。在文化产业发展中亦是如此，作为生产力中最活跃、最积极的因素，"人"在这一现代社会支撑产业的运行和发展过程中扮演着关键角色。文化产业作为现代社会中的重要的支撑产业，在运行和发展中，将其文化本体作为核心，有效地联结并整合了社会各领域的丰富资源，通过产业运作将其组织成一条完整的产业链，进而发布文化产品或服务。比较不同产业链在资本运作中的作用可以发现：作为一种回报率相对较高的资本，"人"是产业财富增长和生产发展的主要因素，是真正的价值所在。基于智力和知识的创新型人力资本，是产业发展和社会财富快速增长的主要驱动力（曲金华，2013）。

其次，创意人才对文化产业结构升级的重要性在文化产业与创新理论的有机结合中也可见一斑，创意人才带来的创新由于经济利益的驱使会形成模仿趋势，进而升华为一系列可复制、可扩散、可推广的优秀文化创新成果，将创新成果转化为真真切切的产业活动，培育新增长点，驱动文化产业发展升级。创新理论的鼻祖熊彼特的主要观点之一是创新必须能够创造出新的价值，文化内涵与载体的创新即两者有机结合的切入点，也是新时代文化产业发展创新的必然要求、必然趋势和最终结果。熊彼特将创新扩散喻为大规模的"模仿"过程，回望经济发展的历史可知，每项创新都可能带来超额利润，进而使企业创新者或个人创新者取得有利的市场竞争地位；基于此，当新生出一种具有高额经济利益的创新时，社会上各类主体就会产生竞相模仿的趋势，从而扩散并传播了创新带来的高价值，产生了相应的社会效益，推动社会各领域的全面变革与发展。文化产业的创新目标是在资本强大动力的帮助下，以产业的方式适应这种创新扩散的需求，从而使更多优秀的文化创新成果得以复制和传播，促使产业结构更加高度化和合理化，造福人类社会各个方面（魏鹏举和孔少华，2016）。目前正处于以人力资本为主导的知识经济时代，不同于传统行业，以创意为核心的知识和创意密集型企业的文化产业创新尤其需要大量处于核心资源地位的创意人才。创造性、流动性、精神性的特殊之处决定了文化企业的发展和繁荣需要大批人才的高度聚集，尤其需要以创意为主导的复合型人才。文化意味着资本，产业意味着生产结果，而创意代表着独特先进的生产过程，足以可见创意人才在文化产业发展和结构升级中的地位作用。

最后，文化创新与内生增长理论具有内在统一性，文化创新中发挥关键作用的创意创新和知识创新是实现可持续发展的重要路径，而在我国"双创"等背景下，具有上述创新能力的创意人才将成为未来推动文化产业发展以及促进我国经济进一步增长的原生内在动力。内生增长理论认为经济能够不依赖外力推动实现持续增长，内生的技术创新在克服资本收益递减、突破增长瓶颈、保持经济长期增长方面有着显著贡献，因此又被称为内生技术增长理论。内生增长理论强调知识创新的重要性，而文化创新又与知识创新紧密相连。知识是人类在实践中从各个途径认识和感知客观世界的成果，而文化则是由人类发展历史中长期创造形成的产物，是对客观世界感性上的知识与经验的升华，文化范畴中的文学、艺术、教育、科技等领域的创新也都与知识密不可分。从狭义上讲，文化创新本身就是创意创新、知识创新或技术创新。与此同时，强调创意对于经济发展的贡献是文化产业不断升级的体现。国家统计局在《文化及相关产业分类（2012）》中增加了"文化创意和设计服务"。近年来，大众创业、万众创新持续向更大范围、更深程度和更高层次推进，在我国经济步入新常态、人口红利逐渐消失、资源趋紧的大背景下，创新和创意将成为推动文化产业发展与转型升级的基本动力，将为我国未来经济发展注入一股新的力量。因此，创意人才作为文化产业向前发展的核心驱动力，能够为新时代文化产业的发展提供新的认知结构和思维模式，有效促进文化产业的发展和理论创新，推动文化产业结构调整和转型升级。

8.3　人力资本推动文化产业结构升级的实现路径

8.3.1　管理人才推动文化产业结构升级实现路径

1. 管理人才思维特征助力文化产业体制升级

所谓"海日生残夜，江春入旧年"，新事物是孕育于旧事物之中的。实现产业结构升级的重要方面就是对于落后的、不符合时代发展要求和市场需求的传统产业进行调整，破除无效供给，去除低效产能；同时，通过体制机制的创新，为开辟新的增长点、培养新业态、培育新动能等后续创新打造坚实的制度基础，为实现文化产业结构升级提供坚实的根基。管理人才的变革思维和创新思维可以推动文化企业"破旧"和"立新"，实现产业结构升级。

（1）变革思维推动"破旧"。

根据资源禀赋和比较优势战略理论，最优文化产业结构与资源禀赋结构相对应。若企业能够使用相对丰富且低成本的生产要素，获取更大市场竞争优势，则可以积累更多生产剩余，从而推动生产要素从初级逐渐向高级转化（沈继松和胡惠林，2016）。国有文化企业与民营文化企业在资源支配上存在着结构性矛盾：民营企业是促进文化产业转型升级的有生力量，但是资源掌控不足；相反，国有文化企业存在着过度垄断、资源配置效率低下等问题。因此亟须进行体制机制变革，通过深化市场体制改革和所有制结构改革，扫除制约创新的体制机制障碍，激发企业创新动力，有效地推动传统文化产业结构性调整。

在制度创新中，主要可通过以下两个方面实现文化产业结构战略性调整：一方面，推动文化企业所有制结构改革，放宽民营资本进入文化产业，有效促使生产要素向新兴产业流动，为促进文化产业结构转型升级提供重要制度保障；另一方面，推动文化企业市场体制改革，厘清应由政府主导的文化事业和应由市场主导的文化产业之间的关系，推动经营性文化事业单位股份制改革，加快现代企业制度构建，促进文化企业做强做优。

管理人才的变革思维对于所有制结构改革和市场体制改革的影响主要体现在认可度与接受度上。若管理层思维传统保守，对于现有改革和新兴事物的接受度较低，将会继续保持企业现有的体制机制，难以进行制度创新和产业结构调整；反之，若管理层具有积极的变革思维，对于改革的接受度和积极性较高，将会主动突破传统管理观念的桎梏、健全企业管理体制、积极推行企业内部变革，营造更公平的管理环境，对产业结构升级带来明显的正面效应。

（2）创新思维促成"立新"。

将要素驱动变为创新驱动是调结构、促转型的重要抓手。转变发展方式、提高经济增长效率需要制度创新、技术创新、市场创新等一系列创新培育新的增长动力；其中，制度创新是根基，只有企业具有完善的创新机制，才能保证技术创新、市场创新的顺利进行。企业具有一个与现代市场经济发展规律相适应的制度环境，就必然要求企业领导者和管理者具备与时俱进的精神和创新思维。

具有创新思维的管理人才更加了解现代市场经济运行规律和发展方向，更善于引进新人才、使用新技术，对于新的商业模式态度更加包容，更容易开辟新的市场以及开创企业新的组织形式和体制机制，促使企业提高生产效率、提供新的产品和服务（李盘龙，2016）。通过制度创新，可以帮助企业改变落后的体制机制，改变生产要素的组合方式、提高生产要素配置效率，能够驱动文化产业高效率、高速度、高质量增长，从而达到文化产业结构升级的目的。

2. 管理人才能力特征对文化产业链升级的影响

汉布里克和梅森（Hambrick and Mason，1984）提出的高阶理论认为，管理层的认知、经验和价值观等特征会影响战略决策和企业的战略选择，进而影响企业目标的实现。管理人才能力特征是影响其战略决策的重要因素，具体包括创新能力、协调能力、应变能力和合作沟通能力。管理层的这些能力是推动文化企业创新、扩大企业影响力、维持企业长久竞争优势的重要保障，有助于进一步推动文化产业结构升级。

民营文化企业的管理层能力比国有文化企业的管理层能力更能显著促进企业创新绩效的提升。首先，民营文化企业受到的政府干预较少，而国有企业管理者的创新积极性不高，特别是其行政晋升大多依赖于政府行政干预，进一步导致其缺乏创新动力。其次，民营文化企业主要经营目标是实现企业的长期生存和可持续发展，长期竞争优势是管理层关注的重点。然而，在政府引导与干预的影响下，国有企业具有多元化的经营目标，除企业的经济目标之外，更多的是要实现行政目标并承担相应社会责任，使管理层能力分散化；最后，民营文化企业的激励机制与其经济效益挂钩，能够切实有效激励和引导管理者发挥其管理与经营能力，进行更多创新活动，从而提高企业创新绩效。

在产业链上游的创作方面，管理人才应当具有除旧布新的能力，注重研发投入，以敏锐的感知力、丰富的想象力、开阔的思维力寻找竞争蓝海，引领文化企业实现战略转型和技术创新，推出更多新颖的、满足客户需求的价值主张。

在产业链中游的宣传方面，作为企业的领导者和管理者，管理人才往往具备良好的协调能力，能够正确处理企业内外部的各种关系，解决好企业内部部门之间、人员之间的各种矛盾，协调好企业与政府、公众、媒体等外部利益相关者的关系，并利用积累的外部关系，尽可能地为企业创造有利条件，建立有效的外部支持系统，做好文化产品与服务的宣传工作，助力企业扩大自身影响力和市场竞争力。

在产业链下游的消费方面，管理层的应变能力是刺激消费的有效抓手。市场环境、市场信息及顾客需求瞬息万变，因此管理人才应当具备相应的应变能力，不断根据顾客需求风向，调整企业的经营目标和产品策略，以使自身产品更加适应市场变化，提高企业的市场份额。根据客户共生管理理论，企业通过与客户结为"共生链"，在帮助客户获益的同时，可以有效培育顾客黏性和忠诚度，在提高企业利润的同时，促进企业提供更高质量更有效的供给，进而推动文化消费升级和文化产业结构升级。

此外，管理层需要打破产业链边界，通过合作沟通实现企业的多元稳定发展。经济全球化促进企业之间的跨国家、跨区域交流与合作，文化企业要想在世界竞争中立于不败之地，需要管理层具有全球化视野与超强的合作沟通意识。文化企业要想扩大规模只依靠单一产业经营往往难以实现，更多的是依靠并购实现多元化发展，并通过不断延伸产业链长度，拓宽产业链边界，来助力产业升级。

3. 管理人才精神情怀对文化产业内容及业态升级的影响

（1）热忱情怀、企业价值取向与文化产品内容升级。

党的十九大提出，企业家精神是推动国家经济发展的中坚力量。管理人才的精神情怀作为管理者个人特质的重要内容，对于企业价值的塑造和提升具有重要影响，进而影响到企业的经营绩效和产品创新（宋玉禄和陈欣，2020）。文化企业在管理者精神情怀的引领下，可以持续向市场提供高质量文化产品，满足新时代的人民需求，实现产业价值链从低端向高端攀升，推动文化产业结构升级。

（2）奉献精神、企业社会效益与文化业态升级。

文化企业具有经济效益和社会效益双重属性。文化企业在追求实现经济效益的同时，也在追求实现社会效益；尤其是国有企业，承担着参与社会公益事业、增加社会就业等社会责任。具有奉献精神的管理者会更为积极主动地追求社会效益。为了向社会和群众提供更优质的文化产品与服务，文化企业管理人才更倾向于推动文化业态升级。

4. 管理层权力与文化产业结构升级实证分析

除管理者的个人特质之外，管理层的权力也是驱动文化产业结构升级的重要因素，管理者能否在企业内落实自己的决策在很大程度上取决于管理层的权力。

（1）管理层权力文献综述。

关于管理层权力的定义，国外学者芬克尔斯坦（Finkelstein，1992）提出管理层权力是企业管理层实施自己想法和方案的能力，按照其来源可划分为四个维度：组织权力、专家权力、声誉权力以及所有权权力，开创了有关管理层权力的综合衡量指标。贝布丘克（Bebchuk，2002）在委托代理理论和最优契约理论的基础上，进一步提出了管理层权力理论；管理层权力越大，在高管薪酬、投资方案等方面的话语权就越容易获得，从而为寻租创造机会。国内的学术研究中，卢锐是最先研究管理层权力的学者，将管理层权力界定为管理层对企业各项决策产生影响的能力（卢锐，2007）。权小锋等（2010）认为，管理层权力是管理层根据自身意愿对特定控制权以及剩余控制权的影响力。综合来看，当前对于管理层权力的定义较为统一，可以认为管理层权力是管理层对于企业决策及执行的影响力。

关于管理层权力的度量方法，现有文献也进行了广泛的探讨。卢锐（2007）采用高管长期任职、两职合一及股权分散度等指标来测量管理层权力的大小。杨兴全等（2014）采用了董事会规模大小、总经理两职兼任情况、总经理持股、总经理任职时间长短等指标测量。胡明霞（2015）采用了总经理在董事会任职情况、总经理在位时间长短、总经理持股比例大小、总经理是否在外单位兼任其他职务等指标测量管理层权力的大小。张琳等（2018）采用了是否两职合一、任职期限、董事会规模、管理层持股比例、管理层受教育程度、股权集中度等对管理层权力进行测量。通过对文献梳理发现，现有研究基本通过采用企业层面管理者的多个特征来综合衡量管理层权力。

（2）管理层权力与文化企业产业结构升级理论分析。

"高层梯队理论"表明，管理者的个人特征可以影响组织的战略决策（Hambrick and Msaon，1984）。同时在企业运行过程中管理者的行动也会受到权力的影响（李胜楠和牛建波，2014），进而影响企业经营行为与决策。本节认为文化企业管理层权力强度可以通过以下两条途径对产业结构升级产生影响。

第一，管理层权力强度是管理层执行决策意愿能力的反映（白贵玉和徐鹏，2019）。文化企业中管理层的变革思维、能力特征和精神情怀等个体因素会促使管理者作出诸如内部制度革新、推出满足市场需求的高质量文化产品、优化升级文化产业结构等战略决策。但是由于新战略决策与既有的组织惯性不匹配，会使企业面临变革阻力（Gurkov and Settles，2011），管理者希望改变现有落后的制度以及对传统文化产品进行更新时，势必会遇到来自企业内外部利益相关者的阻力，而管理层可以通过其拥有的权力和影响力对此进行克服。高强度管理层权力可以赋予管理者更大的权力来跨越组织变革的阻力（连燕玲和贺小刚，2015），管理层权力越大，越易于被员工信任和服从（白贵玉和徐鹏，

2019)，随着文化企业管理层权力的增大，管理者更易于改变旧有模式，实现自己的战略规划，克服变革阻力，推动文化产业价值链向高端攀升，实现产业结构升级。

第二，管理层权力提升可以增强企业风险承担能力，提升其进行技术创新等高风险活动的积极性，从而通过文化科技融合实现产业结构升级。科技创新可以提高文化产品科技含量，推动文化产业结构战略性调整，是文化产业结构升级的重要途径（沈继松和胡惠林，2016）。然而创新活动存在高度的产出不确定性（季良玉，2018），失败的风险极高。尤其是人工智能、区块链、5G 等技术兴起时间尚短，文化企业将这些新兴技术与现有文化产品融合具有极大的难度，需要承担高风险。管理者权力会对企业风险承担产生影响，基于"行为决策理论"，管理者权力越大，公司风险承担水平越高（李海霞和王振山，2015），管理层权力的提升会强化决策过程中的风险倾向（赵毅等，2016），使管理者更可能进行技术创新等高风险活动。当文化企业的管理者具有较大的权力时，企业更倾向于积极地参与"文化＋科技"等创新活动，以科技创新维度驱动产业结构升级。

综上所述，当管理层权力更大时，管理者更易于在文化企业内部进行战略变革，实现自己的战略规划，也会促进企业的风险承担，增加企业进行技术研发创新的可能性，推动文化产业结构升级，影响路径如图 8 - 1 所示。基于此，提出以下研究假设：

H1：管理层权力对文化产业结构升级具有促进作用。

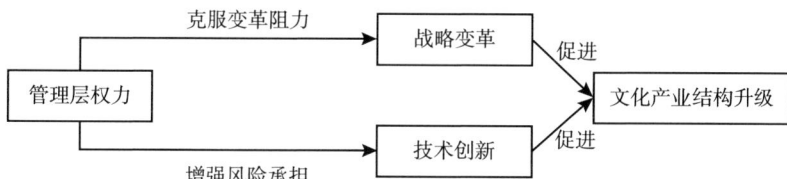

图 8 - 1　管理层权力影响文化产业结构升级机制

资料来源：由笔者绘制。

（3）样本选取和数据来源。

本节按照申万行业分类选取 2007～2019 年沪深 A 股上市文化企业作为研究样本，文化产业科技应用情况和管理层权力数据均通过手工整理和计算获得，其他数据来自 CSMAR 数据库，在剔除了缺失值后，最终得到 870 个研究样本。此外本节对所有连续型变量均进行了缩尾处理以消除极端异常值的影响。

（4）变量定义。

①管理层权力（MP）。参考胡明霞（2015）、权小锋等（2010）和卢锐等（2007）的研究，本节采用是否两职合一、管理层任职时间、管理层持股比例和股权分散度 4 个指标对管理层权力大小进行衡量。

②是否两职合一是指董事长和总经理是否由一人兼任。如果是两职合一则取"1"，否则记为"0"。两职合一意味着企业高管拥有较大的企业控制权和话语权，能够在更大程度上影响董事会的决策和企业战略决策的制定。

③管理层任职时间为公司总经理在其职位上的任职期限，管理层任职时间越长，积累的管理经验越多，对公司内外部经营环境越为了解，对企业的控制力和威权更强。

④管理层持股比例是指管理层持有股份占全部股份的比重。管理层持股比例越高，其所有权越大，权力更高。

⑤股权分散度为第一大股东持股比例除以第二至第十大股东持股比例之和。股权越分散说明公司控制权越不集中，股东对管理层的控制和影响能力更有限，管理层权力相对更大。

管理层权力在对是否两职合一、管理层任职时间、管理层持股比例和股权分散度 4 个指标通过主成分分析计算得到。

（5）产业结构升级。

文化产业结构升级以文化企业科技应用种类（Nt）进行计数，通过分析上市公司的年报，统计企业运用 5G、区块链、人工智能等新兴技术的数量，得到本节的被解释变量；同时设置虚拟变量度量企业是否存在产业结构升级，并通过是否应用科技（Rd）进行衡量，如果文化企业应用了科技，则该变量为 1，否则为 0。

（6）控制变量。

本节选取公司规模（Size）、成长性（Growth）、盈利能力（Roa）、资产负债率（Lev）、董事会规模（Bds）、独董占比（Indep）、研发投入（R&D）、管理层薪酬（Pay）作为控制变量，具体的变量定义参见表8－2。

表8－2　　　　　　　　　　　　变量定义

变量类型	变量名称	变量符号	测量方法
被解释变量	产业结构升级	Nt	选取新技术应用为代理变量。当文化企业分别运用了大数据和云计算、5G、VR&AR、区块链、人工智能技术则取1，否则取0，最后进行加总；同时设置虚拟变量Rd衡量文化企业是否应用科技成果
解释变量	管理层权力	Mp	对是否两职合一、管理层任职时间、管理层持股比例和股权分散度4个指标通过主成分分析计算得到
控制变量	公司规模	Size	企业总资产的自然对数
	成长性	Growth	企业的销售收入增长率
	盈利能力	Roa	企业的总资产收益率
	资产负债率	Lev	企业的资产负债率
	董事会规模	Bds	董事会人数
	独董占比	Indep	独立董事占董事人数的比例
	研发投入	R&D	研发投入占营业收入比重
	两职合一	Dual	总经理和董事长两职合一取1，否则取0
	管理层薪酬	Pay	高管前三名薪酬的对数

资料来源：由笔者整理。

（7）模型设置。

为了验证本节的假设，本节构建了如下的回归模型：

$$Nt_{i,t} = \beta_0 + \beta_1 MP_{i,t} + \sum Controls_{i,t} + \varepsilon$$

（8）实证结果。

表 8 - 3 为各变量的统计性描述结果，被解释变量 Nt 的最小值为 0，最大值为 5，标准差为 1.058，说明上市文化企业之间对于新技术的运用程度不同；Rd 的均值为 0.561，说明文化企业中超过一半都运用了新兴技术；此外，解释变量管理层权力 MP 的极值相差较大，表明对于不同企业来说，其管理层权力水平存在较大差异。

表 8 - 3　　　　　　　　　主要变量描述性统计

变量	N	mean	max	p25	p50	p75	min	sd
Nt	870	0.930	5.000	0.000	1.000	1.000	0.000	1.058
Rd	870	0.561	1.000	0.000	1.000	1.000	0.000	0.497
Mp	870	0.005	2.947	-0.286	0.011	0.364	-1.162	0.508
Size	870	22.010	24.200	21.340	22.020	22.790	18.510	1.053
Growth	870	0.245	4.453	-0.034	0.114	0.334	-0.729	0.664
Roa	870	0.028	0.299	0.025	0.060	0.095	-0.752	0.158
Lev	870	0.363	1.412	0.197	0.319	0.470	0.028	0.231
Bds	870	8.599	16.000	7.000	9.000	9.000	4.000	1.971
Indep	870	0.377	0.600	0.333	0.364	0.429	0.250	0.053
R&D	870	6.594	36.030	1.250	4.030	9.385	0.050	7.318
Pay	870	14.530	16.490	14.130	14.510	14.890	12.950	0.631

资料来源：由笔者整理。

表 8 - 4 为相关性分析，结果显示管理层的权力与产业结构升级两者之间的相关性系数为 0.323，方向为正，并且在 1% 的显著性水平上通过检验，因此根据上述观察结论可以初步推测本节提出的研究假设 H1 成立，文化企业管理层权力越大，越有利于产业结构升级。除此之外，本节所使用的控制变量之间的相关系数均在研究所允许的合理范围内，在一定程度上可以认为其并不存在严重的多重共线性问题。

表 8－4　　相关性分析

变量	Nt	Mp	Rd	Size	Growth	Roa	Lev	Bds	Indep	R&D	Pay
Nt	1										
Mp	0.323***	1									
Rd	0.778***	0.280***	1								
Size	0.347***	0.003	0.384***	1							
Growth	-0.123***	-0.015	-0.059*	0.017	1						
Roa	-0.125***	-0.121***	-0.085**	0.128***	0.229***	1					
Lev	0.049	0.004	0.024	0.022	-0.076**	-0.368***	1				
Bds	-0.072**	-0.114***	-0.096***	0.224***	-0.054	0.062*	0.014	1			
Indep	0.121***	0.040	0.120***	-0.067**	-0.024	-0.027	0.015	-0.425***	1		
R&D	-0.061	0.060	-0.076*	-0.266***	-0.057	-0.122***	-0.214***	-0.224***	0.070*	1	
Pay	0.313***	0.073**	0.330***	0.487***	-0.035	0.049	0.031	-0.069**	0.020	-0.046	1

注：*、**、***分别表示在10%、5%、1%水平上显著。
资料来源：由笔者整理。

表 8 – 5 为假设 H1 的回归分析结果。列（1）的回归结果表明当被解释变量为 Nt 时，管理层权力 MP 的系数为 0.454，在 1% 水平上显著；列（2）进一步对年度进行了控制，结果依旧显著为正，表明文化企业中管理层权力越大，企业对新技术应用越多，越能促进文化产业结构升级。列（3）和列（4）显示当被解释变量为 Rd 时，MP 的系数同样在 1% 水平上显著为正，与前两列结果一致。表 8 – 5 的回归结果表明，管理层权力越大，更易于实现自己的战略规划，也更可能进行风险较大的技术创新活动，促进文化产业结构升级。

表 8 – 5 回归结果

变量	（1）泊松回归 Nt	（2）泊松回归 Nt	（3）logit 回归 Rd	（4）logit 回归 Rd
Mp	0.454 *** (6.026)	0.328 *** (4.832)	1.368 *** (5.285)	1.085 *** (3.874)
Size	0.299 *** (7.575)	0.218 *** (5.536)	1.125 *** (8.086)	0.944 *** (6.443)
Growth	− 0.234 *** (− 4.143)	− 0.077 (− 1.562)	− 0.148 (− 0.755)	0.050 (0.228)
Roa	− 0.415 * (− 1.932)	0.015 (0.068)	− 0.622 (− 0.713)	0.544 (0.616)
Lev	0.014 (0.087)	0.045 (0.287)	− 0.187 (− 0.298)	− 0.308 (− 0.496)
Bds	− 0.017 (− 1.005)	0.005 (0.296)	− 0.110 (− 1.593)	− 0.055 (− 0.790)
Indep	1.559 *** (2.594)	1.256 ** (2.296)	8.550 *** (3.340)	7.374 *** (2.896)

续表

变量	(1) 泊松回归 Nt	(2) 泊松回归 Nt	(3) logit 回归 Rd	(4) logit 回归 Rd
R&D	−0.003 (−0.627)	0.003 (0.568)	0 (0.010)	0.017 (0.837)
Pay	0.161*** (3.015)	0.117** (2.361)	0.642*** (3.397)	0.572*** (2.881)
Constant	−9.290*** (−10.536)	−18.820*** (−14.482)	−35.238*** (−9.800)	−29.633*** (−7.618)
Year	No	Yes	No	Yes
N	870	870	870	870
Pseudo R²	0.091	0.135	0.256	0.301

注：*、**、***分别表示在 10%、5% 和 1% 水平上显著，括号内为 t 值。
资料来源：由笔者整理。

  企业管理者的战略规划和决策范畴会受到产权异质性的影响，国有文化企业和民营文化企业由于产权性质的天然差异，企业管理者在经营决策中的心态和价值取向会存在不同（苏坤，2017），本节进一步引入企业产权性质 Soe 作为调节变量进行进一步检验。当企业为国有文化企业时，Soe 赋值 1，否则为 0。表 8-6 的回归结果显示，管理层权力与产权性质的交乘项回归系数为 −0.460，且在 1% 水平上显著；表明相比于民营企业来说，国有文化企业中的管理层权力对于产业结构升级的促进作用相对较弱。针对这一结果，本节认为可能是因为国有文化企业除了追求经济目标外还承担着社会责任，管理层受到的约束制约及外部监督也更多，在一定程度上限制了管理者的自主决策，削弱了管理层权力对于研发创新及产业结构升级的促进作用。

表 8 - 6   产权性质分析

变量	(1)	(2)	(3)	(4)
	Nt	Nt	Rd	Rd
Mp	0. 552 *** (5. 969)	0. 429 *** (5. 528)	2. 350 *** (6. 206)	2. 179 *** (5. 244)
Soe	- 0. 121 * (- 1. 651)	- 0. 053 (- 0. 777)	- 0. 557 ** (- 2. 139)	- 0. 539 ** (- 1. 967)
Mp × Soe	- 0. 460 *** (- 3. 123)	- 0. 472 *** (- 3. 320)	- 2. 368 *** (- 4. 517)	- 2. 547 *** (- 4. 517)
Size	0. 308 *** (7. 840)	0. 222 *** (5. 674)	1. 184 *** (7. 749)	1. 028 *** (6. 393)
Growth	- 0. 235 *** (- 4. 031)	- 0. 078 (- 1. 543)	- 0. 095 (- 0. 496)	0. 113 (0. 559)
Roa	- 0. 412 ** (- 2. 002)	0. 013 (0. 063)	- 0. 629 (- 0. 791)	0. 656 (0. 796)
Lev	0. 046 (0. 292)	0. 079 (0. 502)	- 0. 119 (- 0. 185)	- 0. 135 (- 0. 218)
Bds	- 0. 012 (- 0. 722)	0. 007 (0. 466)	- 0. 088 (- 1. 190)	- 0. 038 (- 0. 552)
Indep	1. 474 ** (2. 424)	1. 179 ** (2. 154)	9. 241 *** (3. 444)	8. 088 *** (2. 992)
R&D	- 0. 005 (- 1. 079)	0. 001 (0. 166)	- 0. 004 (- 0. 236)	0. 016 (0. 809)
Pay	0. 143 *** (2. 692)	0. 107 ** (2. 137)	0. 659 *** (3. 335)	0. 588 *** (2. 720)
Constant	- 9. 191 *** (- 10. 311)	- 18. 557 *** (- 14. 255)	- 36. 896 *** (- 9. 622)	- 31. 842 *** (- 7. 788)
Year	No	Yes	No	Yes
N	870	870	870	870
Pseudo R^2	0. 098	0. 140	0. 294	0. 340

注: *、**、*** 分别表示在10%、5%和1%水平上显著,括号内为 t 值。
资料来源:由笔者整理。

　　文化企业进行产业结构升级往往需要大量的金融资本投入，文化企业普遍规模较小，仅仅依靠内源融资很难提供充足的资源去进行技术创新和高端文化产品的研发，因此企业的融资能力是重要的影响因素。表 8-7 引入企业融资约束作为调节变量进行进一步验证，本节借鉴顾海峰和张欢欢（2019）等的研究使用 SA 指数度量企业的融资约束程度，根据哈德洛克和皮尔斯（Hadlock and Pierce，2010）等的做法，$SA = -0.737 \times lnsize + 0.043 \times lnsize^2 - 0.04 \times Age$，其中，lnsize 表示公司总资产的对数，Age 表示公司成立年限，该指数越大，表示公司的融资约束程度越大。管理层权力与融资约束的交乘项与产业结构升级的回归系数为 -0.455，且在 1% 水平上显著，表明融资约束较大的企业，管理层权力对于产业结构升级的促进作用更加不明显。这可能是因为较大的融资约束会导致企业研发投资意愿降低，从根本上限制了企业的研发投入等活动，管理者没有充足的资源实现企业的战略规划，管理层权力对产业结构升级的积极影响被削弱。

表 8-7　　　　　　　　　　　　　融资约束分析

变量	(1)	(2)	(3)	(4)
	Nt	Nt	Rd	Rd
Mp	0.686 *** (6.571)	0.520 *** (5.510)	2.379 *** (5.789)	2.074 *** (4.411)
Sa	0.087 (1.316)	0.047 (0.732)	0.049 (0.216)	-0.012 (-0.051)
MP × Sa	-0.455 *** (-3.228)	-0.382 *** (-2.874)	-1.558 *** (-3.077)	-1.514 *** (-2.749)
Size	0.306 *** (7.712)	0.220 *** (5.566)	1.149 *** (8.049)	0.972 *** (6.540)
Growth	-0.227 *** (-4.049)	-0.074 (-1.504)	-0.133 (-0.676)	0.068 (0.314)

变量	(1)	(2)	(3)	(4)
	Nt	Nt	Rd	Rd
Roa	-0.425** (-2.018)	0.002 (0.007)	-0.702 (-0.854)	0.480 (0.568)
Lev	0.044 (0.284)	0.070 (0.451)	-0.200 (-0.326)	-0.327 (-0.543)
Bds	-0.020 (-1.259)	0.000 (0.007)	-0.114 (-1.589)	-0.062 (-0.830)
Indep	1.435** (2.415)	1.122** (2.089)	8.046*** (3.164)	7.091*** (2.777)
R&D	-0.002 (-0.472)	0.003 (0.656)	0.002 (0.126)	0.019 (0.968)
Pay	0.135*** (2.581)	0.096* (1.956)	0.658*** (3.389)	0.566*** (2.801)
Constant	-9.051*** (-10.155)	-18.237*** (-13.914)	-35.778*** (-9.395)	-29.944*** (-7.422)
Year	No	Yes	No	Yes
N	870	870	870	870
Pseudo R^2	0.095	0.138	0.269	0.312

注: *、**、*** 分别表示在10%、5%和1%水平上显著, 括号内为 t 值。
资料来源: 由笔者整理。

（9）实证分析研究结论。

通过上述分析，本节得出如下研究结论：一是，管理层权力对于产业结构升级具有积极的促进作用，管理层权力越大，文化企业越有可能进行产业结构升级。二是，产权性质和融资约束在管理层权力影响技术创新和产业结构升级的过程中起到调节作用，在民营文化企业中这一促进作用会更为明显，而严重的融资约束会在一定程度上削弱这一积极作用。

8.3.2　创意人才驱动文化产业结构升级的实现路径

1. 创意人才创造性特征推动文化产业价值链攀升

创意是文化产业价值链中的核心要素，其主要开发和运用知识产权，并生产文化产品，能够尽可能地发挥原创性文化创意，从而充分促进文化产业的延伸和发展，最终实现文化产业价值的传递和创新，并且动态循环文化产业的价值创造过程。文化产业价值链的显著特征是创意，文化产业的核心生产要素是创意资源、知识产权等智能资本，这些动态、无形、潜在的可再生资源在其使用过程中能够带来进一步的增值，继而产生无限放大的效应，且被反复创新应用的次数越多其收益越显著。随着投资的持续增加，创意等知识资本甚至呈现出边际成本与收益显著递增的特性。因此以文化为源、创意作核，最大限度地发挥创意人才的创造性特征，向着以创意与创新为内生增长要素的发展方式转变，有利于提升文化产品的竞争力，推动文化产业价值链向高端化前进，促进传统文化产业转型升级。

在文化产业价值链中，各环节各司其职，相互配合。产业链上游的文化创意设计者和生产环节，是拥有不同技能的人才共同创意并形成产品的过程，是该产业得以生存和发展的动力源泉；产业链中游主要包括文化传播、推广和营销环节；产业链下游的文化产业和衍生品销售和体验环节，是与消费者的直接接触点，最终满足消费者需求。而上述环节从根本上来看是文化的生产与再生产的过程，即文化生产力的产生与发展。

从理论上来看，创意人才是文化生产力的产生与发展的强大支撑和必须要素。马克思的文化生产力理论认为文化生产力是人类社会意识、社会心理等精神方面的发展成果，具有突出的意识形态特征。文化生产力理论揭示了人的文化主体地位以及文化围绕着人运转的基本运行规律（丁言，2016）。人创造了文化，文化也在塑造着人，并且对人的社会实践具有指导意义，人创造文化的目的是引导人类精神消费、提供文化服务和创造社会财富的能力和满足人类的精神需求，这三者充分体现了人的文化主体地位，这一主体地位同时也是实现和发展文化生产力的先决条件，而文化具有物的特性与意识形态性，二者分离、融合的过程又见证了人类文明演进的历史进程和历史规律。文化生产力与传统物质生产力最大的区别在于其既有物的特性又有意识形态性，产业性与精神性是文化生产力在现实社会实践中这一特点的具体表现：产业性即文化生产力以人才为根本，以创意为动力，以科技为依托，以市场为导向；精神性指文化生产力通过文化产业的各种载体将人类的思想、认知、观念等精神内涵融入产品内容中，将文化的意识形态性在社会中传递，整合并形成社会认同（李黎明，2007）。

创意人才通过其创造性特征，瞄准文化产品消费的路径依赖特征和链式效应，创造并发展文化生产力，进行文化的生产与再生产，形成一条"上游开发—中游拓展—下游延伸"的文化产业链，推动文化产业价值链不断攀升并迈向中高端，最终促进文化产业结构优化升级。

文化产业价值链上游即文化创意的设计和文化产品的生产环节。文化产业是以"创造性"为投入要素，文化产品最重要的特点即创新性，而创造性是文化创意人才最主要的特征，他们自我实现的最主要途径就是产生源源不断的新想法、新创意，所以创意人才是文化创意设计和文化产品产生的核心资源。

在文化创意设计层面，创意人才的创造性特征对文化产品最重要的推动力量来自设计创新。尤其是当下，处于大数据和云计算时代，提升设计创新能力，加速设计创意、开发和运营，拓宽原创设计领域，整合设计创新的多样化资源，提高创新资源利用效率、设计效率增长率和回报率，改善和规避设计同质化竞争的情况等尤为重要。文化设计创新处于产业价值链的高端，其典型特征是知识密集、污染少、附加值高，创意人才通过文化创意设计，催生新的文化业态，满足文化市场的个性化、多元化需求，有助于增强文化创新能力，提高文化产品质量，塑造品牌影响力，打造具有鲜明特色和较强影响力的文化品牌，提升中国文化的国际影响力和国内外文化竞争力。

设计师钟峰为迎接在山东青岛举办的上合组织峰会，于 2018 年设计推出了"青岛印象"系列城市礼物。根据大众网资料，钟峰积极探索地域文化与艺术设计的结合，创造性地将具有典型城市特征的建筑、植物和生活方式融入其设计理念，将"青岛印象"打造成精美的文化创意产品——国内第一个城市珠宝系列产品"青岛印象"，包含"百年青岛""致敬大海""崂山味道"等 35 款具象写意的产品，形成完整的文旅产品体系。"青岛印象"2018 年入选文化和旅游部文化产业创意创业重点人才扶持计划，次年又入选文化和旅游部"一带一路"重点项目展，并荣获了"青岛市文创和旅游商品创新设计大赛金奖"以及"山东省文化和旅游产品创新设计大赛银奖"。钟峰作为创意人才充分发挥其创造性特征，参与文化产业价值链的上游开发过程，设计出兼顾创意与文化内涵的文创产品，填补了高品质有内涵的文旅产品品类一直以来的空白，为城市文化的记载和传承开辟了独特的路径，在国内文化创意和产品创新方面起到了引领作用。

在文化创意设计这一产业链前端环节中，创意人才发挥其创造性思维和创新能力，通过设计创新提高文化创新效率和成果转化效率，争取产业链上游设计开发的价值，提高价值链上游的整体创新水平，推动产业升级，符合当前产业发展潮流与要求，迎合文化产品研发和文化市场的需求，充分强化和开发各类产业要素，从而推动产业价值链上游开发。

在文化产品生产层面，随着供给侧结构性改革持续深化，一批文化企业和品牌做大做强，其中离不开创意人才的贡献。创意人才通过其创造性特征，直接推动文化产品的内容丰富和内涵提升，助推文化资源"活起来"，促进文化产业价值链上游开发。

《闯关东》《父母爱情》等电视剧深受观众喜爱，其制片人侯鸿亮在山东电影电视剧制作中心影视部工作期间，一直致力于打造具有影响力的行业标杆，不仅十分重视作品的精神实质和专业品质，还一直秉持着只有高素质的团队才会生产出高质量精品的理念，创作出一系列高水准、高品格的影视剧。侯鸿亮所带领的制作团队整体非常优秀出色，成果显著，团队创作的多部作品在央视和多家一线卫视开年首播，并且前后多次荣获各项国家级奖项。侯鸿亮离开山东影视制作有限公司后，和孔笙、李雪等创意人才在东阳正午阳光影视有限公司组建了强有力的新团队，《伪装者》《琅琊榜》等电视剧作品依旧保留其一贯的审美风格和高品质，却又更市场化，满足了消费者高层次的精神需求。

无独有偶，山东影视制作有限公司的总编辑王海青一直保持和提升自身的创造性，始终聚焦于影视项目的发现、孵化和培育，工作体量十分庞大，成绩也很突出。根据山东青年报等资料，从 2011～2018 年共承担 19 部 800 余集电视剧和 7 部电影的策划、编辑、文学统筹、责任编审、制片等工作，创作出《大法官》《誓言无声》《大染坊》等有口皆碑的电视剧，其作品先后获得电视剧"飞天奖""金鹰奖"及精神文明建设"五个一工程"奖等国家级奖项，源源不断地输出优质文化产品，坚持为"鲁剧"品牌的打造把好第一道质量关。

从侯鸿亮和王海青两位创意人才的案例中可以看出，创意人才以独特创造力和专业技能为手段，运用智力资本赋予文化产品精神内涵，提高文化载体的开发制作效率和文化产品的生产质量，生产和提供大众喜爱的精神产品，给人们带来全新体验，适应新时代的文化消费需求，推动产品附加值提升到一个新层级，为文化产业价值链上游开发环节助力。同时，创意人才通过自身的创造性提高文化产品市场供给质量，而供给质量的升级也助推企业主体通过创新机制构筑完整的产业链，实现产业链条的延伸。

2. 创意人才创造性特征推动产业价值链中游拓展

文化产业价值链中游即文化传播、推广和营销环节。创意人才在该环节中发挥自身的独特创造力，将创意思想融入文化传播与推广中，提高文化产品或服务的传播力和影响力，推动文化产业价值链中游的拓展。

从第一个现象级作品《印象刘三姐》开始，"印象系列""又见系列"的推广者王潮歌成为当今时代文化产业的弄潮儿。她充分发挥自身的创造性，打破了传统演出的常规表现手法，开创了中国实景演出之先河，带动了一个产业的兴起，让实景演出成了旅游城市的必备项目，

《印象刘三姐》《印象丽江》《印象西湖》《印象大红袍》《又见平遥》等"印象"系列大型山水实景演出皆已成为当地文化创意产业的成功范本。文化传播需要恰当的载体,情境体验剧《又见平遥》开演之后,去平遥的游客增加了 20%,有力促进了晋商文化传播;《又见国乐》探索了传统民乐的市场化传播与运营之路,先后在美国、智利、阿根廷等国家演出,获得了成功,吸引了众多海外观众,提高了文化输出能力和文化传播水平,增强了文化的吸引力、感染力与影响力。同时,因其多元化的个人艺术风格与前沿创意备受媒体、艺术界及高端商业品牌的关注,进一步促进了文化传播力的提升。

由此可见,创意人才通过发挥创造性在文化传播中的作用,实现创意在产业链条中的充分流动和共享,使文化得到更广泛的传播,对产业价值链中游拓展起到巨大的助推作用。

3. 创意人才创造性特征推动产业价值链下游延伸

文化产业价值链下游即文化产业和衍生品销售与体验环节。创意人才通过自身聪明才智和创造力,并结合最新科技手段对文化资源进行再创造、再提高,引导大众文化消费,推动产业价值链下游延伸。

单霁翔任故宫博物院院长期间带领团队,发掘文创衍生品的消费需求,发挥创意在文化产业发展中的作用。故宫团结起一大批优秀的设计团队,在坚持传统文化脉络不动摇的基础上,注重创新和探索现代化表达形式,刻意追求和实现故宫文化创意的多元化表达与呈现,出品了一大批颇受年轻人喜爱的文创产品,慢慢培育出文创产品的系列与体系,如手机壳、"正大光明"的充电器、U 盘、朝珠耳机,利用海水江牙织绣做成织绣系列名片夹等,使之成为博物馆运营过程中的有效经济补充。在这一过程中,单霁翔逐渐意识到这一系列产品具有庞大的市场需求,于是开始逐步走出博物馆系统与体系,一步步走向独立化发展,转而进入产业发展的形态,使故宫文创形成一整套完善的产品规划流程体系,随后形成了创意、设计、制作、生产、销售、消费等环节。故宫文创产品中,很多产品既有故事性又具有相当高的实用性,如越窑、仿哥窑瓷器"清莹流光"套装,从历史和各类文献资料中获得灵感,让文化消费群体在点滴生活中"用"上文化精品，真正实现文化消费。故宫文创的核心是将传统文化商品化，且每件产品都遵循元素性、故事性、传承性"三要素"原则，讲出背后的故事与寓意，让数百年传承的故宫文化与现代人的真实生活对接，让消费者切身体会到故宫文化的韵味与气息，推动其更多情感消费。同时，不断培养和引导公众对文化产品的消费习惯，通过文化产品潜移默化完成文化传承。

类似的创意人才助推文化产业价值链下游延伸的案例并不鲜见。景德镇一些企业的创意人才着手于高端艺术衍生品产业链，以丰富的非遗资源为基础，以创意、设计为龙头，以"名人、名品、名牌"为发展框架，在资本的助推下，充分整合各类资源，在全球市场上整合构建独特的陶瓷产品产业链，将陶瓷产品制作成极具品质的文化产品，大大提高文化资源的附加价值，在西方市场展览、售卖，助推中国的文化资源在消费过程中输出。上述案例足见创意人才创造性特征对产业链下游延伸的重要作用。

此外，文化产业价值链下游具有很强融合性，而单纯依靠文化资源无法得到良好的发展，必须将文化资源与产业经济和最新技术相结合，因此产业价值链下游的延伸离不开大的融合平台。根据"3T"理论，人才、技术和包容三者都与创意人才直接相关，创意型人才也有利于技术的创新（安树伟和倪君，2016），可以通过从业人员的智慧和创意将三者融合起来。

4. 创意人才开放性特征助力多元业态融合发展

新时代文化消费需求的变化对产业发展提出新要求，单一文化产业由于技术、市场、产品等局限难以满足消费者多元化、多类型、多场景的消费需求，现有产品市场的竞争也迫使企业积极寻找新蓝海。产业融合成为现阶段文化产业发展的主流趋势。多业态融合主要包括文化产业内部子行业间的融合和文化产业与其他产业的融合两种类型：一是文化产业内部子行业间的融合。文化产业的细分业态之间具有明显的关联性，具有产业融合的天然基础。文化产业子行业间可以通过兼并重组、开发跨界衍生品等方式产生具有跨界性质的文化产品或服务，激发新的文化消费需求，拓展新市场。融合业态之间的再次融合形成螺旋上升的产业融合趋势，使文化产业结构不断调整并实现升级。二是文化产业与其他产业的积极融合。文化产业与其他产业的融合主要依靠文化赋能其他产业以及通过技术连接实现业态融合。"文化＋"体育、康养、房地产、商贸等可以有效赋能其他产业，带动多产业协同发展。

创意人才具有开放性特征，能够对不同产业领域知识进行融合性吸收、消化和创造，这有助于实现文化产业内部子行业间的融合和文化产业与其他产业的融合及创新，进而驱动我国文化产业结构优化升级。

（1）创意人才开放性助推文化产业内部子行业间融合。

文化创意产业的核心竞争力就是创意，文化产业中的诸多方面都在多元化融合发展，艺术衍生品也是如此，通过创意人才开放性的设计与开发，释放新的文化消费需求，激发新的文化消费意愿，开拓新市场，加快文化产业内部子行业间的融合发展。

跨界艺术家李怡蓉近年来在绘画获得成功的同时，更专注于跨界文化艺术衍生品的创作，透过不同的文化产品将油画背后的意境传递出来，如丝巾、布艺、瓷具、实用雕塑和珠宝饰品等。只有既符合现代社会审美潮流，又能有效针对消费市场的跨界文化艺术衍生品才有可能被消费者选择和喜爱。创意人才李怡蓉充分发挥对不同领域知识吸收创造的开放性特征，发掘文化产业细分业态之间的关联性，拓宽设计创新的领域，从而创造开发极具艺术内涵和跨界特性的文化产品，成功实现了艺术领域与设计领域的融会贯通，在多元融合的新业态发展中焕发出新的活力。

（2）创意人才开放性助推文化产业与其他产业融合。

实现多业态融合发展关键要靠创新驱动，创新驱动关键是人才驱动，所以创意人才是促进产业融合发展的重中之重。作为文化产业升级过程中最有活力、最具创新性的个体，创意人才深入挖掘和充分利用各种动态的、非独占的、可再生且不受时间与空间限制和约束的文化要素，以开放的视野和兼容并蓄的胸怀整合不同领域的资源。创意人才开放性的发挥将有助于加快探索多业态融合发展模式，走出人才引领产业的良性发展之路。

毛剑青作为《多彩贵州风》演出的创始人和台前幕后的推手，以精益求精的态度、开拓创新的精神、过人的智慧和眼界，在 10 余年间潜心研究文化与旅游融合发展之道，致力于贵州多民族文化传承与旅游融合，形成了贵州文化旅游的新模式，将《多彩贵州风》从一台演艺发展为一个旅游文化产业圈的布局。她发挥创意人才的关键作用，结合团队演艺人力优势资源形成集群效应，整合文化、旅游、媒体等方面的资源，利用网络技术进行旅游景点门票的线上营销，优化服务、策划和创意开发等方面的运营，完善文化创意产品从生产到推广的全产业链条，使得充分融合少数民族风景、民俗、文化与特色的文艺演出《多彩贵州风》成为贵州的标志性文化产品。总而言之，毛剑青以《多彩贵州风》这一文艺演出为起始，并通过文化产业与其他产业的融合拓宽了文化创意产业的价值链。

类似地，成都市创意产业联合会会长张桂铭始终保持对创意创新的热情与活力，融合吸收文化产业与其他产业的新知识、新点子，引入优质影视产业及教育等资源，着力用影像的力量打造"成都名片"，成功策划执行了首届"中国网络电影周"，打造了影视音文创产业园区，也体现出文化产业与其他产业融合发展的良好态势。

8.4　人力资本推动文化产业结构升级的保障机制

8.4.1　推动管理人才驱动文化产业机构升级的保障机制

1. 建立科学的文化企业管理人才引进和选拔机制

文化企业要深入挖掘企业发展对于管理人才的真实需求，根据不同部门、不同岗位的实际需求，制订更加科学合理的选拔方案和选拔机制，保障人员选拔工作的顺利进行。此外选拔过程应该坚持公平、公正、公开的原则，吸引更多优秀的高素质管理人才，提高企业的管理水平。此外，根据管理人才自身素质能力等条件，安排适当的管理岗位，使管理人才能够最大限度地发挥作用。

对于国有企业而言，由于长期以来受到更多国家政策及制度的影响，管理人员大多相对固定，且具有一定的行政身份，从市场引进管理人才较少。因此，国有文化企业及事业单位应当加快国有企业管理机制改革，推动建立市场化选人用人机制，将更多具有文化产业发展经验的高素质管理人才纳入国有单位人才队伍中来。

2. 创意人才集中性流动性特征促进高端产业集群发展

理查德·佛罗里达（2003）认为，在文化经济时代，对于高端产业与其集群的发展，人才是重中之重。人才的地点选择、区位选择、地理分布和区域分布特征决定着产业发展的形式，即决定了产业的区位选择和空间分布。集中性是创意人才的显著性特征，具体可以概括为城市性集中和区域性集中两个方面。人才集中是创意积聚的先决条件，两者的紧密结合一方面能够提升先进技术、产业就业和投资的发展水平，另一方面能够有效发挥产业集群的自发效应、密度效应和群体效应。（王雪野等，2014）。在市场化、全球化、信息化时代，人才的充分流动性得到极大满足。劳动力市场有高低端之分，低端人力资源是在市场中寻找岗位，而创意人才作为高端人才却可以创造岗位，加之其集中性与流动性特征，使其在一定程度上能够决定产业集群的分布。这种决定与人才的区位选择相结合，最终决定了高端产业及其产业集群的区位和发展。

集群化和规模化是知识经济时代产业发展的趋势，作为知识经济的核心产业和知识型产业，文化产业的发展不能仅依靠个体设计师、艺术家等的灵感和创造，而是需要不同创意人才在地理集聚基础上所形成的集体互动与聚变效应。大量创意主体的地理集聚促进了隐性知识的交流、创新与扩散，有利于各创意主体创新能力的提高及产业集群的发展。

因此，创意人才在高端产业集群发展中的地位，不仅体现为因变量的支撑作用，更体现为自变量的引领作用。一方面，创意人才的集中性和流动性引起要素集聚与氛围形成，进而产生高端产业集群的集聚效应，再通过集聚效应强化产业集群的特色和优势，让成果源源不断地涌现，实现创新发展；另一方面，创意人才的邻近分布也使得分工协作更为密切，从而达到最优程度的资源共享和优化互补，产业集群或其内部企业能够以较低的投入获得更多的收益，拉动产业集群深化发展。同时，同一高端产业集群的创意人才由于地域上的接近性，彼此的竞争很可能将更激烈，而内部竞争更会带来整个区域竞争力的提高，从而将产业集群的发展向更高层次推进。

青岛创意 100 产业园坐落于山东省青岛市市南区，地处青岛东部最繁华的商业区，集聚了许多文化创意产业的业态，在人才支撑因素、经济基础因素和政府支持因素的三方加持下，该园区已经成为青岛市文化产业的标志性平台。创意 100 产业园区的建设可以充分吸引、聚集、培育和激励人才，实现人才资源的快速流动和积累，而人才资源的原始积累反过来又可以强力支撑文化产业集群的深度发展。创意 100 产业园集聚了一批高端文化创意企业，如意大利博洛尼家具设计公司、北京汉风画廊等文化创意企业，现已成为国际高端创意产业的重要合作企业。园区在创意人才大量集聚的优势基础上，首先吸引了英国文化创意产业理论的研究学者贾斯汀·欧康纳教授入驻，贾斯汀教授同时也是世界闻名的园区规划大师，在其指导下，双方共同推动建立了文化产业研究中心。该研究中心不仅促进了产业园区的多元化发展，同时也是民营企业与高端产业学界首次合作的范例。此后园区又成功吸引澳大利亚中央政府国家研究理事会项目的入驻，双方共同研究开发了青岛第一家国字号垂直门户网站和中文文化创意产业门户网站，推动"中澳文化创意产业协作项目"的落地，创办了极具中国特色和专业化的"中国文化创意产业网"。在成功引进外资企业的基础上，创意 100 产业园积极与德国曼海姆市音乐创意园等多家海外企业洽谈合作，成功签订多项合作项目，充分实现了海内外文化创意交流有效沟通，有效促进双方合作机制的建立。青岛创意 100 产业园有效发挥创意人才的集中性和流动性等特征，在此基础上充分结合技术、资本、市场等生产要素，从产业链的角度统筹全局，使得规模效应的优势得以发挥，积极回应文化产业的发展趋势，成功建立了文化创意作品陈列中心、思想交流中心以及高端人才聚集中心，从而推动文化产业的高质量发展。

3. 完善文化产业管理人才思维能力培养体系

为了提升文化产业管理人才的创新能力和创新思维，为文化产业人才提供良好的发展基础，应因地制宜、因时制宜，根据文化产业的特征制订专属培养方案，并充分利用各地高校的文化资源，实施专业培养与训练，贯通文化产业人才的吸引、晋升和发展机制。现阶段文化产业管理人才的培养可以从四个方面着手。

一是从青少年做起，通过举办夏令营、访谈、社会实践、创新创业设计大赛等各式各样的活动，有效提升青少年的文化素养，培养创新意识，为文化产业的人才发展提供原动力。二是完善文化产业人才培养方案，致力于选拔综合型管理人才。研究开发文化产业特色人才的培养方案，一方面培育人才的文化内涵和艺术素养；另一方面提高文化产业人才的管理和营销技能，综合完善人才发展。三是开发文化创意产业的交流平台和社交基地，为文化产业的从业者提供创意交流和沟通的实践平台，实现艺术家、创意人才和文化企业的多端融合。四是建立文化产业的人才管理中心等行政组织或者机构，不仅可以吸引文化产业人才的聚集，还可以借助该组织提供培训服务，提升文化产业人才的全面发展。除此之外，还应该拓宽文化企业管理人才的培养路径。例如，可以借助高校和研究机构的教育资源，不断培养和输送具有创新精神和创意能力的文化产业人才；可以积极探讨企业与高校相互合作的人才模式，推动产、学、研的共同发展，培养文化产业的管理人才，并且在一定程度上提高文化创意应用的实际价值；还可以提升文化企业人才的国际化视野，借鉴国外先进经验，注重国际交流与合作，积极回应时代要求，实现文化产业管理人才的可持续发展。

4. 完善管理人才激励机制和考核机制

科学有效的激励机制可以有效激发管理者的工作热情，培养企业工作人员的主人翁意识，提高其道德素养及社会责任感。人才激励和考核机制应立足于企业当前面对的社会环境和市场环境，考察分析工作人员的具体需求，从物质奖励和精神奖励两个方面着手，完善人才培养机制。

首先，设置科学合理的薪酬结构和区间，正确考核管理者的专业素质和绩效，有效反映管理者的实际贡献，并给予相应津贴奖励，从物质上满足管理人才的需要。其次，注重管理人员的精神需求，通过荣誉称号和公开表扬等方式奖励有突出贡献的、业绩表现优秀的管理人员，满足员工的精神需要，提高员工的积极性和能动性。最后，文化企业需要关心员工的实际生活，综合考量管理人才的发展困境，实施人性化的员工管理机制，增强企业员工的归属感、认同感和幸福感，从而为企业的常态发展奠定良好的人力资源优势。例如，打造劳动、技术、人才、创新四位一体的发展机制，从政策环境和舆论环境两个方面着手，建立有利于优秀人才发展的企业氛围。

8.4.2 推动创意人才驱动文化产业结构升级的保障机制

如前文所述，创意人才是驱动文化产业结构升级的重要基础。诸多文化产业发展较好的国家和区域的实践经验表明，强有力的人才资源是促使文化产业起飞的重要支撑，同时也是实现文化产业持久发展的关键环节。为了实现文化创意产业的快速发展以及产业结构的优化升级，必须从文化创意人才的角度着手，致力于人才的培养、开发和激励，进一步完善人才培养的政策体系。本节深刻思考并凝练了国际文化创意人才成功培养的实践经验，总结我国在人才培养体系中存在的短板和缺陷，提出相应的对策建议和保障机制。

1. 完善创意人才培养机制

（1）深化高校层面创意人才培养模式。

创意人才的崛起需要深厚的社会和教育基础，一般而言，教育程度和个人的劳动生产率具有较高的相关性，也就越容易增强人力资本的溢出效应。高等院校旨在建立进行人才培养、创新发展、技术进步和社会服务的机构组织，并聚集了大量文化产业和科技产业的行业精英，是创新文化的诞生地和载体，是目前拥有最适合创意人才成长土壤的机构，直接影响着文化产业人力资本的质量。通过高等院校来培养创意人才，是解决创意人才匮乏、发展文化产业的重要战略措施。

第一，注重培养创意能力改善原有教育模式。

受我国文化传统和社会教育习惯的影响，以前的大部分课堂采取所谓的"填鸭式"教育模式，注重于知识点的记忆，却忽略了创新思维意识的培养，培养出来的文化人才常常被企业评价为"没有创意"。但是文化创意产业的高质量发展对传统的高等教育模式提出挑战，必须创新文化人才的培养体系，提高人才的创新思维意识，尽快优化调整创意学科和创意专业，制定科学合理的课程体系，吸取传统培养方式的优势，进一步提炼文化创意人才培养的任务，培养符合新时代发展要求的文化创意人才。从培养学生创新精神的角度出发，提高文化人才的想象力和批判精神，摒弃传统教育模式对学生创造力的忽略和扼杀，注重灵感的获取和发展，进一步激发学生的创意乐趣和创意兴趣。

第二，加强产学研合作完善创意人才培养链。

探索建立文化创意人才培养的新机制，打造行业企业、高等院校和科研机构多端合作的新模式。强调对学生创新思维、创新能力的培养，尽可能汲取高等院校、科研机构和企业单元等不同机构在教学资源、教育环境和人才培养环节各方面的优势基础，从而更有效率地结合知识教育和实践教育。积极推动学校和企业双方在人才培养体系方面的紧密合作，共同探索人才培养方案和人才培养目标。一方面邀请实践经验丰富的业界人士担任兼职教师，壮大"双师型"教师队伍；另一方面建设实习实训等实践基地，组织学生到文化企业进行参观学习。此外学校应从政策优惠方面积极鼓励在校师生创办设计团队、工作室或者文化企业等组织机构，使学生充分体验和融入文化创意产业的生产环节，切身体验创新产品的产出活动，注重学生的实践能力，提升学生的文化视野，培养学生的综合能力和素质。

第三，构建以艺术学科为中心的交叉学科创意人才培养机制。

文化产业的中高端发展实质是结合文化创意、生产制造和市场营销等要素的过程，文化产业的价值链涉及产生、生产、营销、推广、消费五个环节，其中最为关键且最难实现的是文化创意的产业化落地以及市场化推销的过程，即生产、营销和消费，这与一般的实践经验相符合。波特主导的价值链理论指出，产业价值链上的每一个环节均不可忽视，都会影响最终的企业价值。所以要将文化创意元素融入价值链的每一项价值创造活动，提高产业附加值，优化升级传统的文化产业结构。由于这一产业价值链涉猎的层面非常广泛，对创意人才传统的单一学科封闭式培养并不适合现阶段文化产业的发展，因此要构建以艺术学科为中心的，以交叉学科为基础的创意人才培养体系。

该人才培养体系建立的前提是完备的文化创意产业学科系统，即充分融合文学、管理学和艺术学等已经成熟的学科体系。鉴于创意人才驱动文化产业结构升级的特征和影响机制，应以艺术学大类为根本，以艺术学细分门类为支点，充分结合其他专业的优势，考虑社会问题和时代需求，完善不同方向的人才培养方案。同时要打造多元化的师资队伍，多学科多专业相互支撑，完善课堂内容与课程形式，丰富课程之间的联系与交流，合作互补，建立层层递进的课程结构体系，并据此组建跨部门、跨专业的教学队伍。此外要突破学科、院系壁垒，建立综合科研平台，在学科交叉互动与合作的互助共生平台上，创意人才只要以开放的心态互相学习，就能带来新的学习体验，产生源源不断的新想法、新思路。

（2）健全社会层面创意人才培养体系。

第一，开展创意从业人员培训。

为了有效提高文化创意人才的能力，应该聚焦于专业培训，尤其是针对已经掌握部分专业知识和实践技能的工作人员。但是纵观现有培训体系，大部分培训课程的培训时间短，培训内容匮乏，以专业技能培训为主，培训效果并不符合预期。不同于高等院校的人才培养模式，社会培训组织、行业协会组织等应该建立针对性强、更新性高的文化创意人才能力建设体系。试点高效灵活多样的培训手段，结合实际工作需要，以脱产集中培训和分散培训两种方法为主。同时积极探索与政府部门和行业协会的合作模式，创新学术交流的合作模式，举办演讲、学术沙龙、文化论坛和讲座等各种各样的交流活动，提高创意人才的文化素养和文化素质，培养文化人才的创新能力。

第二，加强创意人才国际合作培养。

遵循"走出去，请进来"的指导方针，举办与国际文化产业巨头或文化产业机构的国际交流合作项目，创造与海外名家和行业巨头的交流机会，推进文化创意人才海外进修计划的实施，培养国际化创业人才。加强与发达国家或地区的交流与合作，选派企业骨干进驻国外企业学习，借鉴先进的产业运作模式和创意灵感，进行吸收和转化，从而丰富创意人才的文化素养，加强组织、运作和营销等各个环节的合作交流，培养文化创业人才的核心竞争力，提升竞争水平和国际水准。

第三，拓宽创意人才引进渠道。

借助相关文化产业平台加大创意人才引进强度，引导创意人才向企业集聚，进一步增强扶持力度，完善配套服务体系，督促相关企业重视人才资源的匹配和积累，打造人才引进的凝聚力、向心力；积极为企业搭建引才平台，创新方式方法，借助创意人才的集中性、流动性特征，通过项目用才、人才引才、活动聚才等举措为文化产业高质量发展拓宽引才渠道，塑造引才品牌。此外，我国传统书画、戏剧、皮影、剪纸、刺绣等民间艺术风俗形式丰富多彩，文化创意人才的资源丰富，并且其创造性思维强，创意技术高，因此应重点关注此部分文化资源，不断寻找、吸收和培养民间文化资源，拓宽人才培养路径，丰富人才队伍建设。

2. 强化创意人才激励保障

（1）加强以政府为主体的宏观激励。

第一，完善各项文化产业支持政策。

完善各项针对文化创意产业的支持政策是激励创意人才的关键环节。要不断增加政府的预算资金投入，创意人才的培养应该聚焦不同产业链，充分考虑文化人才的个人特点，尤其是重点加大对文化创意产业生产者和经营者的培养投入和财政扶植力度。此外，为了提升文化创意人才的素质水平，应该充分发挥财政政策的补贴作用。例如，日本曾采取财政补贴、税收政策、优惠贷款和政府信用担保等多种形式结合使用的援助政策，重点扶持极具民族特色的文化艺术产业，实现保护、传承和发展传统地方文化的目标。此外还可以进一步健全和完善法律法治体系，从体系建设上保护民间资金的进入和退出。

第二，加强知识产权保护工作。

创意人才是以自主知识产权为核心，对知识产权的保护是尊重和鼓励创意人才价值的体现，如英国政府在法律上特别重视保护知识产权以鼓励创意人才创造原创产品的积极性。针对我国目前的知识产权保护现状，一方面，政府应该梳理和总结现有的知识产权保护政策，并据此设立文化产业战略目标，结合实际情况和国际现行标准，加强法律法规和法律门类的政策建设，在完善立法建设的基础上严格执法，重点打击破坏知识产权的违法犯罪行为，健全文化产业知识产权保护体系，从制度上保障文化创意人才的发展；另一方面，政府、慈善组织等机构应该加大知识产权的宣传力度，增强公众的知识产权保护意识，创新宣传方式，普及法律知识，创设尊重创意、保护产权、重视人才的社会发展氛围。

第三，营造宽容度高的创意"软环境"。

理查德·佛罗里达（2003）认为，文化人才大多具有极强的创造性，除了追求生活的安定之外，他们更注重灵活的工作环境，热衷于在文化丰富、包容性强、生活条件便捷的城市发展。所以为了更多地吸引和留住文化人才，应注重提升城市的生活质量，创建整洁的生活环境，规划公共交通体系建设，维护社会治安，建设稳定的社会环境，完善公共服务建设，建设气候、地理景观等生态环境的同时丰富人文环境，尤其是艺术展、咖啡馆、书店、剧场等文化基础设施的建设。除此之外，在知识经济时代，国际人才流动的主要方式是"柔性流动"，即不改变国籍、不入户籍、来去自由。因此政府相关部门应加快人事政策的改革进度，以适应文化人才"柔性流动"的主要特征，解决人才流动的后续发展难题。总之。为了提升创意人才的素质和能力，应该重点关注多元化的、包容性强的社会环境的建设。

（2）实施以企业为主体的微观激励。

第一，坚持长期的薪酬激励。

虽然工作内容本身是创意人才关注的重点，但这并不意味着其并不关注报酬的公平性，因为报酬的具体数额在一定程度上反映了其工作贡献和工作价值，所以企业应该采取提高薪资水平、保障福利人性化等措施来吸引激励创意人才。如实行宽带薪酬制度，文化产业工作人员与其他产业工作人员的工作内容显著不同，文化产业的工作人员更关注创意本身，所以传统行业的薪酬与晋升机制在文化产业并不适用，而宽带薪酬不关注岗位高低和级别差异，而是以个人能力和工作绩效为主要的计薪标准，更能满足创意人才对自身成就感的物质需求和情感需求，不仅可以最大限度激发创意人才的创造力，还能有效规避团队合作中的"搭便车"现象。

第二，实行有效的团队激励。

当企业经营者指导和组织员工时，建设和谐友善的团队氛围是重中之重。良好的团队氛围可以激发团队成员工作的积极性和能动性，引导工作人员保持良好心态，特别是大多数创意人才保持高度自信的状态下，团队氛围对创造力的激励作用更强，从而推动企业价值的创造过程。

此外，还应创造良好的沟通环境，倡导企业管理者、营销工作者与文化创意人才之间的沟通，以及文化创意人才相互之间的交流，畅通沟通路径，从多个角度获取灵感，激发创意人才的创造力，增加产品的附加值。企业还应营造透明的竞争环境，创意人才的设计能力极具鲜明的个人特色，使其与其他类型的人才相比，创意人才具有较强的独立性，当他们察觉到薪酬或晋升机制的不公平时，退出是其普遍选择。因此包括文化企业在内的所有企业的重要基础是建立公平、公正、公开、透明的竞争环境，并获得所有工作人员的一致认可，并以此为前提展开公平竞争。

第三，重视创意人才成就激励。

高独立性和自主性是创意人才的显著特征，致力于追求挑战、刺激以及成就感，所以企业应该重视对创意人才的成就激励，尽可能满足创意人才的成就需求。如让创意人才与其工作岗位形成最佳的匹配，为磨合度较差的创意人才提供调整工作的机会；通过有效沟通，对创意人才提出更高的工作要求，提升工作难度和工作的挑战性；切实了解分析核心创意人才的个性特点和实际需要，在与实际工作结合的基础上，给予员工充分的自主权，可以根据个人意愿对相关资源进行合理分配和利用，满足创意人才的高层次需要，让既定工作目标的完成更具创造性。

综上所述，积极搭建文化交流平台，完善人才培养体系，创新完整的多元化人才激励渠道，形成文化创意人才培养的闭环，加速推进建设我国科学合理的文化产业链，为驱动文化产业结构优化升级添砖加瓦。

第9章

文化产业结构升级中的社会效益与经济效益博弈

9.1 数智时代文化产业结构升级中的社会责任与伦理思考

9.1.1 文化产业的社会效益与经济效益履行现状

近年来，随着经济社会的快速发展和人民生活水平的不断提高，社会公众对物质、文化提出了更高的要求，我国社会的主要矛盾发生了深刻变化，已经转化为人民日益增长的美好生活需要和不平衡不充分的发展之间的矛盾。社会公众对文化产品不再仅仅停留在"视觉享受"层面，而是对"心灵享受"层面也提出了新的需求（潘小刚，2018）。但是，传统文化产业提供的批量化、同质化的文化产品已经难以满足人们日益增长的精神文化需求，在这种情况下，适应社会主义市场经济、满足社会公众个性化的精神需求的文化产业结构升级"正当时"。产业结构升级为文化产业的发展提供了新的发展路径，让传统文化产业焕发出生机，在不断满足社会公众文化消费需求的基础上，将文化产业打造成为国民经济的支柱产业。

文化产业提供精神产品，孕育着丰厚的精神文化特质，承担着传播优秀传统文化、塑造个人优秀品格的重大责任，丰富的文化产品有助于社会的和谐稳定，也能够解决现代人的心灵或社会秩序问题，因此，在文化产业的发展过程中必须坚持社会效益和经济效益相统一、社会效益放首位的基本原则。但是，在文化产业结构升级的过程中，很多文化企业出现了片面追求经济效益，忽视社会效益的问题，这极大地影响了文化产业的健康发展，违背了社会主义核心价值观。单世联和陈晓菡（2018）指出"坚持社会效益优先"，要坚持正效益，同时要警惕、反对、抵制各种负效益。在文化产业结构升级的过程中，文化与科技相融合的速度和程度与日俱增，科技让文化产品发生了"质"的改变，这种"质"的改变更多地体现在文化产品的生产方式、传播渠道和消费需求的获取等方面，同时，文化产品内涵的教育引领功能、思想启迪作用不能遭到弱化。所以，在文化科技融合的过程中，企业的社会责任意识需要进一步得到强化，坚持社会主义核心价值观，尊重消费者的主体地位，为消费者提供满足其需求的文化产品。

但是，在文化科技的融合过程中，部分文化企业为了追求经济效益忽视了社会效益，表现出随意篡改历史史实和人物的"历史虚无主义"、滥用传统文化、窃取消费者个人数据、诱导未成年人过度消费等问题，严重限制了文化产品精神引领职能的发挥。基于以上问题，在文化产业结构升级的过程中，重视文化产品的社会效益问题显得格外重要。

9.1.2 文化产业结构升级过程中发挥社会效益的重要性

传统的组织理论认为对股东财富的管理处于核心地位，导致企业以其他利益相关者的利益为代价谋求股东利益的最大化。而利益相关者理论则强调组织应该综合考虑各个利益相关者的利益诉求，实现财务绩效和社会绩效的均衡（Freeman，2004）。而文化产品兼具经济属性和意识形态属性的特征，一方面，文化产品作为"商品"具有逐利性；另一方面，文化产品蕴含的文化特征能够对消费者产生潜移默化的思想引导、行为规范等作用，因此，文化产品的"二元性"天然地要求文化企业遵循利益相关者理论，综合考虑政府、消费者等利益相关者的利益诉求，主动承担社会责任，坚持经济效益和社会效益相统一（张世君，2013）。

经济效益是从具体的经济活动主体来看的，也就是某一具体的生产实践活动组织者和参与者所获得的经济利益，即企业的生产收益高于企业的资源和成本投入。简单来说，经济效益就是指企业的利润率高（景小勇和叶青，2016）。而社会效益着眼于社会需要和社会利益。它反映社会这一大系统的整体要求，因而具有全局性、系统性和战略性。社会效益体现了社会整体的根本利益和长远利益，它考虑全局，并与社会的战略目标联系在一起。以它为标准去衡量一个主体活动效果的价值效应，就使它具有了全局性、系统性、战略性的意义。此外，社会效益能够摆脱个体效益的限制，站在社会的高度来衡量主体活动产生的效益，且具有多层次、多方面的广泛内容，因此它做出的价值判断是真正全面的综合价值评价（马志政，1987）。

陈刚和杨宏浩（2020）认为，价值链的每个环节都可以创造价值，波特（1985）在《竞争优势》中指出基本活动和支持性活动共同构成了企业的价值链，其中，基本活动包括设计、生产、销售、售后服务等。在此基础上，潘爱玲等（2018）从文化创意的策划、文化产品的生产、文化产品的营销推广与渠道传播三个环节研究文化产业的价值链与价值创造。在文化产业结构升级的过程中，科技与文化创意策划、文化产品生产和传播渠道进行了深度融合，基于利益相关者理论，在价值链的各个环节，文化企业需要经济效益和社会效益相统一，发挥文化产品的社会效益。

在文化创意策划阶段，随着文化产业的结构升级，新兴科技能够将文化资源数字化，让文化得到更好的收藏和展示，从而加速了文化企业对于文化资源信息的获取，同时也方便了文化企业对各种传统文化要素的运用，但是部分文化企业并不能恰当地运用文化资源，对文化的利用浮于表面，甚至通过拼凑和捏造等方式对事实进行再加工，导致虚无主义泛滥。在文化产业的发展过程中，存在着大量的虚构历史、恶意编造故事、庸俗化传统文化等滥用文化资源的现象。科技的发展使文化资源更加具象化，同时也加速了低质文化资源的传播，这在一定程度上助长了文化资源滥用行为。文化产品是人们生活的精神食粮，由于人的生活实践是文化产品生产的重要源泉，因而通过接触、阅读和鉴赏文化产品，能够从中学习到有关现实生活和实践的各种经验和知识。人们不可能在所有领域中都具有直接经验，必须通过各种文化产品来获得可靠的间接经验。滥用文化资源会对人们产生误导，进而创作出更多错误的文化产品，引发"雪球效应"，影响文化产业的高质量发展。

在文化创意阶段，策划的文化产品通过利用技术手段，过度迎合消费者心理需求，诱导其非理性消费和沉迷网络。一般来说，消费者在文化产品上进行消费，主要有以下四个方面的动机：一是求美动机，它指的是消费者由于追求文化产品的造型和色彩而进行消费。二是求廉动机，它指的是由于文化产品进行打折等促销活动而引发消费者进行消费。三是求名动机，它指的是由于消费者存在攀比心理，因而总是会为了树立自己的形象而进行消费。四是求新动机，指消费者会因为追求文化产品的新颖性而选择购买。在文化产业结构升级的过程中，文化与科技的融合能够让文化企业通过云计算、大数据、人工智能以及区块链等技术更加了解消费者的心理需求，进一步探索消费者的消费动机。按照消费者的消费动机类型，向消费者推送感兴趣的内容，通过宣传或提供折扣等活动，诱导消费者进行非理性消费，使消费者沉迷网络，无法自拔，进而产生大量的经济效益。

在文化产品生产阶段，在文化产业结构升级的过程中，文化与科技的融合使得信息获取速度提升、成本下降，但同时盗版文化产品的风险也随之提高。在信息时代，互联网能够收集用户的一切信息并加以整合，随着区块链等技术的发展，这些信息能够在文化企业之间实现共享，因而与传统的信息媒介相比，文化产业结构升级能够极大地降低信息获取的成本，创造经济收益。然而，搜狗诉百度输入法专利权纠纷案以及腾讯与今日头条的著作权纠纷案等案件也宣告了在文化与科技融合的过程中，知识产权的保护正面临着严峻的考验。互联网具有鲜明的开放性与交互性的特征（董知非，2020），加上用户通过互联网获取资源的成本较低，以及部分群体习惯了互联网免费的商业模式，这些现象的存在为盗版的出现提供了"借口"。另外，信息网络中发生的盗版行为涉及范围十分广泛，我国在网络版权方面的法律法规尚不完善，因此现有的机构很难对其侵权行为进行判定和打击（辛阳，2013），这些问题都会影响社会效益，亟待解决。

在文化产品传播阶段，伴随着文化产业结构的升级，一方面文化企业为了使自己开发的文化产品更加符合消费者的心理预期并占据一定的市场，会利用广告等手段进行营销。文化产业结构升级使得新媒体广告逐渐代替了传统广告，而文化科技的融合能够让文化企业利用大数据等先进的科学技术来捕捉消费者多样化、个性化的需求，进而能够使新媒体广告更加深入消费者的生活。但是部分文化企业会夸大其文化产品功能，并同时采用折扣等方式来误导消费者，导致过度营销，造成消费者口碑和满意度双重下滑，同时也使经济效益和社会效益双重下降，进而影响企业长期发展（谭娟等，2019）。另一方面过度收集消费者的个人信息，也有信息泄露的风险。文化企业为了满足消费者的需求而向其索要隐私权限，收集其个人信息以便于利用大数据进行用户分析。但是有些文化企业并没有把消费者利益放在主要位置，对消费者的个人信息不够重视，导致其他公司能够利用文化企业的网络漏洞窃取消费者信息，进行广告营销，甚至实施诈骗等违法行为，给消费者的生活带来很大困扰。

此外，文化与科技的融合和互联网技术的飞速发展提高了文化产品的传播速度和辐射范围，也使瑕疵文化产品造成的负面影响增大。在文化产业结构升级的时代，互联网信息技术能够将网络上的信息进行收集和整合，并通过裂变式传播将信息资源共享给所有的互联网用户，而区块链技术的发展使得留存在互联网上的信息无法抹除，因此文化产品能够超越空间和时间的限制，具有极强的传播力和影响力。与此同时，极强的传播力导致人们接收信息的时间越来越短，接收的信息量却越来越大，各式各样的信息让人们应接不暇，于是，为了吸引眼球，部分文化产业不断地向大众供应低俗的文化产品。由于瑕疵文化产品往往采用新媒体广告的手段进行过度营销，因此很容易就能引起人们的好奇心，促使消费者去寻找更多相关的文化产品。相较于传统的单一传播方式，互联网具有共享性，消费者能够很轻易地在互联网上搜索到更多相关或类似的文化产品，而网民的年龄跨度很大，互联网分级制度并不完善，所以瑕疵文化产品尤其会对青少年的心理健康和行为方式产生更加恶劣的影响；又或者某些文化产业一味地追求西方文化，完全摒除了传统文化，向其受众传递错误的或不健全的思想观念，这些文化产业只顾经济效益而不顾社会效益，长此以往，将会对整个社会的风气造成不良影响。文化产业结构升级社会责任问题解析如图9-1所示。

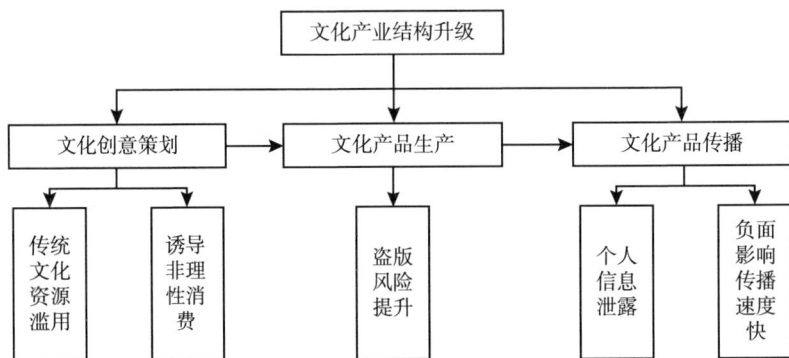

图9-1　文化产业结构升级社会责任问题解析

资料来源：由笔者绘制。

9.2　案例分析——游戏市场

前文从多个角度阐释了社会效益对于文化产业结构升级的重要性，本小节选取了部分企业不注重社会效益进而产生负面影响的案例，试图说明在文化产业结构升级中社会效益的重要性。

9.2.1　文化产业结构升级与传统文化要素的滥用

随着互联网科技的不断发展以及文化产业结构升级的加快，游戏已经成为人们——尤其是年轻人休闲娱乐的重要途径之一。近些年来，游戏行业发展如火如荼，原创游戏的比例与日俱增，占据了市场的主导地位。面对竞争如此激烈的市场，如果游戏企业想要拥有固定的玩家群体，就必须向玩家展示自己游戏的特色。因此，很多游戏企业不再一味地关注游戏的体验性，转而将目光放在了游戏元素上。中华传统文化包罗万象、源远流长，于是很多游戏企业将中华传统文化融入自己的游戏，借此来吸引玩家。游戏和传统文化相融合的方式为传统文化走下高台、融入日常铺设了一条十分精妙的道路，正面的例子比如通过《食物语》这部游戏，玩家能够了解每个朝代的社会背景，体验不同朝代的社会生活，还能知晓很多濒临失传的菜肴，并且游戏内部提供大量的菜谱，玩家可以在游戏的过程中掌握烹制方法，一举两得。此外，游戏内有一个"以文会友"的版块，里面涉及大量有关传统文化的知识，供玩家学习。这个游戏整体上的风格设计和游戏体验，是对中华传统文化的一种正确打开方式，让玩家在娱乐中不知不觉地感受到中华传统文化的魅力，得到精神上的滋养和熏陶。然而，并不是所有的游戏都能够正确地运用传统文化。随着《上新了故宫》等节目的出现，"国风""国潮"等元素变成了卖点，于是部分游戏企业滥用传统文化，以传播中华传统文化为噱头，吸引玩家的注意力，但游戏本身的内容却与传统文化格格不入。

文化科技的融合方便了文化企业在创意开发阶段综合利用各种文化要素，但也容易导致滥用传统文化的问题。文化产业结构升级加速了文化产品的传播速度、扩大了辐射范围，因此背离社会效益的文化产品其破坏性更强。2020年新春，受到新冠疫情的影响，"宅经济"悄然而生，手游《王者荣耀》在春节期间日活跃用户高达一亿人，在玩家数量如此众多的情况下，《王者荣耀》更应该注重其产生的社会效益。然而，滥用传统文化的现象在游戏内持续出现，《王者荣耀》最初上线的一年时间里，游戏内有一个名叫荆轲的女英雄角色，由于《王者荣耀》的玩家中有大量未成年人，因此对他们产生了极强的误导，不少未成年人认为历史上的荆轲是一位女性角色，由此引发了全社会对游戏滥用传统文化元素的激烈讨论。虽然后来《王者荣耀》游戏制作方迫于压力，将荆轲的名字改为了阿珂，但是它曾经对社会产生的负面社会效益很难抹除。此外，游戏内至今仍有大量的角色使用历史人物的名字，例如，诸葛亮、项羽、刘禅等，这样做或许能让这些历史人物的名字更加深入人心，但是却会让人们，尤其是青少年对这些历史人物的形象以及他们的历史背景产生认知错觉。[①]

9.2.2　文化产业结构升级与忽视消费者的主体地位

传统的文化产品往往具有同质化的特征，因其忽视了消费者的个性化需求而遭到厌弃，但随着科技要素与文化产业的深度融合，通过信息技术捕捉消费者多样化的文化需求，文化企业创造出的文化产品可以更好地满足消费者需求。然而不容忽视的是，消费者需求被敏锐捕捉的同时，其消费习惯、个人爱好、私密信息等也会被收集，当企业对消费者个人信息保护不足时，就会造成消费者个人信息的泄露问题，进而导致其他严重的社会问题。

TapTap 是一个高品质的手游分享社区，它通常会向用户索要三个方面的权限：读取本机序列号以及联系人权限、读取用户位置信息权限和读取用户已安装应用列表权限。这些权限的作用是为了帮助 TapTap 确定用户身份以及交际圈，判断用户所在地区和消费能力，掌握用户的习惯并分析同行业内其他企业的情况，从而提供更符合用户需求的文化产品。但是由于 TapTap 不够重视用户隐私，忽视了消费者的主体地位，导致数千万的用户信息流向市场，被其他游戏企业非法利用。

此外，风靡一时的朋友圈、微博小游戏也是泄露用户隐私信息的重要源头。这些游戏往往是体验、测试类的游戏，如一键换装、测运势、装饰房间等。为了得到结果，用户一般要拍摄自己的相貌、身材、指纹、家居环境等比较私密的照片，而这类游戏还有个规定，用户如果想要看到最终结果，就必须把该游戏分享给自己的朋友，从而实现大范围

---

① 张玉玲. 荆轲是女的？小学生玩《王者荣耀》还能学好历史吗？［N］. 光明日报，2017－03－29.

推广。游戏平台会将用户的隐私整合到一起，打包出售给各类推广公司，如贷款、房地产、二手车以及其他游戏推广，由此牟取暴利。而像这样泄露用户个人信息的行为，常常是电信诈骗、敲诈勒索、恶意注册账号等一系列违法犯罪的源头。数据泄露会造成用户人身财产受到威胁，不法分子通过各种途径收集人们被泄露出去的个人信息，经过筛选分析用户特征，从事电信诈骗、非法讨债甚至绑架勒索等精准犯罪活动[①]。

9.2.3 文化产业结构升级与诱导过度消费

文化与科技的融合能够增加文化产品的吸引力，同时也能够更好地满足消费者的个性需求和文化享受，但是，在文化产业结构升级的过程中，消费者的消费需求和消费意愿也被提高。部分游戏企业在文化产品的开发过程中利用了消费者心理，过度强调游戏产品的体验性，于是为了能够使自己的游戏角色更加强大，很多玩家会选择购买游戏内的道具，在短时间内迅速提高自己的等级和能力，以便超越其他玩家，从而获得更好的游戏体验。

随着游戏市场的百花齐放，游戏类型越来越多，其中出现了很多以女性玩家为主要群体的女性向游戏。部分游戏企业抓住了女性的消费特点，以各种方式诱导玩家进行消费，一味地追求经济效益而忽视了社会效益，最终被消费者投诉，不仅产生了经济上的损失，也影响到了自身的企业形象，阻碍了进一步发展。

9.2.4 文化产业结构升级与消费者性格的负面影响

文化与科技的融合拓宽了文化产品的设计路径。在 4D 可视化、

---

① GuoMeng. App 违法违规收集个人信息 9 种行为 个人信息泄露会发生什么？各 App 为什么要收集用户信息？［EB/OL］. http：//www. chinairn. com/news/20191230/144009697. shtml，2019 - 12 - 30.

VR/AR 等技术的驱动下，文化产业渐渐进入虚拟现实时代，极大地增强了文化产品的表现力和感染力。传统文化产业主要以文字、图像、音视频等作为载体，而现代文化产业则能够利用先进的科学技术，以更加生动形象的方式创造更为接近现实的场景，为消费者带来更强的体验感。

在文化产业结构升级的过程中，"文化 +"与"科技 +"的时代背景使得很多新兴文化产品应运而生，其中不乏相关的游戏产品，如 VR/AR 类型的游戏。这类游戏产品具有强烈的沉浸感和代入感，能够令人沉迷其中，无法自拔。特别是对于未成年人来说，它的魅力可能是巨大的。相较其他群体来说，未成年人的身心还不够成熟，自律能力相对较差，好奇心格外旺盛，因此更容易沉浸在游戏带来的虚拟世界中，漠视人际关系，导致不会与他人沟通交流，影响自己的正常生活。由于未成年人的人生观、世界观、价值观都还不够完整，因此很容易受到游戏潜移默化的影响，改变自己的性格和行为习惯。如部分游戏企业为了博眼球，会制作一些血腥、暴力、道德扭曲的 VR 游戏，在这类游戏里，通过"打打杀杀"的方式就可以解决大部分问题，而高度体验感使得它们带给玩家的刺激更加强烈，进而导致一些玩家变得偏激、极端，将生活中的不满诉诸暴力，最终害人害己。

9.3　案例分析——数字丝绸之路*

在文化产业结构升级的过程中，如果能够利用文化与科技融合的方式将传统文化以崭新的面貌呈现在公众面前，实现传统文化的传承，那么这样所产生的社会效益将是巨大的。

2017 年 12 月 29 日，腾讯宣布和敦煌莫高窟研究院签订战略合作协议，启动"数字丝路"计划，让更多的文化能够在数字时代得到传承。

---

* 央广网. 腾讯与敦煌研究院达成战略合作 携手共建"数字丝路"［EB/OL］. https：//baijiahao. baidu. com/s?id = 1588173117984887762&wfr = spider&for = pc，2017 – 12 –30.

本次合作是由国家文物局与腾讯签订的战略合作协议促成的首个项目。腾讯从新技术与泛娱乐文化生态两个维度出发，融合敦煌研究院的"数字敦煌"研究成果与文化服务模式两个领域，在 AR/VR、云计算、智慧旅游、游戏、动漫、音乐六大模块进行深度合作。

敦煌莫高窟的价值体现在历史、艺术和科技三个方面。敦煌研究院拥有积累了 20 多年的数字化资源，"数字敦煌"资源库分为中文和英文两个版本，并共享给全球。腾讯与敦煌研究院将深入合作，利用腾讯"腾讯博物官"app 和"数字敦煌"的 AR 和 VR 技术，带领游客通过 AR 导览深入了解莫高窟的历史和艺术价值。该项目还与线下展览进行了结合，能够让各地的人们通过不同的途径和方式来充分感受敦煌之美。

腾讯动漫联合敦煌研究院，在丝路文明、贸易发展、文化交融等大时代背景下，将敦煌发生过的传奇趣事进行改编，以此来吸引年轻用户去关注敦煌文化，让敦煌文化以崭新的面貌呈现在大众面前。著名漫画家蔡志忠先生也将参与这次敦煌故事的创作与改编工作中，这将使敦煌文化在传播的广度和深度方面同时得到突破。

QQ 音乐不仅在互联网上对敦煌音乐进行了全方位的传播，而且也参与了对敦煌古曲进行梳理和复原的活动。QQ 音乐邀请了很多知名音乐创作人对敦煌古曲进行改编，将当下年轻人比较喜爱的乐曲和敦煌古曲进行了融合，利用数字音乐的方式传播敦煌的音乐文化。

另外，在双方合作一周年之际，腾讯与敦煌莫高窟研究院共同推出了一个数字创意活动，即让大家通过腾讯文创平台自行设计一款带有敦煌元素的丝巾，并能够直接在平台上下单，收到一条自己设计的、独一无二的丝巾。这种方式使得人们对传统文化有了进一步的体验感，加深了人们对传统文化的了解和热爱。

腾讯与敦煌研究院联合启动的"数字丝路"计划，利用了数字化、VR/AR、云计算大数据等科技，将敦煌莫高窟的历史、文物以及丝路文明等元素进行重新定义，加深人们对于敦煌文化的了解，拓宽敦煌文化传播的广度和深度，促进丝绸之路沿线文化遗产的保护与传承，让传统文化重新焕发生机。

9.4 文化产业结构升级中双效统一的保障机制

为了确保文化产业在结构升级的过程中始终将社会效益放在首位，可以采取以下四个方面的措施。

9.4.1 政府方面

文化产业的社会效益和经济效益属性决定了其在我国社会发展进程中必然占有重要一席，因此，一方面，政府应该制定相关政策，引导文化产业积极发展。政府应该让人民群众认识到，社会上流行的、备受欢迎的文化产品其社会效益未必很高，相反，比较冷门的、小众的文化产品可能具有很高的社会效益，但是由于宣传力度不够或其他原因，因而不能为大家所熟知，社会效益发挥不出来。政府应该制定相关的扶持政策，让这些具有潜力的文化产品走进人民的视野，充分发挥其社会效益。另一方面，政府也应该通过制定法律的方式保障社会效益的重要地位。正如前文所述，在如今这个科技和互联网技术迅速发展的时代，很多不良文化企业为了吸引眼球，往往会传播一些充满血腥、暴力、色情的文化产品，或者通过抄袭、盗取等不正当手段来获取高额收益。因此，政府需要健全完善相关的法律法规，建立完善的审查制度，避免这些影响恶劣的文化产品面世，并对这些违法行为进行严厉的惩罚，保证文化产业健康有序发展。

9.4.2 市场方面

应该充分发挥市场在资源配置中的作用，充分利用市场经济的运行规律，确保社会效益始终处于首要地位。

在实际的文化生产活动中，有限的资源很难满足人民日益增长的精神需求。如果仅仅依靠行政力量配置文化资源与产品，按照计划运行文化创作、发展文化产业，那么往往会产生资源配置不均衡、不合理，缺乏生产动力等问题。此外，依靠行政力量配置资源在实际的经济体系与信息量面前是十分困难的，不仅难以满足人民群众的文化需求，而且也会损害社会效益。但是市场配置资源也有一定的缺陷，即市场很难协调好社会效益和经济效益的关系。同时，完全由市场来调节文化产品会导致文化企业进行恶性竞争，劣币驱逐良币，使市场上的不良文化产品泛滥成灾。因此，如果想要充分发挥市场对于资源配置的作用，需要行政力量的协同配合。市场对资源的配置需要遵从党和国家的正确引导，从而确保社会效益处于优先位置。

党和国家要充分发挥市场在文化资源配置过程中的重要作用，利用已有的资源生产更多的文化产品，并遵循社会主义分配制度，保证分配公平和生产效率，以此来满足人民群众日益增长的多层次的、个性化的文化消费需求（景小勇和叶青，2016）。

9.4.3　社会方面

从社会的角度来看，如果想要确保社会效益始终处于文化产业结构升级过程中的首要位置上，就需要大力宣传文明、健康的文化产品，让人民群众意识到良好的文化产品能够创造一个舒适的、文雅的社会环境，提高整个社会的审美能力和审美意识，进而推动社会进步。

一方面，文化企业和各类文化产品的创作者应该坚持自己的道德底线，始终保持正确的创作精神，拥有独立思考的能力和独到的审美眼光，不生产低俗的、丧失道德的、扭曲的文化产品吸引大众目光。企业应当意识到，创作影响恶劣的文化产品，虽然可能会在一时给企业带来暴利，但是没有经过脚踏实地的积累，这些产品最终只会成为反噬自身的利器。只有生产价值观念和道德观念正确的、积极健康的文化产品，才能保证企业长久地获得利益。

另一方面，社会各组织也应该发挥其作用，建立一个完善的文化产品制度体系，营造阳光的、健康的社会氛围。同时，人民群众也应该自觉加强抵制不良文化产品的意识，提升自我审美能力和艺术眼光，对这些文化产品实施监督，不给这类文化产品生存的空间。

在党和政府的正确领导下，通过社会组织、人民群众、文化企业和各类创作者的共同努力，文化产品的社会效益将会牢牢地居于首位。

第10章

文化产业结构升级的国际经验

　　本章旨在学习发达国家文化产业的发展经验，包括日本、美国与英国，厘清文化产业发展各阶段的推动因素，总结出不同国家文化产业结构升级的驱动机制，并灵活地借鉴至我国文化产业体系及市场体系的健全与完善过程之中。

　　文化产业最早是1947年由阿多诺和霍克海默在《启蒙辩证法》一书中提出的，作为一种特殊的文化和经济形态，文化产业通过生产和提供精神产品，满足人民的精神文化需要。联合国教科文组织对文化产业的定义是系列化、标准化、生产过程分工精细化、消费大众化、可以工业生产的产品和相关服务。文化产业的水平可以体现国家的综合实力，只有经济发展达到一定水平之后国家才会重视文化产业的发展，所以发展中国家可以借鉴发达国家的发展经验，制定契合国情的文化产业发展策略。因此，借鉴发达国家文化发展的经验，对推动我国文化产业结构升级极具借鉴意义。

10.1　日本文化产业结构升级经验

10.1.1　日本文化产业的发展及重要政策

　　自第二次世界大战结束后，日本的有识之士意识到"军事立国"已

不适用于当下环境，国家发展战略转变为"经济立国"。直至 20 世纪
50~70 年代，日本经济高速发展，国内生产总值（GDP）一度跃居世界
第二，创造了"经济奇迹"，但受制于国土面积较小、自然资源贫瘠，经
济发展陷入了瓶颈。日本迫切需要寻求新的推力来带动经济增长，政府最
终确立了"借助文化输出带动经济发展"的提案，开启"文化立国"之旅。

20 世纪 70 年代，日本工业经济发展进入鼎盛时期，企业发现提升
产品的文化含量可以增强其核心竞争力，从而在国际市场获得更好的口
碑，逐渐形成了"文化产业"这一概念。20 世纪 90 年代后，日本金融
体系崩溃，失业人数剧增，工业经济面临沉重的打击，人们发现动漫、
影音、游戏等文化产品在经济衰退时所受的冲击远小于其他产业。文化
产业的这一特点很快被日本政府发现，大力发展文化产业被认为是日本
经济的新支柱，因此，日本政府推出了一系列支持文化产业发展的政策
和法规（见表 10 - 1 和表 10 - 2）。1996 年，日本政府正式提出《21 世
纪文化立国方案》，这一纲领性文件的颁布标志着日本在文化产业发展
的道路上迈出了第一步。随后，日本政府于 2002 年发表《知识产权战
略大纲》，将"知识产权立国"列为国家发展战略；2007 年，日本政府
出台《文化产业战略》，开始执行开拓海外市场强化文化产业的竞争力
等六大政策措施；2009 年，日本政府提出日本品牌战略，大力宣扬
"酷日本"这一国家品牌；2010 年，《面向文化产业立国》白皮书颁布，
旨在使文化产业成为 21 世纪的主导产业。

表 10 - 1　　　　　　　　　　**日本文化产业相关法案**

名称	时间
《21 世纪文化立国方案》	1996 年
《文化艺术振兴基本法》	2001 年
《知识产权战略大纲》	2002 年
《关于促进内容的创造、保护及活用的法律》	2004 年
《文化产业战略》	2007 年
《内容产业全球化战略》	2008 年
《面向文化产业立国》	2010 年

资料来源：由笔者整理。

表 10 – 2   相关法案主要内容

名称	主要内容
《21 世纪文化立国方案》	扩大国际文化交往
《文化艺术振兴基本法》	普及生活文化国民娱乐、支持地方文化艺术振兴、完善文化艺术教育机构、保护著作权、建设美术馆等基础文化设施
《知识产权战略大纲》	促进知识产权流通，保护知识产权
《关于促进内容的创造、保护及活用的法律》	国家行政机关与"知识财富战略本部"保持紧密联系、扩大海外市场、解决制作经费问题
《文化产业战略》	"促进创新环境的形成并传播其魅力""创造向海外传播日本魅力的基础""以海外展开为视野强化文化产业的竞争力"等措施
《内容产业全球化战略》	促进影视作品出口、增加对海外共同制作的补助、电影重新制作权许可放宽条件
《面向文化产业立国》	将文化产业作为 21 世纪的主导产业

资料来源：由笔者整理。

　　文化产业国家战略作为"知识产权立国"战略中的重要构成部分，是日本品牌战略、文化产业全球战略、日本文化产业大国战略三者的有机结合。多项法令与战略的颁布实施，为文化产业的发展带来了巨大效益。

　　日本文化产业发展的历程，是一个打破传统力求创新的过程。在政府确立国家发展战略后，法律层面、技术层面、人才层面等方面都涌现出了新创意、新思想，逐步实现文化产业发展的多维度综合创新。资金支持是产业发展不可或缺的部分，文化产业传统的融资方式较为单一，且融资能力较弱。制度创新推动了融资模式的创新，《信托业法》等法律的修订使得影音、动漫等文化产业可通过知识产权进行信托融资。知识产权融资担保、制作委员会融资等全新模式随政策的推行应运而生，充分带动社会资本涌入文化产业。政策扶持与资金支撑加速了文化产业发展，产业结构逐步表现出高级化与关联化特征，文化产业的数字化率不断提高，跨行业文化产品种类实现大幅度增加，产业内部各个环节的联系日益密切。日本从新战略的确定到文化产业的升级，其中诸多的发展经验值得我们借鉴和学习。

10.1.2 综合创新驱动文化产业发展

日本文化产业的繁荣建立在综合创新之上，集融资创新、技术创新、产品创新、制度创新等多重创新于一体，全方位、多层次的创新成为文化产业发展的重要驱动力量。日本政府将制度创新定为首要目标，确立总体发展战略，健全法律法规体系，为文化产业的进一步发展提供了法律层面的保障。随着法令的推行和监管的完善，社会各界聚焦于文化产业，推动了融资创新，大量社会资本通过政府设立或民间创立的文化产业投资基金涌入行业内。相关产业获得充裕资金后加速新型产品的开发，促进了产品创新，增强了日本文化产业的竞争力和开拓新市场的能力，众多企业顺应政府"酷日本"文化品牌战略的号召，积极拓宽海外市场，进行市场创新，扩大自身的影响力。同时，"产—官—学—研"的技术创新得益于制度创新带来的全新法规，企业与政府、高校科研机构间形成独特的合作模式，提升了产品的研发效率。日本政府通过新建教育机构和调整高等学府的专业设置来加快文化产业相关人才的培育，提高从业人员的创新能力和专业能力，为行业注入新鲜血液，并带来了更多新创意、新思想，从而推动文化产业的产品创新。日本文化产业各方面的创新互为依托、相互影响，卓有成效地推动了日本文化产业发展。

1. 以文化产业战略为依托的制度创新

日本政府首次将文化产业发展提升至国家战略高度，频繁制订新的发展方案，把总体战略细分为一系列细致入微的具体法令法规。首先，日本政府从立法上提高对文化产业的重视程度，先后颁布《文化艺术振兴基本法》和《关于文化艺术振兴的基本方针》等战略层面的法规，逐年增加对文化产业的投资，推动全国各类文化活动的发展。随后，日本政府推出了保护和管理文化产业的相关法令，于 2000 年颁布《著作权与邻接权管理事务法》，在登记制、委托契约、使用费规则与监管等方面对规范著作权管理有着重大意义。登记制的规范，提高了管理著作权的市场准入资格；委托契约条款的设立，保证了著作权管理事务顺利推进；使用费规则的制订，解决了执行时限存在争议的问题；监管力度的加大，保证了行政当局职责履行。

2. 以"产—官—学—研"协同合作为依托的技术创新

日本形成了独特的"产—官—学—研"协同合作模式，企业加强与政府、高等院校和科研机构的合作，政府为文化企业提供便利的政策支持与财政补贴，高等院校为其提供专业人才和基础学术研究，研究机构则提供专业技术支持、宏观市场预测等资源，由文化企业对以上资源进行整合，集众人之力攻坚克难，进行产品开发。这一模式有效减少了理论研究转化为研发成果再到实际产品所需的时间，"产—官—学—研"之间有了整体规划，极大程度地节约了人力物力财力。内容产业作为日本文化产业的主体部分，对硬件软件设备有较高的要求，而日本在电子产业拥有极大的优势，日本政府提出 ICT（Information and Communications Technology）战略，借助科研机构大力发展信息和通信技术并将其与内容产业紧密结合，推动技术创新。跨界融合使得文化产业与信息通信、互联网的联系更加密切，加速了自身的发展。

3. 以创新思维为依托的产品创新

文化产品是文化产业的最终输出形式，也是文化产业创造价值、开拓市场的主要载体。日本文化产业中最具特色的便是内容产业，其中的动漫产业又是非常重要的组成部分。动漫产业作为资金、科技密集型的新型文化产业，近年来以猛烈的势头席卷日本，形成动漫创作、制片、衍生品开发等丰富的产业链结构。以日本动漫为例，业内极度重视产品的创新性，用原始创作推动产品创新，从而塑造出优秀的动漫形象，并带动热门 IP 的二次开发，使得每一部作品都不是一部独立的动漫，而是一个可长期维持观众热度的招牌。要想长期维持优秀 IP 的热度，需要对其不断进行衍生市场开发，而关联创新极大地提升了初始产品的附加价值。同时，精准把握动漫内的形象，寻找合适的载体，推出相应的游戏、服饰、玩具等周边，成为日本动漫产业的重要盈利途径。

4. 以"酷日本"文化品牌战略为依托的市场创新

日本政府积极创造新的市场需求，全力推行"酷日本"文化品牌战略，主要目的是向世界输出日本文化，扩大国际影响力。"酷日本"一词首创于日本"数字好莱坞大学"校长杉山知之。2009年，日本政府提出"日本品牌战略"，向海外各国大力推广以动漫、游戏为首的日本文化产品。大众传媒提升了"酷日本"关联商品在海外的知名度，形成日本热，促使消费者在当地消费，甚至来到日本进行消费，再由日本内容产业的海外消费带动衣、食、住、观光的多维度消费，从而促进日本经济发展。"酷日本"文化品牌战略的推行是日本为拓宽海外市场而采取的举措，而对于本土市场，日本主要对国内市场进行了区别化开发与产品的二次聚焦。日本对国内市场进行细致开发，针对幼儿、少年、青年、中年、老年等不同群体进行漫画、动漫等产品的研发，甚至根据消费者的兴趣爱好或性别推出专属产品。不同的消费群体对同一文化产品的反馈不同，企业根据产品的受欢迎程度来调整生产计划，加大优秀产品的宣传力度，并对其进行进一步的开发，即为产品的二次聚焦。二次聚焦实质上是产品的优胜劣汰，保障衍生产品的二次开发能够获取更高收益。

5. 以教育机构为依托的人才创新

文化产业极度依赖创作者的原创能力，一部优秀的文化作品需要众多有创意且专业能力强的优秀人才支撑。日本文化产业的可持续发展需要社会为其源源不断地提供相关领域人才，如何培育人才成为关键问题。日本政府为此专门制订了培育方案，改良文化产业的教育体系结构，新建教育机构来培养各类文化领域的创作人才。日本高校对传统文化产业人才的培养主要集中在音乐、美术等学科，而随着文化产业的发展，该领域教育的创新体现在诸多高校专业的调整与增加，如东京艺术大学的"映像研究科"、东京造型大学的"媒体设计专业"。以各高校的动画专业为例，在校期间学生主要学习3D动画、卡通漫画制作、数码合成、动画建模等内容，毕业后进入动漫公司或游戏公司进行动画制作，为该行业持续输送专业人才，推动文化产业的发展。

10.1.3　资金来源

日本文化产业独树一帜的投融资模式与畅通的投融资渠道为文化相关行业提供了强有力的资金支持，同时弥补了政府扶持力度有限的缺陷。文化产业主要通过外部筹资渠道获取资金，探索出了多种直接融资和间接融资的途径。

1. 直接融资

当没有金融机构介入之时，日本文化产业与资金盈余单位间自发进行资金融通使得双方的可选择空间较大、融资成本较低，是一类极为灵活的融资手段。

（1）直接投资。

投资企业为了获取收益或扩大自身影响力而对文化产业进行直接投资，较为常见的模式是投资方将资金投资到文化产品的开发与制作中，另一模式是投资方提供产品的宣传费用，扩大产品知名度。在第一种模式下，投资企业持有被投资方一定股份或以合作经营的模式拥有一定的经营权，资本直接流入生产经营，投资方承担全部的开销，并获取文化产品所带来的全部收益，这一方式不仅仅局限于以营利为目的的商业投资，还应用于以服务社会为目的的文化产业基础建设。例如，创价学会为了保护人类遗产和促进文化交流创立的东京富士美术馆就是典型的非商业性投资。在第二种模式下，投资企业作为赞助方，仅提供部分费用或宣传经费，以达到提高产品知名度和宣传本企业的目的。日本的动漫、游戏领域成为赞助商进行宣传的福地，如动画《鬼灯的冷彻》与游戏《阴阳师》进行联动，形成了被投资企业获得资金、投资企业获取关注度的双赢局面。

（2）联合投资。

联合投资模式在日本的内容产业大行其道，该模式是由两家或多家企业共同出资，委托方负责制作产品。以动漫产业为例，从作品的原创、制片、出版到宣传等流程由多家公司共同合作出品，形成高效的投资联盟体系，有效地分散风险、缩短制作周期。经典影片《千与千寻》便是由吉卜力工作室、德间书店、NTV 等机构共同出资完成，再由吉卜力国际（Ghibli International）等公司发行，随后影片大热，投资方根据出资份额共享收益。

2. 间接融资

日本文化产业更倾向在金融中介机构获取资金，可有效缓解由于信息不对称导致的逆向选择风险，且间接融资具有可逆性，即由金融中介经手的借贷性融资到期时必须返还本金并支付利息，是相较于直接融资更加可靠的融资渠道。

（1）投资基金。

日本文化产业的蓬勃发展离不开全民的支持，具体表现为日本金融机构成立相关的文化产业基金，用以吸收民众资本和其他行业资本。因此，部分优秀作品的筹资困难问题便迎刃而解。基金出资者多为其他行业中持有大量资本的企业，通过文化产业基金对文化产品进行投资，以期获得未来收益，同时在投资的过程中还可以加深对文化产品开发技术的了解和认识，形成技术储备，为后期的文化产品开发奠定基础。

（2）融资担保。

知识产权担保融资首创于日本，实质上是企业将知识产权质押给银行获取贷款，从而实现外部融资。对于文化产业而言，在形成文化产品之前其需要大量资金投入，但是却缺乏传统的担保手段，难以评估自身无形资产的价值。因此，文化产业亟须用知识产权代替传统的担保物来进行担保。2000 年，日本政府对《流动化资产法》的内容进行调整，增加了部分特定资产如文化产业著作权等，改良了信托制度。政府随后修订《信托法》，正式将知识产权列入信托对象。自 2004 年以后，文化产业可用其知识产权进行担保获取融资，极大程度上促进了动漫、游戏、DVD 等文化产业的发展。

（3）制作委员会融资。

如图 10 - 1 所示，不同于以上几种融资模式，制作委员会融资模式不属于典型的直接融资或间接融资，而是更接近于内部融资。制作委员会融资模式是指电视台、广告公司、出版社等多个投资方在制造共同的影视作品时，联合成立制作委员会，由制作委员会进行筹集资金、收取广告公司费用、支付委托方制作费等活动，最终收益根据委员会的融资份额发放。1995 年，庵野秀明联合动画产业相关公司组成了制作委员会，解决了《新世纪福音战士》动画作品经费不足的问题。随后制作委员会模式成为日本内容产业的常见融资、制作模式，有效避免了合资版权混乱的现象并分摊了投资风险。

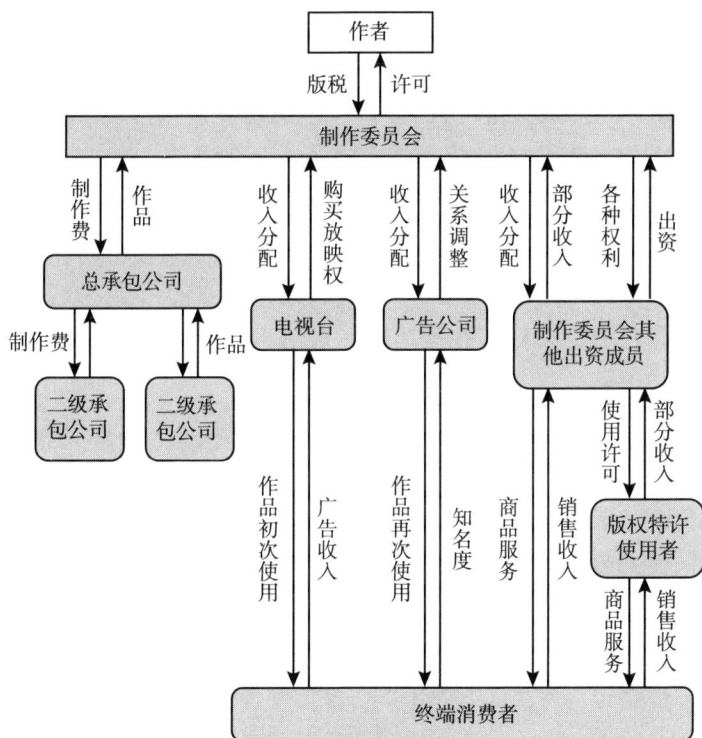

图 10 - 1　制作委员会融资模式

资料来源：由笔者绘制。

10.1.4　产业结构优化升级

日本文化产业的构成以及相关产业之间的联系与比例关系发生了渐进式的改变。日本文化产业结构持续优化升级，主要体现在产业结构高级化和产业结构关联化两个方面。

1. 产业结构高级化

文化产业结构的高级化是指产业结构的重心由发展水平较低模式逐次转移为发展水平较高模式的优化过程。日本文化产业的高级化主要表现为跨行业领域增加和文化产品信息化程度加深。传统文化产业与新兴产业主动对接，形成大量"互联网+""文化+"项目，所以随着产业结构的数字化程度不断加深，数字动漫、网络游戏、电子书、立体影像、互动娱乐等"跨界新秀"也随之步入千家万户，动画、游戏、书籍等文化产业的数字化率更是逐年上升。近年来，随着"泛娱乐"的兴起，新型文化产业也在不断发展，如二次元、电子竞技、网络直播等极具时代特色的文化产业逐渐出现，这对于产业结构的调整有着深远影响。

2. 产业结构关联化

文化产业结构的关联化是指产业内部不同门类之间、上下游企业之间的协同能力与关联程度不断提高。如图10-2所示，日本文化产业根据文化产品类别的不同逐渐形成了依托于企业群的产业链，包括电影、动漫、游戏、音像等领域，从艺术创作到形成文化产品，其间涉及的资金融通、信息传递、产品制作、广告推广等环节，均由同一条产业链的上下游企业进行处理，因此形成了关联度强、运作效率高的组织体。以日本内容产业链为例，由内容创意起始，内容生产、内容交易、内容消费，最后到衍生产品开发，其形成了完整流畅的内容产品产业链。这一合作共赢模式广泛存在于日本文化产业之中，为文化产业进一步升级提供了可靠的保障。

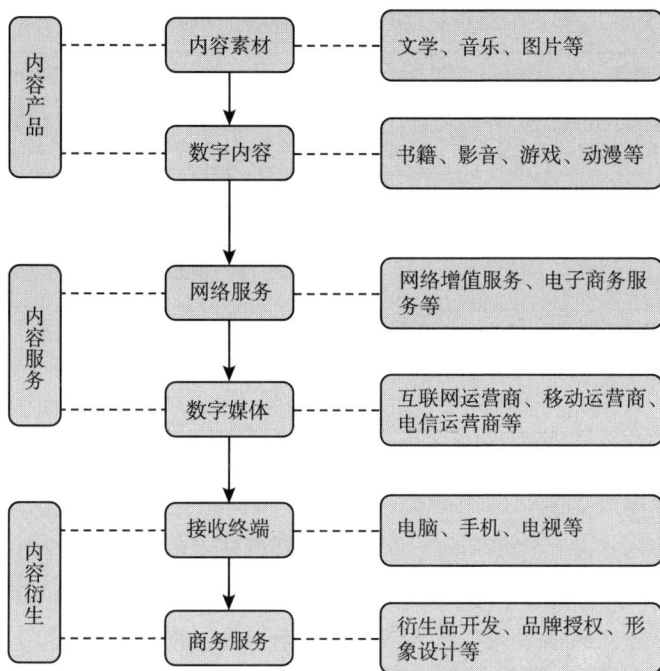

图 10 - 2　日本内容产业链条

资料来源：由笔者绘制。

10.2　美国文化产业结构升级经验

10.2.1　美国文化产业的发展及重要政策

自 20 世纪下半叶以来，文化产业已经成为一些发达国家国民经济的支柱型产业。美国作为世界上最大的文化输出国，它的文化产业产值早在 20 世纪末就占本国 GDP 的 20% 以上。美国的文化产业起步于 20 世纪 20 年代，历经一个世纪的发展，其取得了文化产业强国的地位，如表 10 - 3 所示。

表 10 – 3   20 世纪美国文化产业的发展历程

时间	发展阶段	驱动因素
20 世纪 20 年代至第二次世界大战前	萌芽阶段	新技术不断涌现，电报、电话、电视等文化传播载体进入人们的生活；美国经济的整体发展
第二次世界大战后至冷战结束	初步发展阶段	计算机的发明带来的技术革新；新自由主义经济的兴起
冷战结束至 20 世纪末	快速发展阶段	美国综合国力不断增强；互联网技术的迅猛发展

资料来源：由笔者整理。

在 21 世纪，美国的文化产业又迎来了新的发展机遇和挑战，美国文化产业也呈现出新的发展趋势。21 世纪以来，美国文化产业的规模化、集约化、专业化水平进一步提高，集群化发展成为新世纪的主导趋势。这一趋势的形成不仅源于互联网等技术的不断发展，还与经济全球化密不可分。具体表现在：美国的大型文化企业经过大规模并购重组，开始引领美国甚至全球的文化产业发展。迪士尼和华纳兄弟等文化产业巨头在这一阶段出现，大型文化企业更多地进行跨国界的合作。总体来说，美国文化产业在 21 世纪保持了其在 20 世纪的发展态势，其文化产业在全球的优势地位进一步得到巩固。

美国文化产业的发展离不开美国政府合理的文化产业政策。美国的文化企业需要充沛的资金才能不断壮大，一次次的文化产业结构升级依靠的是美国科技的进步和雄厚的人才资源。总结美国文化产业的发展和结构升级的原因，对于我国文化产业的结构升级有着重大的理论和实际意义。

10.2.2　文化产业政策

对于美国文化产业的发展，美国政府主张"无为而治"，虽然政府对文化产业的干预程度不高，但是完善的法律体系为美国的文化产业发展提供了保障。同时，美国政府扩张式的外交政策，也进一步促进了经济全球化背景下美国文化产业的发展。

1. "无为而治"的政策取向

文化产业作为美国国民经济的重要组成部分，政府对其政策取向必然与国家的整体经济政策取向一致。在经济全球化时代，新自由主义经济政策在美国大行其道，这样的政策为美国的文化产业扩张提供了有力支持。美国并没有设立专门的文化主管部门，在文化产业发展的过程中，美国政府主张采用"无为而治"的理念，政府主要是充当"守夜人"的角色。美国政府认为只要做好产权保护、完善有关制度，市场机制就能有效地把稀缺的资源有效地配置到文化产业中，从而推动文化产业发展与结构升级。"市场驱动型"是美国文化产业发展的独特模式，这种自由模式，使得市场充分地发挥了其对资源的配置作用，让市场进行自身调节和自我完善。这种"无为而治"的政策取向，为美国的文化企业创造了良好的竞争和发展环境，使得美国的文化企业有了更高的发展能力和创新意识。

2. 完善的法律体系

文化产业的自由发展同时也需要"他律"的约束，这个"他律"就是美国完善的法律体系。

（1）针对文化产业的行业性法律。

美国制定了许多专门针对文化产业的相关法律，20 世纪下半叶以来颁布的法规有 1956 年的《图书馆服务和技术法》、1965 年的《国家艺术及人文事业基金法》、1976 年的《版权法》、1996 年的《博物馆图书馆事业法》、1998 年的《数字千年版权法》和 2000 年颁布的《防止数字化侵权及强化版权赔偿法》等。

美国的文化产业在美国本土称为版权产业（Copyright Industry），可见美国对版权的重视。美国是全球最早实施版权保护制度的国家，《版权法》也是美国文化产业有关法律中极具代表性的。为了适应互联网等新兴产业技术所带来的变化，美国对自己的版权保护体系作了大量的补充。总体来看，美国现有版权保护制度和体系具有两个重要特征：一方面，美国对版权的法律保护不断加强，如今美国对于未发表的作品也提供产权保护，版权法保护的对象在不断增加，版权的保护期限也在不断延长；另一方面，美国积极利用数字化技术推进版权保护，1998年通过的《数字千年版权法》和2000年颁布的《防止数字化侵权及强化版权赔偿法》等新颁布的法律针对互联网发展所带来的变化，对美国版权保护体系作了重要补充。这些法律明确了数字化版权权利，并且针对作品在互联网上容易被他人擅自复制、使用等问题，建立法律保护制度。这都使得美国文化产业在依托网络发展的同时可以得到更好的保护。

（2）其他与文化产业相关的法律。

许多美国法律并非专门针对文化产业而设立，但它们却与美国文化产业的发展息息相关。比如，美国宪法第一修正案提出"国会不得限制言论自由或出版自由"。宪法第一修正案的这一规定为整个文化产业营造了一个宽松、自由的发展环境，对于美国文化产业的发展大有裨益。

宪法之外，税法的有关规定也有力地支持了文化产业的发展。美国联邦税法就明确规定了对非营利性文化团体免征所得税。美国几乎所有州都不同程度地对经营性文化企业等实行税收减免，如纽约市政府对百老汇营利性剧目有消费税减免政策。同时，对于文化产业资助者，联邦税法规定要减免资助者的税额，大力鼓励社会各界投资文化产业。

3. 美国政府的"扩张式"战略对文化产业的影响

美国政府对外长期推行扩张式战略，这种战略对美国文化产业的发展也起到了推进作用。美国政府通过文化扩张使美国文化成为世界的主流文化，并且把美国的价值观传播到世界各地。

文化扩张是美国政府"扩张式"战略的重要表现。为了实现文化扩张以达成整体"扩张式"的战略，在"自由主义"还未盛行的艾森豪威尔政府时期，美国成立了直属白宫管辖的新闻署，新闻署专门负责宣传美国形象、推行美国意识形态的有关工作。文化扩张的具体表现有：美国将自己的图书馆和文化中心建到了全球各地，派遣本国文化名人充当文化大使，对外宣传本国文化。同时美国不断推进文化产品自由贸易进程，打开国际市场，扩大美国文化产品出口并增加其在世界市场的份额，提高美国文化产品对其他国家消费者的影响。同时在文化产品和服务的评判标准上，美国政府不断进行人为地操控与垄断，制定一系列包括文化标准和文化观念在内的规则和规章制度，凭借自身的地位优势施压，许多发展中国家和其他发达国家不得不被动地接受这种标准。如全球最有影响力的电影奖项奥斯卡奖的评选，本质上就是按照美国文化的标准来进行。美国的文化产业得益于美国政府长期以来的"扩张式"战略，通过不断开辟海外市场，谋求更大的发展，同时美国文化强国的地位也更加稳固。

10.2.3　充沛的资金来源是美国文化产业发展的资本基础

美国文化产业的强大和产业结构的不断升级离不开资本的支撑，而充沛的资金离不开美国多元化的融资渠道和跨国资本的不断涌入。

1. 多元化的融资渠道

在美国，无论是公益性文化产业领域，还是营利性文化产业领域，目前都已形成多元化融资渠道。独立运作的国家艺术基金会与美国人文基金会（NFAH）专门承担美国文化和艺术事业的补贴工作。在美国公益性文化产业领域，目前已形成以政府资助为引导，以社会资助为主体的多元化融资体系。从各文化产业机构发布的有关数据来看，政府资金的分配呈现出向小型文化企业和相关机构倾斜的特点，并且机构规模越小，各级政府投入在融资资金来源中所占的比例越高。

2. 跨国资本的涌入

在经济全球化的背景下，跨国公司已经大量渗透进入美国文化产业。以好莱坞的电影制片为例，一个文化产品的制作发行可能涉及日本索尼公司、澳大利亚新闻集团等众多跨国企业。美国文化产业的发展依靠的是庞大跨国公司队伍的共同努力，并从全世界获取利润，当然美国无疑是跨国合作的最大受益者。来自不同国家和地区的主体参与到美国文化产业之后，不仅为美国文化产业带来了新鲜血液，还带来了大量的资本、劳动力等资源，从而促进了美国文化产业的发展壮大。正是在充沛资金的支持下，美国文化产业不断进行产业升级，占据着当今世界的文化霸权地位。

10.2.4 雄厚的人才资源和科技的不断进步推进文化产业结构升级

丰富雄厚的人才资源为美国文化产业发展提供了源源不断的创意要素，进步领先的科技为促进美国文化产业发展贡献了生生不息的发展动力。美国政府针对文化产业技术与人才的有关政策相对其他发达国家较少，但是美国长期对科技与人才的重视，使得人才持续涌入文化产业，技术革新也给文化产业创造了新的发展动力。

从最早的移民阶段、西部开发阶段开始，美国政府就以其独特、务实的视角，不断地为自己的国家培养、招募人才。二战阶段的"曼哈顿工程"就反映出美国不拘一格使用人才的用人态度。美国国家科学基金会的大力投入，也给科技人才提供了更多的研究机会。在21世纪初，政府就要求大企业要加强就业与教育之间的联系。通过采取一系列的措施，美国造就了全球最有竞争力的人才培养和成长环境，使得高质量的人才带来的灵感迸发并不断为美国文化产业赋予新的活力。教育与企业的紧密联系，使得学生更有针对性地学习文化产业相关内容，为进入该行业做足准备。近年来，根据文化产业发展的实际需要，美国也在大力加强与文化产业相关学科的建设，培养高素质文化产业人才。为了适应网络游戏的快速发展，美国政府推动大学开设数字媒体等相关专业，致力于培养更多相关人才。

在加大本土人才培养力度的同时，美国政府也采取措施吸收海外人才，如美国国土安全部于2012年出台政策，将拥有科学、技术、工程、数学（Science，Technology，Engineering，Math；STEM）学科的学生签证持有人的毕业后实习期签证延长，为海外留学生提供更多便利。此外，宽松的移民政策也在美国文化产业人才集聚中起到了举足轻重的作用。许多人在学习了先进科学技术和管理理念之后选择继续留在美国，将所学内容投注美国文化产业之中，为美国文化产业的创新发展提供了有力支持，同时这部分留学生也成为美国文化产业消费大军的重要组成部分。

从某种程度上说，现代文化产业是高新科技与文化相互融合的产物，是现代高科技发展进步的重要成果。20 世纪初，美国率先将电视从实验室带到了家庭中，而后又率先掀起了互联网浪潮，技术的革新推进着美国文化产业的发展进程。美国在 21 世纪制定了科技发展新战略，优先支持战略重点领域——会聚技术，不断加大科技研发投入，抢占战略制高点，重视促进资源的整合和合作研究。在第四次工业革命的背景下，美国的文化产业不断引入新兴技术，VR、5G 等前沿科技助力文化产业，提高了文化产品生产质量和速度，增加了文化产品的附加值。如今以高新技术文化产业为代表的网络服务业迅速席卷全球，美国凭借自己在技术上的优势，在电子竞技、互联网广告、OTT 视频（互联网公司越过运营商，Over - the - Top）等领域取得了难以撼动的绝对优势。新的技术同时孕育出了新的文化产品，新的文化产品不仅在重塑着人们的文化发展理念，也在引导并更新着消费者的文化需求，新技术正推动着美国文化产业不断加快向全世界扩展的速度和规模。

10.2.5　产业结构优化升级

产业结构的升级就是产业结构由低级形态向高级形态演进的过程。一方面，产业结构高效化，产业结构变得更加丰富且合理；另一方面，行业内企业之间协调能力和关联水平变高，产业内部企业的融合程度加深。最终结果是文化产业从劳动密集型行业转变为技术密集型和资本密集型行业。

1. 高效化的产业结构

新兴技术是推动美国文化产业结构升级的重要力量，在 20 世纪中叶，计算机的发明引发传播媒介的重大革新使美国的文化产业结构产生重大变化。除了传统的印刷和出版业外，电子传媒业、娱乐业和旅游业也被纳入文化产业的整体布局，文化产业结构不断丰富。由于这一阶段基于冷战的历史背景，文化产业的生产结构与需求结构相适应，意识形态的烙印深深地刻在了美国的文化产品上。21世纪网络业的迅速崛起，对美国文化产业的传统结构造成了严重冲击。一方面，一些传统文化产业呈现下滑和萎缩态势，以美国报纸行业为例，受互联网冲击，传统纸质报刊销量大幅下降，报社另寻出路，电子报纸成为新的盈利模式；另一方面，信息产业与文化产业融合加快，网络文化产业显示了巨大的市场潜力，并开始引领和主导美国文化产业的发展。网络时代也催生了很多以软件业为代表的新型文化产业。传统产业或被淘汰或被迫运用新技术来谋求发展，这种通过技术革新形成的良性约束机制是民间的、自发的、自下而上的，这使得文化产业结构更加高级、合理，受众和消费者渐渐把文化产品的科技含量作为文化产品的重要检验标准。文化产业结构的高效化使得文化产业成为美国国民经济的重要支柱，从图10-3中我们可以看到，近年来文化产业对美国GDP的增长的重大贡献。

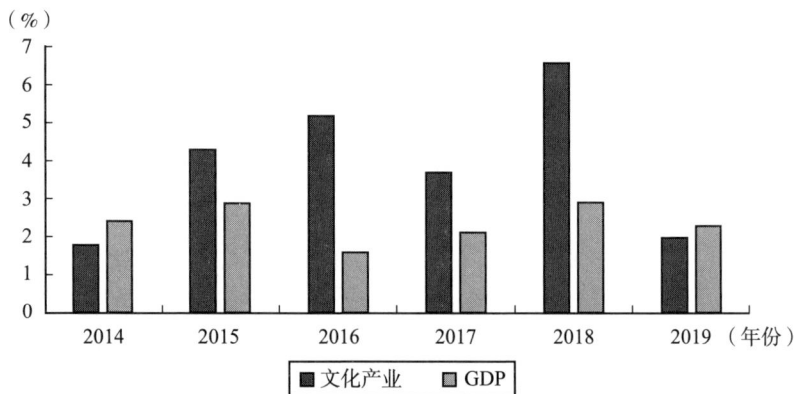

图10-3　文化产业实际增加值和GDP实际增加值的对比

资料来源：由笔者绘制。

2. 产业集群化发展的新趋势

进入21世纪，美国文化企业之间协调能力和关联水平变高，美国文化产业发展的集群化特点日益突出，科学技术的不断发展和经济全球化进程的持续加快为此提供了合理的解释。

美国文化企业的良好发展状态和高水平的净利润率逐渐吸引大财团

的注意，大财团通过兼并收购一些文化企业进入该行业，大量的文化企业被不断地兼并、收购。以迪士尼公司为例，在 20 世纪 80 年代，迪士尼就收购了 ABC 广播公司。迪士尼官网显示，2006 年，迪士尼以换股的形式获得了皮克斯 40% 的股份。迪士尼在 2009 年收购了漫威，在 2019 年又收购了 21 世纪福克斯。集群化发展带来的产业结构变化可以产生规模效应，从而节约成本。而且随着企业兼并与收购的进行，更多的 IP 汇聚到一起，更多的人才为同一家企业工作，这种积累可以让更多的灵感迸发，可以赋予企业更多的活力。通过大规模的并购、重组而带来的产业结构优化，孕育了更多大型文化产业集团，这些集团逐渐成为全球文化产业的主导。文化产业结构升级的另一种体现是文化企业在地域上的聚合，好莱坞就是一个很好的例子：著名的八大电影公司汇聚于此，《泰坦尼克号》《阿凡达》《复仇者联盟》等佳作在这里诞生并不断刷新电影票房纪录。这种地域上的集聚不仅使得企业间的协调能力和关联水平有所提高，也成功带动了整个地区文化产业的发展。

美国文化产业结构的不断升级重塑了自身的产业结构和技术结构，使其朝着更加合理的方向发展。美国依靠着自身的科技实力和人才资源走在产业结构升级的前沿，同时有效的政策和充足的资金让美国最大化了产业结构升级的效用，最终让每一次文化产业结构的升级都给美国 GDP 的增长作出了新的贡献。

10.3　英国文化产业结构升级经验

10.3.1　英国创意产业概况

1. 英国文化产业起步

从 20 世纪初开始，以格拉斯哥造船业为代表的英国传统工业面临萎缩，到 1997 年，英国制造业增加值占 GDP 比重大幅下降，"世界工厂"走向衰落。同年，时任首相布莱尔决心改变英国保守陈旧的形象，发展知识经济，提出了"新工党、新英国"的口号，以文化大臣为首的"创意产业特别工作小组"正式成立，国家遗产部更名为文化新闻体育部（DCMS）。

1998 年，联合国文化与发展委员会在瑞典首都斯德哥尔摩召开会议并发表了《世界文化发展报告》，该报告敦促世界各国"设计和出台并更新现有文化政策，将它们作为可持续发展的一项重要内容"。而英国的"创意产业特别工作小组"也分别于 1998 年和 2001 年两次发布相关研究报告，分析英国创意产业的现状并提出未来发展战略。在 1998 年出台的《英国创意产业路径文件》明确提出"创意产业"概念。该文件指出：所谓创意产业，就是指那些从个人创意、才能和智力中汲取发展动力的企业，以及通过知识产权的开发和运用，实现财富创造和发挥就业潜力的行业。

在此后的二十年里，英国把创意产业作为振兴经济的聚焦点，从产业政策、融资支持、人才培养等多个维度促进文化创意产业的发展。迄今为止，英国已经形成了一套科学化、系统化支持文化产业发展的模式。

2. 英国创意产业类别

如表 10 - 4 所示，在创意产业范围的界定上，英国政府制定了三个原则作为标准，分别为：就业或参与人数多、产值大或成长性强、原创性高或创新性强。根据英国创意产业小组在 2001 年发布的创意产业纲领文件（Creative Industries Mapping Document）中对于创意产业的定义，英国将出版、广告、建筑、艺术和文物交易、时装设计、工艺品、设计、电影、互动休闲软件、音乐、表演艺术、软件、电视广播这 13 个行业确认为创意产业。

表 10 - 4　　　　　英国文化、媒体和体育部就业情况

部门	2018 年（千人）	2019 年（千人）
文明社会	903	962
创意产业	2040	2101
文化部门	659	676
数字部门	1505	1557
博彩	87	76
体育	570	563
电讯	177	178
旅游	1390	1426
所有文化、媒体和体育部就业人数	5144	5284
在英国就业总数的占比（%）	15.5	15.7
英国就业总人数	33170	33553

资料来源：由笔者整理。

3. 发展现状

（1）创意产业 GVA。

累计总值（Gross Value Added，GVA）是衡量地区产品和劳务产出价值，估计国内生产总值的重要方法。英国的文化、媒体和体育部（不包括旅游业和公民社会）在估算英国各个地区的创意产业贡献时，以总增加值（GVA）进行衡量。GVA 是衡量由于商品和服务生产而产生的经济价值增长的量度，它与 GDP 的关系为：GVA = GDP + 补贴 - 税收。GVA 数据可以有效地度量英国创意产业的成长状况和其对英国总体经济的贡献。

如图 10 - 4 所示，从 2010 年开始到 2018 年，英国创意产业对英国 GVA 的增长贡献百分比一直呈现不断增加的态势，其中 2018 年（临时）

贡献 111.7 万亿英镑，相较于 2010 年，GVA 贡献值增长了 43.2%。[①]

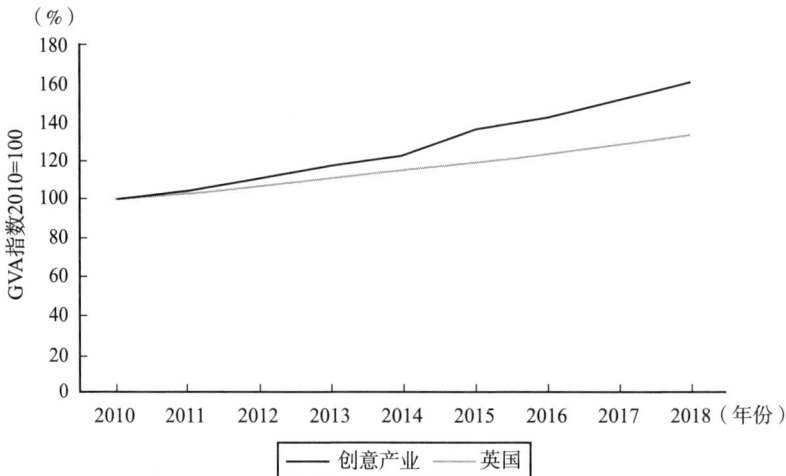

图 10 – 4　2010 ~ 2018 年创意产业对英国 GVA 增长贡献百分比折线

资料来源：由笔者绘制。

（2）创意产业就业贡献。

如表 10 – 4 所示，2019 年，创意产业部门的就业机会超过 210 万个，比 2018 年增长了 3.0%。创意产业部门的就业机会比 2011 年增长了 34.5%，是英国整体就业率增长速度（11.4%）的 3 倍以上。[②] 由此可见，创意产业为英国创造了大量的就业岗位。

英国文化产业的迅速成长得益于其全方位、系统化的支持策略。从政府政策的支持、融资渠道的扩展、创意人才的培养到文化消费模式的打造，英国文化创意产业实现了由点到面的扩展。

---

①② DCMS Sectors Economic Estimates 2019：Employment – GOV. UK. https：//www. gov. uk/government/statistics/dcms – sectors – economic – estimates – 2019 – employment/dcms – sectors – economic – estimates – 2019 – employment.

10.3.2　政府政策带领英国文化创意产业升级

英国的文化创意产业起步较早，其政府相关政策架构完整，其中"一臂之距"、税收优惠政策等半自治非政府组织建设极具特色，不仅在指导英国文化产业发展过程中发挥了举足轻重的作用，同时也给其他国家提供了借鉴。

1. "一臂之距"原则

英国在其文化管理的具体实施过程中采用了较为独特的"一臂之距"原则。"一臂之距"文化管理模式充分结合了英国自身的文化产业发展状况，从 20 世纪 40 年代一直适用到今天，成为英国各级政府管理文化艺术事业奉行的不二准则。"一臂之距"原则的具体表现如图10－5所示，中央政府部门在自身与下级各文化艺术机构之间，设置了一级非政府公共机构。非政府公共机构主要承担中介职能，上下联通，向上为政府提供相关文化政策建议，向下负责评估文艺团体。非政府公共机构协助政府实施相关文化政策，同时对文化拨款项目进行评估、分配和落实，为各行业性联合组织提供专业咨询和服务等。

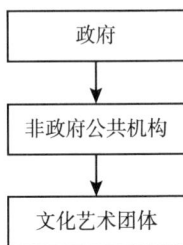

图 10－5　英国文化管理体制

资料来源：由笔者绘制。

非政府公共机构中包含了大量文化和艺术领域的社会中立专家，从中保持客观性、独立履行其职能，以自身文化专业知识为英国文化产业发展提供具体指导。英国政府把非政府公共机构的建设放在很高位置，2018 年 9 月，英国设立了一个新的政策和证据中心，为英国文化产业发展提供独立的研究和权威性建议。在非政府公共机构这一创新模式的协助之下，英国文化产业发展得以保持自身的连续性，也避免了因政府过度行政干预等产生的负面影响。

2. 税收优惠政策

为了促进文化创意产业的发展，英国对于企业和私人捐赠文化事业提供税收优惠，英国政府实行"抵换所得方案"。该方案中具体规定：当公民个人把艺术品或具有价值的文化物品捐献给英国国内收入局理事会时，个人所应交纳的遗产税、房产税等多项税收可以获得部分或全额免税。该方案为英国政府带来了巨额的艺术品及文化藏品。减免税收对个体捐赠人的巨大吸引力让英国财政部尝到了税收减免条款的"甜头"，也为其他国家和地区激励个人对公共文化物品的捐赠提供了经验借鉴。

10.3.3 多措并举为英国文化创意产业提供资金来源

如图 10 - 6 所示，资本投资是文化产业成长的生命之源，在原始资本的支持之下，社会文化资源与文化创意通过整合可以形成更具生命力和发展潜力的文化资本，为社会经济增长带来新的、更加强劲的拉动力。

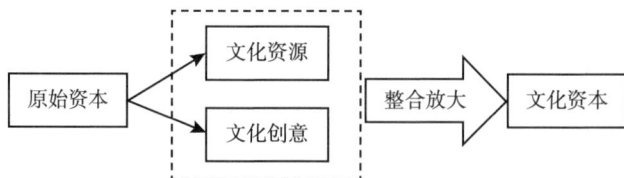

图 10 - 6　文化产业资本放大路径

资料来源：由笔者绘制。

文化创意企业融资成本高、渠道窄、难度大，"融资被拒"和"融资消极"现象横生，资金的限制也制约了英国文化产业向更高水平发展。英国文化创意产业的融资特色则主要有以下三个方面：彩票基金模式的建立、政府陪同资助制度的实施和中小企业融资渠道拓展。

1. 建立彩票基金模式

国家彩票（National Lottery）是由英国议会批准发行的专项彩票计划，其目的明确，即将彩票募集的资金用于支持公益事业的发展，绝大部分都用于体育、慈善和艺术事业。遵从英国国会要求，国家彩票每售出 1 英镑的彩票，需要提取至少 28 便士的资金加上未兑奖的奖金和利息作为慈善基金。[①] 彩票基金模式属于英国对文化创意产业融资模式的全新探索。随着文化产业的发展，英国充分利用彩票这种特殊国家基金，保障文化创意产业的资金支持和基础设施建设，帮助文化艺术门类发展走向新的阶段。

在英国，资金筹集和运用分别隶属于不同部门。国家彩票委员会负责彩票的发行和管理，英国文化、媒体与体育部负责将资金分配给大路透基金会、英国电影协会、英格兰艺术委员会等非政府机构，这些机构将按照各自重点资助的项目决定彩票收入的具体用途。自 1994 年首次发行，英国这一彩票基金融资模式为文化创意产业提供了巨大的资金支持。其资助规模逐渐扩大，在英国文化创意产业成长初期，英国彩票基金模式有效弥补了国家财政对文化艺术投入的不足，丰富了地方文化艺术活动、鼓励了文化艺术创作，其扶持的一系列文化产业项目源源不断地为地区经济发展注入活力，成为英国经济发展的重要引擎。

2. 实行"政府陪同资助"

"政府陪同资助"是英国又一项成功的文化产业资助模式，目前也是英国中小文化创意企业基础性融资模式之一。其具体运行方式为：如

---

① 吴晨，丁霓．英国城市复兴的特殊资金模式：国家彩票资金［N］．澎湃新闻，2019 – 03 – 28，https：//www. thepaper. cn/newsDetail_forward_3200485.

果一家企业决定资助文化事业，政府将陪同这家企业资助同一项活动。政府十分鼓励"新投入"行为，对于企业首次资助行为，政府按照 1：1 的比例陪同，对于企业第二次资助，政府提升陪同出资额，按照 1：2 的比例投入。[①]

"政府陪同资助"模式从资助企业角度和被资助企业角度来看都产生了促进作用。一方面，资助企业在政府"陪跑"的影响下，既看到了政府对文化产业支持的态度，也看到了文化创意企业成长的未来，因而产生了激励效果；另一方面，被投资的文化创意企业获得了双份资金，政府的参与为创意活动的质量提供了隐性背书，也向社会传递了积极信号，产生了广告效应。

3. 扩展中小企业融资渠道

英国对文化产业的发展做了全方位的融资规划，除了政府拨款、准政府组织资助等传统融资方式和彩票基金资助、政府陪同资助等创新融资方式之外，还从其他许多方面拓展了融资渠道。

英国文化创意产业的构成以中小企业为主体，成长初期呈现弱、散、小的特点，造成资金、研发投入不足，海外市场拓展能力欠缺。基于此，英国政府 2001 年出版了《融资一点通》（Banking on a Hit）手册，引导具有创新能力的中小企业或个人从金融机构或政府部门获得资金援助。同时，英国政府公布了创意产业的资金地图，通过理论指导与实践总结相结合的方式，为中小文化创业企业提供融资指引。另外，企业通过增加创意产业附加值，运用品牌"磁场效应"也可以有效吸引资本。整体上看，英国创意产业的成功建立在公共和私人投资的结合上，其资本结构被形象地称为"三三制"——1/3 由政府财政拨款；1/3 来自社会资金，其中包括了彩票收入、银行信贷和公众投资、社会捐助等；剩下 1/3 来自企业组织自身的经营活动所得，如文化活动门票收

---

① 邓敏. 让文化软实力硬起来 [N]. 人民网，2013 - 03 - 08，http：//culture. people. com. cn/n/2013/0308/c172318 - 20717485. html.

入、场地租用费等。①

10.3.4　人才培养为英国文化创意产业续航

创意产业的蓬勃发展需要人才做支撑，英国目前已经形成了高校、企业、政府、社会四位一体的创意人才培养模式，为英国创意产业提供了源源不断的力量。

从高校层面，英国对创意产业人才培养强调持续性和系统性，高等学府扮演创意人才的"炼丹炉"，促进国民素质的整体提升和群体创造力的激励释放。

从企业层面，英国企业和社会组织对于文化创意人才的培养扮演着重要角色。对员工的教育培训工作被视为英国企业需要承担的一项社会责任。英国企业广泛建立了"学徒制""带薪实习制"和"员工技能提升培训制"等相关人才培养制度，通过与绩效考核、资格认证、聘任条件挂钩，激励员工参与培训，提升自身素质和文化水平。英国企业逐步发展成人才培养的"第二课堂"，为社会提供更多具有专业技能的创意人才。

从政府层面，英国政府高度关注文化创意人才对产业发展的巨大推动作用，积极从教育培训、鼓励个人创意及倡导创意生活等多个方面探索培养公民创新意识的工作方案。在相关理论支持之下，英国政府多措并举，开展从业人员技能培训、知识产权保护、文化出口扶持等方面工作，涉及文化创意产品的内容创作、生产、分销及最终消费各个环节。英国政府为文化产业的发展营造全方位的有利环境，人力、财力、物力、政策齐头并进，软硬结合。经过 20 多年的完善发展，英国文化创意产业相关法律与政策不断丰富发展，目前已经具备产业架构完整、法律法规体系完备、相关政策扶持稳定等特征。

从社会层面，英国已经形成较为完善的人才培养体制，形成制度

---

① 英国文化产业融资 1/3 依赖社会 [N]. 人民网，2013 - 12 - 05，http：//uk. people. com. cn/n/2013/1205/c352308 - 23750673. html.

化、常态化模式，学校作为"第一课堂"育人；企业、行业协会、文化单位、各类社会组织作为"第二课堂"，参与创意人才培养；政府核拨财政资金助力文化产业发展，利用企业和个人捐赠资金、彩票基金、社会募集等方式集合全社会力量促进创意人才培养。英国社会充分尊重个人兴趣爱好、特长发展，尊重个人职业选择，尊重人才个性化发展。

10.3.5　文化消费激发英国创意产业蓬勃发展

英国在发展文化创意产业的过程中逐步转换了思维方式，站在消费者内心需求的角度重新设计产品，让创意产品迎合消费者审美和需要。以英国博物馆为例，大英博物馆、泰特当代美术馆等结合自身标志设计出大量与生活紧密相关的衍生产品；维多利亚与艾伯特博物馆（V&A）、设计博物馆等知名博物馆都开设类似的文化创意纪念品商店。商品不论从明信片到帆布袋，从书籍到日用品，均设计得实用又美观，满足游客的心理需求。文化创意产品的生活化为文化产品带来更强的生命力，以消费为导向的创意更容易被大众接受，有助于全社会形成积极的文化消费氛围，从而促进文化创意产业的发展。

1. 打造文化 IP

英国在文化消费方面的一个十分成功的经验就是打造强有力的文化IP，J. K. 罗琳的作品《哈利·波特》目前已经成为现象级英国文化 IP。英国积极把握《哈利·波特》的影响力，打造了一大批哈利·波特主题博物馆。例如，书中有一个令人印象深刻的地点——"九又四分之三"站台。英国在伦敦设立了一个与书中相似的站台，将博物馆的形式融入现代生活细节之中，充分发挥博物馆效能、扩大文化产业影响力。目前，《哈利·波特》已经被翻译为超过 60 种语言的不同版本，畅销全球。电影、玩具、服饰、首饰等相关衍生品应运而生，形成了完整的"哈利·波特产业链"，产业链中的每一环节都通过哈利·波特这一文化 IP 获得了丰厚的经济收益。

2. 生活方式型公司

越来越多的创意企业与创意企业家结合，盈利不再是企业经营的唯一目的。创意企业家们往往兼具创作能力和创意情怀，公司同时成为他们个人兴趣和生活方式的表达渠道，因此这些小型创意公司也被赋予了更贴切的名称——生活方式型公司。生活方式型公司为创作者提供更加舒适的创作环境，有利于提升创作作品的质量和真实性。新型公司经营模式吸引了众多消费者，各类画室、私人文化体验馆、手工艺体验场所层出不穷，营造出文化消费的良好氛围，丰富了城市的文化生活。

3. 文化创意产业园区

文化创意园区不仅是文化生产基地，也是文化消费场所，有助于激发城市活力。英国文化产业发展的一个重要特色就是其丰富的文化产业园区。陈琳和高德强（2016）以曼彻斯特文化园区和南威尔士流行工厂为例指出，在政策和公私部门的协同合作下，英国的创意产业园区别具特色。

（1）英国创意产业集散地——曼彻斯特文化园区（Northern Quarter）。

在 20 世纪初的经济大衰退中，曾经贡献世界棉纺织交易量 80% 的"棉都"曼彻斯特一度走向衰落，工业凋零、污染严重、失业人口增加、城市逐渐"空心化"，曾经象征着新工业的烟雾消散之后只留下一座城市落寞的凋敝。曼彻斯特市政当局及时意识到问题，采取一系列手段，帮助曼彻斯特实现了从工业之城到创意之都的"凤凰涅槃"。曼彻斯特被英国政府部门列为"商业改进区"。在本地区内进行经营活动的店家可以向政府申请一笔店面改造补助款，地方市政当局宏观布局，因地制宜拟定发展策略，积极把握新兴产业发展方向，在保留现有商业特色的同时培育新的文化创意产业。进入 21 世纪，曼彻斯特把打造"创意之都"作为目标，在西部地区兴建媒体城。2011 年，曼彻斯特媒体城一期项目完成，英国众多知名高等文化、教育、媒体制作机构纷纷涌入，让这座城市交织着创作的灵感和文化消费的冲动。

（2）南威尔士的流行音乐工厂（Pop Factory）。

南威尔士的"流行工厂"是由商业主导、公共部门投资扶持的城市发展旗舰计划，成功实现经济与社会文化艺术结合发展。"流行工厂"位于南威尔士朗达（Rhondda）地区，曾经是南威尔士最贫穷的地区之一。随着当地煤矿企业相继倒闭破产，居民失业率极高，当地中学生辍学比率是英国平均值的两倍。在威尔士流行音乐渊源的启迪之下，"流行工厂"计划诞生，该计划立足于成为推广威尔士流行音乐并为威尔士吸纳优质文化资源的场所，私营企业在该计划的策划运营中发挥了巨大作用。致力于发展地方性、区域性、大众性的文化资本，南威尔士通过扩展本地居民文化活动设施、创造就业、推广文化教育与培训等方式为本地带来多元利益。在这座流行音乐的工厂之中，音乐家们尽情释放自己的创意才华，无论是街头桥边跳动的乐符还是卡的夫圣大卫厅里回荡的旋律，无一不让过往行人享受着文化消费的盛宴。

10.3.6 文化与科技深度融合促进产业结构升级

随着互联网、大数据时代的到来，英国高度重视科学技术发展在文化创意产业中的作用，积极利用新型数字技术推动创意产业数字化发展。

英国的英格兰艺术理事会（Arts Council England，ACE）对英国数字化文化资源整合进行宏观管理和支持，其通过打造典型的数字化文化资源整合平台收录来自英国以及世界各地图书馆、博物馆和档案馆的文化资源。在网页和文档的应用基础之上，英格兰艺术理事会进一步支持各类 App 的开发，为用户提供多样的数字文化体验方式。政府利用数字化技术丰富拓展民众文化生活，普及文化教育培训，鼓励支持民众进行创意创新，享受创意生活。

整体上看，英国文化创意产业的发展基本呈现出"创意—数字化—产业融通"的趋势。以文化创意为发展起点，英国利用先进数字技术，搭建集文化创意产业研发、生产、流通、交易全产业链于一体的数字化平台，借助先进网络通信和数字技术，打造一个无界域的"虚拟集聚区"，促进资源整合利用，实现"政、产、学、研"高度数字化融合，进一步拓展文化创意产业的深度和广度，最终实现产业融通。

10.4　不同国家文化产业结构升级模式对我国的借鉴意义

日本、美国和英国文化产业结构升级的经验给我们带来巨大启示和借鉴。我国文化产业虽然发展势头良好，但文化企业间的发展较为割裂，文化产品种类单一且缺乏科技含量与文化创意，难以持续吸引消费者的关注，而且我国中小文化企业发展困难，更遑论形成完整高效的自主发展产业链。因此，我国文化产业还有很长的路要走。我国文化产业的未来发展需借鉴文化产业发达国家的经验，加强文化与科技之间的结合，扶植中小文化企业发展，促使企业间联合发展，构建完整产业链，这样才能实现我国文化产业结构的升级，健全我国的文化产业体系及市场体系。

10.4.1　主动对接，促进文化科技融合

不管是日本、美国还是英国，文化产业的高质量发展都离不开科技。科技与文化的融合，不仅能丰富文化产品的种类，也能加强文化企业与其他企业的合作，培养国民文化消费习惯。但我国文化产业尚处于初级发展阶段，传统文化产品所占比重较高，文化产品种类较为单一，文化消费形式相对单调，难以激发消费者兴趣。我国未来的文化产业发展要借助现代科技手段，在大力弘扬中华民族优秀文化的同时，需要充分发挥自主知识产权优势，增强文化产品的科技含量，积极利用 VR 技术、仿生技术等新科技，丰富文化产品的体验形式，通过科技手段推动传统文化产业转型升级。在发展传统文化产业的同时，我国政府需要促进文化产业科技化和数字化发展，实现文化资源的优势转化，从而推动传统文化行业转型升级，不断增强文化产业的市场竞争力。

10.4.2　互帮互助，形成完整产业链

在日本、美国与英国的产业结构升级过程中，产业链的构建和布局的完善是必不可少的。目前，我国文化产业链发展尚不成熟，供应链存在产销脱节、集中度低的问题，知识链共享不畅、技术水平低，而且价值链的盈利模式单一。整体上各环节衔接不畅，互动效应差。文化产业的发展不能是一座孤岛，因此，为获取经济效益，我国文化生产企业应该注意互相帮扶，共同融入文化产业的发展链条中，通过分工加快生产效率、凸显核心优势，并且通过合作规避市场风险、提高整体实力。我国目前存在大量文化产品空有创意，但是无法落地，需要多行业相互结合，实现"创意—产品—相关产业"的转换，让文化创意落地。这可以带动相关产业的发展，进而形成各环节联系紧密、高效完善的产业链。

10.4.3　优化布局，扶持优秀中小企业

相较于其他国家，英国文化产业链的构建更加重视中小企业的发展。大型文化企业在发展中往往会面临来自社会、政府、公众等更多方面的压力，相较而言，中小企业就更加灵活自由，因此扶持优秀中小企业是优化我国产业链布局的关键举措之一。目前，我国发展势头较好的文化企业大多是大型企业，许多中小企业空有创意而苦于资金人力不足等原因，不能产出创新文化产品，并持续输出文化创意，更无法依靠产品带动其他类型企业的发展。由于我国中小文化企业面临着种种压力，融资困难与税负过重的问题制约着中小文化企业的发展壮大；人才难求与创意枯竭的现象阻碍了中小文化企业的创意产出。因此，我国政府应当出台扶持中小文化企业的专项融资政策，解决融资问题，另外也应当畅通中小文化企业与人才的对接途径，从而解决人才问题。

10.4.4　完善立法，构建完整法律体系

文化产业的发展依靠的是文化创意，前文提到的发达国家在文化产业方面均有一套完整的用于保护智力成果的法律体系。但是我国目前对于智力成果的保护还相当薄弱，我国知识产权制度的建立时间较晚，虽然我国曾经在短时间内制定了大量的法律法规，但由于受到当时认识和条件的局限，法律法规和各项制度的制定都很不完善。而且由于各界对于知识产权的认识不足，我国文化产业缺乏对知识产权的法律保护意识。同时，有关部门在执法过程中对文化产业乱象的治理力度远远不够，社会公众知识产权保护意识淡薄，而且文化企业对自主知识产权在自身发展中的地位和作用也认识不足。因此，我国必须完善对知识产权的立法保护工作，建立完善的知识产权法律体系，让文化成果不再受到侵害。

第 11 章

研究结论与政策建议

11.1　研究结论

11.1.1　我国文化产业结构总体趋势向好，但面临发展困境亟须优化升级

自改革开放以来，我国文化产业实现了跨越式发展，成为国民经济的重要组成部分。文化产业结构现阶段显现出以下特点：第一，以新闻信息服务、内容创作生产和创意设计服务为主的文化核心领域占据主导作用，贡献了绝大部分的产业增加值。第二，我国文化产业结构主体实现了从文化制造业到文化服务业的转换，极大地提升了就业吸纳能力。第三，在新兴文化产业的强势冲击下，传统文化产业营收下降明显。第四，将高新技术融入日常经营活动中已经成为文化企业的共识，其中提供互联网信息服务和有线电视网络类的文化企业拥有更高的科技综合利用率。第五，随着数字化技术的发展，数字文化产业成为我国文化产业发展的新增长点。第六，我国东西部地区长期存在明显的经济差异，尽管中西部地区发展速度有所提升，整体文化产业结构仍存在区域发展失衡问题。回顾我国文化产业结构变迁的进程，可以看出，我国文化产业

结构存在"升级导向、多元导向和融合导向"的演进规律，未来我国
文化产业核心将继续向融合时代科技的创新行业偏移。

尽管在政策红利的推动下，我国文化产业成长迅速、势头强劲，但
随着文化产业的快速增长，文化产业也逐渐暴露出诸多问题。从供给层
面来看，第一，由于文化企业在产品开发过程中存在泛娱乐化，不注重
品牌培育等问题，加之组织惰性严重，使得现有文化产品与服务的内涵
不足，难以满足人们的文化消费需求。第二，我国文化企业科技创新能
力普遍较弱，产品科技属性不够明显，抑制了文化需求结构升级。第
三，我国文化企业的产业链较短，缺乏对文化产业整体产业链的认知和
打造，阻碍了我国文化产业结构层次的优化。第四，我国文化产业人才
高端从业人员匮乏导致人才结构不合理，制约了文化企业管理效能的提
升与科技创新能力的进步，阻碍了文化产业结构的优化升级。第五，我
国尚未形成完善的多元化文化产业金融服务支持体系，信贷约束成为文
化产业发展的硬约束，阻碍了文化产业结构的提档升级。从需求层面来
看，一方面，我国居民文化消费比例偏低，消费需求增长与经济发展之
间存在明显滞后，阻碍了文化产业结构的升级；另一方面，我国文化产
业初步较晚，文化消费环境建设也相对落后，欠佳的文化消费环境限制
了我国居民的文化消费活动，使得文化产业消费结构的层次长期处于较
低水平。从政策层面来看，第一，我国目前的文化产业管理模式属于行
政主导类型，不利于新兴业态的萌芽与发展，也桎梏了文化市场要素的
流动速率，阻碍了文化产业结构升级。第二，我国文化产业政策存在
"缺、弱、变、散、乱、粗"等问题，精准性和适用性都有待提升。第
三，我国文化立法基础较为薄弱，尚未形成健全的文化法治体系，文化
立法建设工作落后于迅猛发展的文化产业市场，延迟了我国文化产业结
构升级的步伐。

11.1.2　数智技术是文化产业结构升级的核心驱动力

要促进文化产业结构升级，就必须使产业中骨干企业的技术水平、
管理模式、产品质量、生产效率、产业链定位、产品附加值都上升到一

个新的层级，在这个产业价值链由低端向高端攀升的过程中，数智技术起到了举足轻重的作用，是文化产业结构升级的核心驱动力。

以人工智能技术为例，随着算法、神经网络和深度学习等理论的逐渐成熟，人工智能和文化产业实现融合发展不再是天方夜谭，数据驱动和知识引导的耦合为实现文化创意产业的人机协作创新奠定了基础。从生产端来看，人工智能技术可以提高文化生产效率与质量，丰富文化产品内涵，创新文化产品形式。从传播端来看，人工智能技术可以极大地提高新闻媒体传播效能，丰富新闻报道形式。从消费端来看，人工智能技术可以增强文化消费体验，连通消费到生产的内循环，刺激消费需求。

以大数据技术为例，文化产业价值链实现高端化在于信息的自由高效流通，增强核心资源的价值辐射能力与控制能力，而大数据技术则可以使信息在价值链上进行低成本、无失真和高效率的传输，增强价值流的准确性。从生产端来看，大数据技术可以提升文化产品内涵，降低文化产品成本，丰富文化产品范式。从传播端来看，大数据技术可以实现文化产品直达目标用户群体的精准推送，预测文化产品的传播效果，实时监测和调整传播过程。从消费端来看，大数据技术可以通过偏好分析提升消费体验，实现差别定价扩大市场，提升产品附加值刺激消费。

以5G技术为例，作为基础性辅助技术，5G技术可以推动文化产业与其他新兴技术更好地融合，通过消融产业边界、催生新式业态促进文化产业结构升级。从要素层面来看，5G技术的存在可以减少文化企业对于基础设施建设的投入，降低资金流出量，此外，5G与云计算、人工智能等高科技的结合，有助于文化企业节约时间成本。从市场层面来看，5G高速率和低能耗的特性使得产业链的数据挖掘与传输过程变得更加智能化，帮助企业更加精准把控用户需求，还可以有效突破文化产品的发展瓶颈，满足消费者的高质量消费需求。

以区块链技术为例，去中心化、安全性、不可篡改性和可追溯性四个特性的组合能够建立成一个去中心化的充分信任、信息自由流动的共享平台，促进文化产业新模式和新范式的诞生。从文化产业链上游来看，区块链技术能够充分保障创意者权益，这种信任机制极大缩短了创意者与消费者之间的距离，促进更多优质原创的产生，同时区块链技术将直接助力形成一个健全、完善的文化产业金融服务体系，为文化产业保驾护航。从文化产业链中游来看，区块链将改变文化流通与交易体系，实现资源的高效配置，最大化创意者的收益，促进市场竞争，弱化寡头或者垄断现象，最终形成以创意者为核心的价值分配机制。从文化产业链下游来看，区块链技术的应用可以最大限度地使消费者权益得到更好保障，并使消费成本进一步降低、消费形式更加多样化、消费环境更加安全、消费体验更加优质，从而使消费者提高现有的消费水平，最终形成以创意者为核心的参与者身份多重性的内容回报机制。从文化产业链整体来看，区块链技术能实现动态权变的数据监管，确保交易信息在交易双方之间的透明性，有利于形成完整、可信、流畅的信息流，从而有利于文化产业链总体的规范管理。

11.1.3　金融资本和人力资本是文化产业结构升级的必备条件

一个产业的发展，通常需要三大要素共同推动——劳动力、资本和技术，文化产业的结构升级也与这三个要素息息相关。由于文化产业的特殊属性，通过金融资本和人力资本夯实文化产业根基是数智时代下的文化产业高质量发展和文化产业结构优化升级的必由之路。

我国文化企业普遍呈现"轻资产、小规模"特点，因此"融资难、融资贵、融资慢"就成了掣肘文化企业快速发展的痛点。针对 2010 ~ 2019 年我国文化产业 A 股上市公司的债券融资情况进行分析后发现，债券发行数量与文化产业体量呈现明显的负相关关系，可见目前我国文化产业面临着较为严重的融资困境。文化企业的融资约束越大，落实数智技术的可能性越低，说明金融资本的匮乏严重制约了文化产业结构升级。

文化金融政策的推出极大地缓解了文化企业的融资压力。第一，文化金融政策具有信号效应。政府文化金融政策的隐性担保，能够帮助文化企业产生较高的信用担保预期，引导国内外资本参与文化产业投资。第二，文化金融政策具有杠杆撬动效应。财政对于文化企业投向的结构性变化，能产生吸引社会资本的效用。第三，文化金融政策具有成本节约效应。文化金融政策通过优化产权保护、信用评级、价值评估及信息统计等行为，降低交易成本。在文化金融政策的支持下，文化企业在文化与科技融合过程中所面临的资金"缺口"得到填补，创新意愿和创新能力得到提升，进而能够促进文化产业结构升级。

文化产业结构转型升级表现为逐步由文化产业价值链低端向高端的攀升。从管理人才来看，目前我国文化企业面临着管理人才缺乏的突出问题，具体表现为：管理人才充足率低，高学历、高层次管理人才稀少且分布失衡，高层管理者思维固化陈旧，国有文化企业管理层任命制阻碍管理人才晋升，从而制约了文化产业结构升级。从创意人才来看，目前我国创意产业就业人员大部分是技能型创意执行人员，缺少研发、策划人才，人才结构明显失衡。此外，创意人才的培养机制不够健全，缺乏深入的研究和系统的架构，严重阻碍了文化产业向价值链高端攀升的进程。

管理者是企业的核心决策层，对企业的发展起着关键作用。管理人才所具有的变革和创新观念等思维特征，所拥有的协调能力、应变能力和合作沟通能力等能力特征，所具备的情怀及精神追求特征是驱动文化产业结构升级的重要推手和有力保障。文化产业价值链以创意为核心要素，创意人才是整个文化产业生存和发展的源头动力，其创造性特征能够产生与发展文化生产力，进行文化的生产与再生产；集中性流动性特征能引起要素集聚与氛围形成，进而产生高端产业集群的集聚效应；开放性特征能够对不同产业领域知识进行融合性吸收、消化和创造，实现文化产业内部子行业间的融合和文化产业与其他产业的融合及创新，最终驱动我国文化产业结构的优化升级。

11.1.4 社会效益和经济效益双效统一是文化产业结构升级中的准绳

在文化产业结构升级的过程中，文化与科技相融合的速度和程度与日俱增，科技让文化产品发生了"质"的改变，这种"质"的改变更多地体现在文化产品的生产方式、传播渠道和消费需求的获取等方面。但是，我们不能忽视文化产品内涵的教育引领功能，文化产业提供精神消费产品，包含着丰厚的精神文化特质，承担着传播优秀传统文化、塑造个人优秀品格的重大责任。我们必须清楚地认识到瑕疵文化产品会对青少年的心理健康和行为方式产生恶劣的影响，又或者某些文化企业一味地追求西方文化，完全摒除传统文化的深刻内涵，向消费群体传递错误的或不健全的思想观念，长此以往，只顾经济效益而不顾社会效益的发展方式，将会对整个社会的风气造成不良影响。因此，在文化产业的发展过程中必须坚持社会效益和经济效益相统一、社会效益放首位的基本原则。

11.2 政策建议

11.2.1 政府层面：夯实科技驱动制度导向，强化文化产业政策支持

第一，强化文化产业的科技属性。从文化产业结构升级的方向来看，依托"科技进文化"的发展主线，未来文化产业核心将进一步向高科技属性产业偏移，可见通过传统文化与新兴数智技术融合，改造现有文化业态，可以显著促进地区的文化产业结构升级。因此，地方政府部门可以因地制宜制定相应的文化产业结构政策，制定出台推动文化和科技深度融合的政策措施，探索推动文化和科技深度融合的新举措，以此促进文化产业科技创新，支持具有较强科技属性的细分产业或新兴业态发展，加速文化产业结构升级。

第二，搭建文化产业链信息交流平台。在当下数字化信息时代，文化产业分工也逐渐向精细化、专业化转变，文化产业链也在不断细分，研发设计、生产和营销各阶段逐渐显现出分离趋势。在此背景下，形成了许多专精于研发设计的团队，位于产业链的上游；同时也有专注于生产或营销的企业，处于产业链的中游和下游，它们通过分工细化提升整体效率，并将各个环节串联起来，这正是文化产业链信息交流平台的职

能所在。通过对时间和空间限制的突破，整合全国甚至全球范围内的研发创新队伍和生产及营销企业，能够为我国文化产业结构的优化升级保驾护航。

第三，多渠道缓解文化企业融资硬约束。首先，坚持多元发展我国金融市场，保证金融体系的竞争性和层次性。大力繁荣直接融资市场，鼓励符合条件的文化企业通过 IPO、再融资、发行债券等渠道进行资本市场融资。其次，积极引导各类创新金融产品的开发和推广，做好文化产业的间接融资，全面增加融资方式。文化产业结构升级需要文化企业进行科技投入，必定需要长期的资金支持，金融体系的全面发展能够放松文化企业融资硬约束从而助推文化产业结构升级。最后，我们必须认识到各地区的文化产业发展状况也存在差异，地区政府可以结合当地现状，差异性地推行文化金融政策，为文化企业提供低利率、高效率的贷款服务，对成功获得股权融资、债权融资的文化企业予以奖励，对因技术创新需要资金的文化企业予以支持，改善当前文化产业所面临的融资困境。

第四，加强文化产业人才队伍培养建设。首先，高校层面应加快相应学科、专业的结构调整，明确目标定位，构建科学合理的课程体系。其次，健全社会层面创意人才培养体系，可由相关政府机构或组织牵头，不定期举办诸如讲座、会议和沙龙之类的活动，以帮助文化产业人才进行思想交流。再次，加强产学研合作，完善人才培养链，有效利用企业、学校和科研机构等不同主体的教学资源以及培养优势，有机融合学校教育与生产科研实践，推进产学研协同发展。最后，注重人才的国际交流与合作，积极培养一批具有国际视野的文化产业人才，为文化产业结构的优化升级奠定人力资本基础。

第五，不断完善文化管理体制。目前，在科技与文化融合方面，我国文化管理体制尚存在部分不匹配的地方，要在此视角下有效释放社会效益，则必须从多维度切入。从营商环境来看，以便捷审批和"放管服"改革为抓手，积极探索针对文化企业的高效服务，根据产业特殊性，在规则之内降低准入门槛，放宽经营范围，适当给予文化创意产权、文化知识产权在企业资质、登记注册、作价入股等领域的使用自由；从产业规划来看，加快完善地区性的中长期产业规划、引导基金、专项创业辅助、特色园区建设、专业人才培育和优待、定向技术研发补助等政策，强化对高科技属性细分产业的长期培育；从市场行为来看，重点关注科技文化企业规模小、市场风险大、商业行为模糊等特点，稳步探索跨区域跨类别科技文创知识产权与产品交易和保护、创意产品抵押融资、科技文创纳入政府采购等措施，逐步规范市场。

11.2.2　企业层面：积极拥抱新兴数智技术，实现供给侧结构性改革的自驱

第一，积极拓展科技在文化产品中的应用边界。文化企业应主动深化各类数智技术在自身产品的应用，丰富文化内容价值实现的技术渠道。例如，借助人工智能、大数据、5G 和区块链等文化科技手段，推进文化产业全链条的数字化、智能化进程。依托科技在文化产品中的应用，实现表现形式和传播方式的双重创新，依托受众反馈不断推出新的文化产品和服务，开辟新的市场，形成新的商业模式，催生新的产业业态，以此获得新的增长潜力，促进科技文化融合，实现供给侧结构性改革的自驱。

第二，建立科学的文化企业人才选拔和激励机制。文化企业要深入挖掘企业发展对于人才的真实需求，根据不同部门、不同岗位的实际需求，制订更加科学合理的选拔方案和选拔机制，保障选拔工作的顺利开展。选拔过程应坚持公平、公开、公正的原则，吸引更多优秀的高素质人才，提高企业的管理水平。从人才激励来看，文化企业应当构建科学的薪资体系，以实物激励为基础，精神激励为辅助，重点奖励具有突出贡献的人才，以点带面，激发整体员工工作积极性。此外，文化企业还应将管理机制人性化，关心人才生活，提升其对企业的归属感、对文化的认同感，减少流失率，为企业的长足发展提供雄厚的人才资源。

11.3   未来研究展望

本书主要对我国文化产业结构的演进历程、升级思路和发展原则等方面进行了回顾和研究，相关研究结果对于现阶段我国文化产业结构升级具有一定的指导意义。根据演进规律可以预见，我国文化产业核心将持续向融合时代科技的创新行业偏移，因此未来的研究可以从以下三个方面进行拓展和深化。

1. 新技术在文化产业中的应用问题

本书考虑了人工智能、大数据、5G 和区块链四项目前较为成熟的数智技术在文化产业中的应用以及促进文化产业结构升级的实现路径，随着科技的不断发展，现有数智技术会不断成熟，新兴数智技术也会不断产生。如何将更新的数智技术应用到文化产业，促使其结构升级优化是未来研究的持续性问题。

2. 不同要素间如何实现耦合作用

产业发展需要各种要素来共同推动，本书较详细地考虑了单个要素对文化产业结构升级的促进作用，但是，要素之间往往存在关联关系，要素之间的耦合协同作用能够产生"1+1>2"的效果。因此，未来研究可以进一步探讨如何发挥多种要素的耦合协同作用，以及在不同要素共同作用下的产业结构升级思路。

3. 传统文化的过度商业化问题

随着文化产业的极大发展，过度的商业化开发也会产生负外部性冲击，如针对某种传统文化内容的广泛宣传，很可能会打破传统文化所在地居民原有的生活节奏，给他们的生活带来影响。此外，当传统文化囿于现代商业氛围之中，也可能会失去原有的文化属性，从而不利于文化的传承和发展。

参 考 文 献

［1］安树伟，倪君．"3T"理论与"3S"理论的比较研究［J］．区域经济评论，2016（2）．

［2］白贵玉，徐鹏．管理层权力、研发决策与企业成长——来自中国民营上市公司的经验证据［J］．科技进步与对策，2019，36（9）：110－117．

［3］蔡尚伟，钟勤．对我国发展文化金融的初步探讨［J］．深圳大学学报（人文社会科学版），2013，30（4）：150－155．

［4］常青青．税收优惠对高新技术企业创新效率的差异化影响［J］．财经科学，2020（8）：83－92．

［5］陈波，王凡．当前我国文化企业融资趋势、问题与成因分析［J］．艺术百家，2011，27（5）：90－98，103．

［6］陈刚，杨宏浩．价值链理论视阈下的旅游目的地品牌评价指标体系研究［J］．中国旅游评论，2020（1）：87－94．

［7］陈珏，何伦志．文化资本、文化产业与经济发展［J］．新疆大学学报（哲学人文社会科学版），2007（4）：5－8．

［8］陈亮，余少华．5G端到端应用场景的评估和预测［J］．光通信研究，2019（3）：1－7．

［9］陈少峰．文化产业业态变化与文化企业经营策略研究［J］．北京联合大学学报（人文社会科学版），2014，12（1）：45－49．

［10］陈少峰，张立波．文化产业的全产业链商业模式何以可能［J］．北京联合大学学报（人文社会科学版），2011（4）：94．

［11］陈维超．基于区块链的IP版权授权与运营机制研究［J］．出版科学，2018，26（5）：18－23．

［12］陈晓菡，解学芳．颠覆式创新：区块链技术对文化创意产业

的影响 [J]. 科技管理研究, 2019, 39 (7): 133 - 139.

[13] 崔汪卫. 区块链技术对数字图书作品版权保护的变革与应对 [J]. 图书馆学研究, 2019 (23): 70 - 74, 94.

[14] 丁言. 文化生产力理论与我国文化转型 [J]. 广东行政学院学报, 2006 (12).

[15] 丁一兵, 傅缨捷, 曹野. 融资约束、技术创新与跨越"中等收入陷阱"——基于产业结构升级视角的分析 [J]. 产业经济研究, 2014 (3): 101 - 110.

[16] 丁志国, 赵宣凯, 苏治. 中国经济增长的核心动力——基于资源配置效率的产业升级方向与路径选择 [J]. 中国工业经济, 2012 (9): 18 - 30.

[17] 董知非. 互联网时代下的知识产权保护初探 [J]. 科学咨询 (科技·管理), 2020 (1): 115 - 117.

[18] 段海艳. 人力资本、金融资本协同与企业技术创新 [J]. 会计之友, 2016 (18): 32 - 37.

[19] 范红忠. 有效需求规模假说、研发投入与国家自主创新能力 [J]. 经济研究, 2007 (3): 33 - 44.

[20] 范宇鹏. 粤港澳文化创意产业协调发展研究——基于价值链系统视角 [J]. 科技管理研究, 2016, 36 (5): 137 - 142, 154.

[21] 范忠宝, 王小燕, 阮坚. 区块链技术的发展趋势和战略应用——基于文献视角与实践层面的研究 [J]. 管理世界, 2018, 34 (12): 177 - 178.

[22] 方箭, 李景春, 等. 5G 频谱研究现状及展望 [J]. 电信科学, 2015, 31 (12): 111 - 118.

[23] 付豪. 区块链在媒体行业的应用 [J]. 硅谷, 2018 (13): 30 - 31.

[24] 高诗晗. 区块链在文化产业的应用及发展建议 [J]. 中国市场, 2018 (14): 74 - 75.

[25] 顾海峰, 张欢欢. 企业金融化、融资约束与企业创新——货币政策的调节作用 [J]. 当代经济科学: 1 - 21.

［26］顾江，郭新茹．科技创新背景下我国文化产业升级路径选择［J］．东岳论丛，2010，31（7）：72-75．

［27］管宁．加快转型 强化创意 大力推进文化产业升级［J］．福建论坛（人文社会科学版），2008（11）：110-112．

［28］郭全中．"区块链+"时代传媒业的新机遇与新挑战［J］．新闻与写作，2020（1）：5-11．

［29］郭晓丹，何文韬．战略性新兴产业政府 R&D 补贴信号效应的动态分析［J］．经济学动态，2011（9）：88-93．

［30］郭新茹，顾江．基于价值链视角的文化产业赢利模式探析［J］．现代经济探讨，2009（10）：38-42．

［31］何琦，高长春．我国文化产权交易市场的形成与功能研究［J］．兰州学刊，2011（8）：57-60．

［32］何威风，刘怡君，吴玉宇．大股东股权质押和企业风险承担研究［J］．中国软科学，2018（5）：110-122．

［33］贺俊，陶思宇，江鸿.5G规模化商用的障碍和关键：基于大样本问卷调查的研究［J］．经济与管理研究，2020，41（4）：3-10．

［34］贺晔．中国文化创意人才激励研究［D］．长沙：湖南大学，2013．

［35］胡惠林，单世联．文化产业学概论［M］．太原：书海出版社，2006．

［36］胡惠林．关于文化产业发展若干问题的思考［J］．华中师范大学学报（人文社会科学版），2016，55（6）：63-75

［37］胡明霞．管理层权力、技术创新投入与企业绩效［J］．科学学与科学技术管理，2015，36（8）：140-149．

［38］黄保勇，施一正．区块链技术在版权登记中的创新应用［J］．重庆大学学报（社会科学版），2020，26（6）：117-126．

［39］黄苹，蔡火娣．跨国并购对企业技术创新质变的影响研究——基于技术互补性调节分析［J］．科研管理，2020，41（6）：80-89．

［40］黄永林，余欢.5G技术助推文化产业创新发展［J］．理论月刊，2020（4）：94-103．

[41] 季良玉. 技术创新对中国制造业产业结构升级的影响——基于融资约束的调节作用 [J]. 技术经济, 2018, 37 (11): 30 - 36.

[42] 贾引狮. 基于区块链技术的网络版权交易问题研究 [J]. 科技与出版, 2018 (7): 90 - 98.

[43] 蒋三庚, 王晓红, 等. 创意经济概论 [M]. 北京: 首都经济贸大学出版社, 2009: 247 - 250.

[44] 景小勇, 叶青. 文艺生产社会效益与经济效益辨析 [J]. 艺术百家, 2016, 32 (3): 1 - 12, 43.

[45] 鞠晓生, 卢获, 虞义华. 融资约束、营运资本管理与企业创新可持续性 [J]. 经济研究, 2013 (1): 4 - 16.

[46] 兰国帅, 郭倩, 等. 5G + 智能技术: 构筑"智能 +"时代的智能教育新生态系统 [J]. 远程教育杂志, 2019, 37 (3): 3 - 16.

[47] 李凤亮, 刘晓菲. 新发展格局中的文化消费走向 [J]. 山东社会科学, 2022 (6): 171 - 180.

[48] 李歌维. 5G 时代的图书馆变革与发展策略 [J]. 图书与情报, 2018 (5): 94 - 97.

[49] 李国杰, 程学旗. 大数据研究: 未来科技及经济社会发展的重大战略领域——大数据的研究现状与科学思考 [J]. 中国科学院院刊, 2012, 27 (6): 647 - 657.

[50] 李海霞, 王振山. CEO 权力与公司风险承担——基于投资者保护的调节效应研究 [J]. 经济管理, 2015, 37 (8): 76 - 87.

[51] 李继蕊, 李小勇, 高云全, 高雅丽. 5G 网络下移动云计算节能措施研究 [J]. 计算机学报, 2017, 40 (7): 1491 - 1516.

[52] 李黎明. 文化生产力: 一个重要的研究课题 [J]. 青岛科技大学学报 (社会科学版), 2007 (2).

[53] 李盘龙. 企业家创新对产业结构升级的影响研究 [J]. 现代经济信息, 2016 (12): 134 - 137.

[54] 李胜楠, 牛建波. 高管权力研究的述评与基本框架构建 [J]. 外国经济与管理, 2014, 36 (7): 3 - 13.

[55] 李晓溪. 高校文化创意产业人才培养研究 [D]. 上海: 上海

大学，2014.

［56］李艳燕．河南省文化产业引资的现状、问题与对策［J］．对外经贸实务，2013（1）：83－86.

［57］李忠峰．深化文化产业与金融合作的思考［J］．中国财政，2014（22）：56－57.

［58］理查德·弗罗里达．创意新贵——启动新新经济的菁英势力［M］．郑应媛译．中国台北：台湾宝鼎出版社，2003.

［59］理查德·弗罗里达．创意经济［M］．方海萍，魏清江，译．北京：中国人民大学出版社，2006：163.

［60］连燕玲，贺小刚．CEO 开放性特征、战略惯性和组织绩效——基于中国上市公司的实证分析［J］．管理科学学报，2015，18（1）：1－19.

［61］梁磊．用创新理论引领文化产业新发展［J］．人民论坛，2018（30）：134－135.

［62］林剑，李中斌．创意人才研究述评［J］．经济问题探索，2012（10）.

［63］刘斌斌，罗宽序．论"一带一路"建设中区块链技术在文化产业中的应用和影响［J］．社科纵横，2020，35（2）：49－54.

［64］刘冰峰，闫宁宁．文化产业创新能力对产业升级的影响效应——以景德镇文化产业为例［J］．企业经济，2016（8）：174－178.

［65］刘珊，黄升民．5G 时代中国传媒产业的解构与重构［J］．现代传播（中国传媒大学学报），2020，42（5）：1－6.

［66］刘欣．蔡怀军．谈芒果超媒：生态矩阵新引擎，媒体融合主力军［J］．中国广播影视，2019（1）：62－63.

［67］刘焰，庄婉婷，吴泽萍．企业技术产权价值评估指标的选择——基于高科技企业技术并购溢价的实证研究［J］．华南师范大学学报（社会科学版），2018（1）：126－138，191.

［68］楼晓玲，吴清津．创意人才激励［J］．人才开发，2007（4）：34－35.

［69］卢锐．管理层权力、薪酬差距与绩效［J］．南方经济，2007

(7)：60 – 70.

[70] 雒树刚.加快文化改革发展 [N].人民日报，2015 – 11 – 26 (007).

[71] 马右文.我国文化产业发展存在的问题与对策研究 [J].管理观察，2019 (32)：67 – 68.

[72] 马志政.社会效益的哲学思考 [J].探索，1987 (2)：41 – 45.

[73] 迈克尔·波特.竞争优势 [M].北京：中信出版社，1985.

[74] 孟琦.文化产业创意人才的素质结构及开发途径探究 [J].商品与质量，2012 (5).

[75] 倪善金，赵军辉.5G 无线通信网络物理层关键技术 [J].电信科学，2015，31 (12)：48 – 53.

[76] 聂高辉，邱洋冬，龙文琪.非正规金融、技术创新与产业结构升级 [J].科学学研究，2018，36 (8)：1404 – 1413.

[77] 潘爱玲，刘文楷，邱金龙.困境与突破：新旧动能转换背景下文化企业商业模式创新研究 [J].山东大学学报（哲学社会科学版），2018 (2)：30 – 37.

[78] 潘小刚.为什么说我国社会的主要矛盾已经转化为"人民日益增长的美好生活需要和不平衡不充分的发展之间的矛盾" [N].湖南日报，2017 – 11 – 23 (008).

[79] 戚聿东，肖旭，蔡呈伟.产业组织的数字化重构 [J].北京师范大学学报（社会科学版），2020 (2)：130 – 147.

[80] 祁述裕，曹伟.文化产业发展专项资金政策：绩效评估、理论探讨及对策建议 [J].行政管理改革，2018 (11)：63 – 68.

[81] 邱晓克.中国中小民营企业成长研究 [D].呼和浩特：内蒙古大学，2005.

[82] 曲金华.创新人才对文化产业的影响 [J].吉林省教育学院学报，2013 (4)：146.

[83] 权小锋，吴世农，文芳.管理层权力、私有收益与薪酬操纵 [J].经济研究，2010，45 (11)：73 – 87.

[84] 任曙明，吕镯.融资约束、政府补贴与全要素生产率——来

自中国装备制造企业的实证研究［J］.管理世界，2014（11）：10-23.

［85］荣鹏飞，苏勇.产业升级对文化产业竞争力的影响及提升策略研究［J］.学术论坛，2015，38（3）：131-135.

［86］单世联，陈晓菡.论文化产品社会效益的构成［J］.深圳社会科学，2018，（1）：102-116，158-159.

［87］沈继松，胡惠林.我国文化产业结构内生动力机制探究［J］.学术论坛，2016，39（10）：139-144.

［88］石璋铭，江朦朦.并购、融合与高技术企业成长［J］.宏观经济研究，2019（10）：78-87.

［89］史安斌，张耀钟.虚拟/增强现实技术的兴起与传统新闻业的转向［J］.新闻记者，2016（1）：34-41.

［90］宋立丰，祁大伟，宋远方."区块链＋"商业模式创新整合路径［J］.科研管理，2019，40（7）：69-77.

［91］宋拥军.新时代国有企业经济管理模式创新研究［J］.财经界，2020，555（20）：71-72.

［92］宋玉禄，陈欣.新时代企业家精神与企业价值——基于战略决策和创新效率提升视角［J］.华东经济管理，2020，34（4）：108-119.

［93］苏坤.管理层权力、产权性质与公司风险承担［J］.当代经济管理，2017，39（4）：15-20.

［94］孙国锋，唐丹丹.文化科技融合、空间关联与文化产业结构升级［J］.南京审计大学学报，2019，16（5）：94-102.

［95］孙慧敏，霍妍妍.浅析大数据时代的精准营销［J］.中国商论，2016（Z1）：10-12.

［96］孙松林.5G时代：经济增长新引擎.［M］.北京.中信出版集团，2019.

［97］孙咏梅.文化产业的兴起与产业结构调整［J］.经济理论与经济管理，2004（12）：31-33.

［98］谭娟，曹文峰，李晓云.过度营销情境下的消费者偏好翻转［J］.商业经济研究，2019（20）：82-84.

[99] 谭小荷. 加密经济重构媒体生态？区块链驱动下的新闻商业模式创新——基于 PressCoin 的案例 [J]. 新闻界, 2018 (6): 10 – 17.

[100] 唐塔普斯科特, 等. 区块链革命 [M]. 凯尔, 等, 译. 北京: 中信出版集团, 2016.

[101] 唐文剑, 吕雯. 区块链将如何重新定义世界 [M]. 北京: 机械工业出版社, 2016.

[102] 王安琪. 科技创新助推文化产业转型升级的动力机制与战略路径 [J]. 青海社会科学, 2019 (3): 79 – 86, 101.

[103] 王春艳. 工匠精神促进中国制造业发展的三重创新机制 [J]. 经济研究参考, 2016 (55): 20 – 24.

[104] 王飞鹏. 文化创意产业人才的开发与培育研究 [J]. 人口与经济, 2009 (5): 41 – 45.

[105] 王慧茹. 大数据赋能文化创意产业发展 [J]. 产业创新研究, 2019 (11): 15 – 16.

[106] 王佳航. "区块链 +" 如何重构内容产业生态 [J]. 新闻与写作, 2020 (1): 12 – 16.

[107] 王家新. 振兴文化产业的财政思考 [J]. 求是, 2013 (18): 48 – 50.

[108] 王克岭, 陈微, 李俊. 基于分工视角的文化产业链研究述评 [J]. 经济问题探索, 2013 (3): 167 – 172.

[109] 王丽培. 阅读推广工作中用户隐性信息需求挖掘研究——基于 Censydiam 模型 [J]. 图书馆理论与实践, 2019 (4): 69 – 73, 97.

[110] 王清, 陈潇婷. 区块链技术在数字著作权保护中的运用与法律规制 [J]. 湖北大学学报 (哲学社会科学版), 2019, 46 (3): 150 – 157.

[111] 王球琳, 王镜然. 文化产业的融资之忧何解 [J]. 人民论坛, 2019 (10): 134 – 135.

[112] 王雪野, 王颖聪, 顾小慈. 文化创意人才培养模式研究 [J]. 现代传播 (中国传媒大学学报), 2014 (2): 105 – 110.

[113] 王战营. 交易费用、网络协同与产业结构优化——兼论政府

干预产业集群发展的经济效应 [J]. 财政研究, 2012 (10): 69 - 71.

[114] 王志标. 文化产业链设计 [J]. 科学学研究, 2007 (2): 245 - 249.

[115] 魏鹏举. 我国文化产业的融资环境与模式分析 [J]. 同济大学学报 (社会科学版), 2010, 21 (5): 45 - 51.

[116] 吴承忠. 5G 智能时代的文化产业创新 [J]. 深圳大学学报 (人文社会科学版), 2019, 36 (4): 51 - 60.

[117] 吴宇, 李巧莎, 杨伟坤. 发挥财政杠杆作用 引导金融资源向科技积聚 [J]. 经济研究参考, 2014 (35): 25 - 26.

[118] 项弘禹, 肖扬文, 等. 5G 边缘计算和网络切片技术 [J]. 电信科学, 2017, 33 (6): 54 - 63.

[119] 解学芳. 区块链与数字文化产业变革的内外部向度 [J]. 人民论坛, 2020 (3): 132 - 135.

[120] 辛阳. 浅析我国文化产业知识产权保护制度体系的构建与完善 [J]. 中国市场, 2013 (44): 64 - 65.

[121] 熊卿, 刘斌. 区块链的应用对文化产业投资效率的影响及对策——基于区块链概念上市公司 DEA 分析 [J]. 企业经济, 2020 (5): 38 - 45.

[122] 徐明显, 田颖, 李霁月. 图说区块链 [M]. 北京. 中信出版集团, 2016.

[123] 徐鹏程. 文化产业与金融供给侧改革 [J]. 管理世界, 2016 (8): 16 - 22.

[124] 徐志奋. 国内文化产业集聚园区发展模式的优势与误区探讨 [J]. 商场现代化, 2016 (5): 254.

[125] 许彩羽. 供给侧改革下的文化产业结构变革机制研究 [J]. 广西社会科学, 2018 (8): 194 - 196

[126] 薛莉清. 小微文化企业发展困境及国际经验之借鉴 [J]. 艺术百家, 2018, 34 (4): 55 - 59, 137.

[127] 薛永武, 张宇. 文化产业的核心竞争要素分析 [J]. 枣庄学院学报, 2011, 28 (3): 1 - 6.

[128] 杨吉华. 论我国文化产业政策的缺失及完善途径 [J]. 南京政治学院学报, 2007 (3): 55－58.

[129] 杨吉华. 文化产业政策研究 [D]. 北京: 中共中央党校, 2007.

[130] 杨青, 周绍妮. 技术并购能够带来技术创新效应吗——收购公司成长潜力视角 [J]. 科技进步与对策, 2019, 36 (24): 100－108.

[131] 杨兴全, 张丽平, 吴昊旻. 市场化进程、管理层权力与公司现金持有 [J]. 南开管理评论, 2014, 17 (2): 34－45.

[132] 杨毅, 向辉, 张琳. 人工智能赋能文化产业融合创新: 技术实践与优化进路 [J]. 福建论坛 (人文社会科学版), 2018 (12): 66－73.

[133] 依绍华. 实现消费稳步增长的困难阻碍与应对建议 [J]. 人民论坛·学术前沿, 2019 (5): 66－75.

[134] 易华. 创意阶层理论研究述评 [J]. 外国经济与管理, 2010 (3): 61－65.

[135] 殷宝良. 文化创意人才培养模式的探讨 [J]. 社会科学家, 2009 (10): 126－128.

[136] 喻国明, 曲慧. 边界、要素与结构: 论5G时代新闻传播学科的系统重构 [J]. 新闻与传播研究, 2019, 26 (8): 62－70, 127.

[137] 月球, 肖子玉, 杨小乐. 未来5G网络切片技术关键问题分析 [J]. 电信工程技术与标准化, 2017, 30 (5): 45－50.

[138] 曾繁文, 黄丽丽. 基于文化产业人才素质结构的出版人才培养路径探析 [J]. 中国出版, 2016 (4): 28－31.

[139] 詹绍文, 梁洋. 人工智能与文化产业融合发展研究 [J]. 大众文艺, 2020 (4): 268－269.

[140] 张国强, 温军, 汤向俊. 中国人力资本、人力资本结构与产业结构升级 [J]. 中国人口·资源与环境, 2011, 21 (10): 138－146.

[141] 张洁. 中国文化创意产业的空间分布和地区绩效分析 [J]. 商业经济与管理, 2011 (2): 64.

[142] 张琳, 程高强, 周磊. 浅谈优化企业人力资源培训效果途径

［J］. 航天工业管理，2018（1）：45－47.

　　［143］张路. 区块链技术应用对产业链协同创新的作用机理［J］. 学习与实践，2019（4）：16－23.

　　［144］张鹏. 文化创意人才培养的新模式［J］. 西安航空技术高等专科学校学报，2012，30（6）：53－55.

　　［145］张倩肖，冯雷. 金融发展与企业技术创新——基于中国A股市场上市公司的经验分析［J］. 统计与信息论坛，2019，34（5）：25－33.

　　［146］张倩肖，冯雷，钱伟. 技术创新与产业升级协同关系：内在机理与实证检验［J］. 人文杂志，2019（8）：65－75.

　　［147］张世君. 网络文化产业中的企业社会责任问题［J］. 首都师范大学学报（社会科学版），2013（1）：48－53.

　　［148］张文娟，宫承波. 区块链与未来传媒生态秩序：一种新的思维观和方法论［J］. 新闻爱好者，2020（3）：12－14.

　　［149］张耀辉. 产业创新：新经济下的产业升级模式［J］. 数量经济技术经济研究，2002（1）：14－17.

　　［150］张永恒. 区块链与数字出版：机制、前景与挑战［J］. 人民论坛，2019（33）：76－77.

　　［151］张振鹏，王玲. 传统文化企业转型升级论析［J］. 海南大学学报（人文社会科学版），2017，35（2）：93－100

　　［152］赵刚. 区块链技术的本质与未来应用趋势［J］. 人民论坛·学术前沿，2018（12）：61－69.

　　［153］赵曙明，李程骅. 创意人才培养战略研究［J］. 南京大学学报（哲学·人文科学·社会科学版），2006（6）：111－118.

　　［154］赵毅，咸安邦，乔朋华. 强权CEO能更好地利用风险投资进行创新吗？［J］. 科学学与科学技术管理，2016，37（9）：155－168.

　　［155］赵渊. "腾笼换鸟"：文化产业转型升级新路径［J］. 经济论坛，2012（9）：125－127.

　　［156］郑敏，周小华. 走向开放的中国文化金融政策环境分析［J］. 科技情报开发与经济，2014，24（21）：132－134，137.

［157］周城雄. 推动科技创新与文化产业融合发展的思考［J］. 中国科学院院刊, 2014, 29 (4): 474 - 484.

［158］周铭山, 张倩倩. "面子工程" 还是 "真才实干"? ——基于政治晋升激励下的国有企业创新研究［J］. 管理世界, 2016 (12): 116 - 132, 187 - 188.

［159］周煜皓. 我国企业创新融资约束结构性特征的表现、成因及治理研究［J］. 管理世界, 2017 (4): 184 - 185.

［160］周志平. 我国文化创意产业的现状及发展对策［J］. 改革与战略, 2011 (10).

［161］朱锦霞. 论国有企业改制后的管理创新与系统变革［J］. 商场现代化, 2020, No.9 17 (8): 107 - 108.

［162］Ahuja G. Collaboration networks, structural holes, and innovation: A long itudinal study［J］. Administrative Science Quarterly, 2000, 45 (3): 425 - 455.

［163］Barney J B. Firm Resource and Sustained Competitive Advantage［J］. Journal of Management, 1991, 17 (1): 99 - 120.

［164］Bebchuk L., Fried J. and Walker D. Managerial Power and Rent Extraction in the Design of Executive Compensation［J］. The University of Chicago Law Review, 2002, 69 (3): 751 - 846.

［165］Buckley P J, Clegg L J, Cross A R, et al. The determinants of Chinese outward foreign direct investment［J］. Journal of International Business Studies, 2011, 40 (2): 353 - 354.

［166］E. Kelvin Kelloway, Julian Barling. Knowledge work as organizational behavior［J］. International Journal of Management Reviews, 2000, 2 (3): 287 - 304.

［167］Finkelstein. Power in Top Management Teams: Dimensions, Measurement and Validation［J］. The Academy of Management Journal, 1992, 35 (3): 505 - 538.

［168］Freeman R E. The Stakeholder approach revisited［J］. Zeitchrift fur Wirtsc hafts und Unternehmensethik, 2004 (5): 228 - 241.

［169］ Gary Sands, Laura A. Reese. Cultivating the Creative Class: And What About Nanaimo ［J］. Economic Development Quarterly, 2008 (1): 9 – 22.

［170］ Grant R M. Toward a knowledge-based theory of the firm ［J］. Strategic Management Journal, 1996. 17 (Special Issue): 109 – 122.

［171］ Gregorio Martín – de – Castro, Delgado – Verde M, Pedro López – Sáez and José E. Navas – López. Towards An Intellectual Capital – Based View of the Firm: Origins and Nature ［J］. Journal of Business Ethics, 2011, 98 (4): 649 – 662.

［172］ Gurkov I, Settles A. Managing organizational stretch to overcome the uncertainty of the Great Recession of 2008 ［J］. International Journal of Organizational Analysis, 1934, 19 (4): 317 – 330.

［173］ Hadlock C J, Pierce J R. New Evidence on Measuring Financial Constraints: Moving Beyond the KZ Index ［J］. Review of Financial Studies, 2010 (5): 1909 – 1940.

［174］ Hall Bagchisen. A Study of R&D Innovation and Business Performance in the Canadian Biotechnology Industry ［J］. Technovation, 2002 (22): 231 – 244.

［175］ Hambrick D C, Mason P A. Upper Echelons: The Organization as a Reflection of Its Top Managers ［J］. Academy of Management Review, 1984, 9 (2): 193 – 206.

［176］ Hkanson L. The firm as an epistemic community: The knowledge-based view revisited ［J］. Industrial and Corporate Change, 2010, 19 (6): 1801 – 1828.

［177］ Jamie Peck. Struggling with the creative class ［J］. International Journal of Urban and Regional Research, 2005, 29 (4): 740 – 770.

［178］ Kindleberger, Charles P. The formation of financial centers: a study in comparative economic history ［M］. Princeton: Princeton University Press, 1974.

［179］ Kirby Wright. Personal knowledge management: supporting individual knowledge worker performance ［J］. Knowledge Management Research & Practice, 2005 (3): 156 – 165.

［180］ Morten T Hansen, Julian Birkinshaw. The Innovation Value Chain ［J］. Harvard Business Review, 2007 (6): 121 – 130.

［181］ Peteraf M A, Barney J B. Unraveling the resource-based tangle ［J］. Managerial and Decision Economics, 2003, 24 (4): 309 – 323.

后　记

文化自信是更基础、更广泛、更深厚的自信。中国特色社会主义文化积淀着中华民族最深沉的精神追求，代表着中华民族独特的精神标识。文化产业是弘扬中华文化的重要载体。近年来，人工智能、大数据等信息技术迅猛发展，给我国文化产业带来了新的挑战和机遇。积极拥抱数智技术，实现文化产业与人工智能、大数据、5G、区块链等技术的融合，对于促进文化产业结构升级具有重要意义。

我们积极关注社会现实，充分认识到数智技术为文化产业发展带来的大好机遇，通过广泛的现场调研，针对我国文化产业结构的现状和问题，探讨了不同数智技术促进文化产业结构升级的机制和路径。

在本书撰写过程中，我们对山东、江苏、浙江、湖南、甘肃、广东、陕西、上海、北京等省市的许多文化及旅游企业进行了现场调研，取得了大量的一手资料，这有助于我们更加清晰地认识到传统文化产业结构存在的问题，对本书结合不同的数智技术提出相应对策大有裨益。在此感谢所有被调研企业和管理人员的大力支持！

在问卷设计、实地调研和资料整理过程中，博士生张国珍、吴倩、刘昕、凌润泽、王雪、王慧以及硕士生路颖、杜栋、王茹、陈肖柳、卢泽林、段晓飞、邓容川、张丽丽、刘力扬、陈艺丹、刘轩、李广鹏、石晨晨等做了大量基础性工作。在此一并表示感谢！

我们还要感谢经济科学出版社的大力支持！感谢冯蓉编辑、郑诗南编辑为本书出版付出的辛勤劳动！

作者

2023 年 5 月